zum Geburtstag
am 5.3.08
von Gisela

Träger:
Lokale Aktionsgruppe Regionalentwicklung Stauden RES e.V.

Dieses Projekt ist gefördert mit Mitteln
des Freistaates Bayern und der Europäischen Union

aus LEADER +

Hans Frei und Friedrich Stettmayer

DIE STAUDEN

Porträt einer Landschaft in Bayerisch-Schwaben

Mit Beiträgen von

Rainer Bonhorst, Wolfgang Buhl, Alois Epple,

Wolfgang Fleischer, Eva-Maria Frieder, Monika Hupka-Böttcher,

Walter Kleber, Werner Platteder, Gernot Römer,

Winfried Striebel, Hubert Teichmann, Hermann Volkmann

SATZ UND GRAFIK PARTNER | AUGSBURG

Grußwort

Dieses Heimatbuch über die Stauden schließt eine Lücke in der Beschreibung einzigartiger schwäbischer Landschaften, worüber ich mich sehr freue. Dies gilt natürlich umso mehr, als auch mein Heimatdorf in unmittelbarer Nähe zu den Stauden liegt. Viele Bilder im vorliegenden Band wecken bei mir persönliche Erinnerungen.

Mit dem Porträt dieser Landschaft sollen beim Leser nicht nur Erinnerungen geweckt und gefestigt werden. Vielmehr wird auch der Wandel einer Region dokumentiert, die immer von der Nähe zum Verdichtungsraum Augsburg geprägt war und zur Leistungsfähigkeit der gesamten Wirtschaftsregion beigetragen hat. Darüber hinaus haben die Stauden eine wichtige Erholungsfunktion für die Bevölkerung im Raum Augsburg. Zugleich hat sich dieses Gebiet erfreulicherweise seine Bodenständigkeit bewahrt. In diesem Spannungsfeld ist es weiterhin notwendig, die Identität der Menschen mit ihrer Region, mit ihrem Lebensraum zu stärken und zu festigen.

Diesem hochgesteckten Ziel gilt dieses umfassende Buch über die Stauden, ein Projekt, das vom Bayerischen Staatsministerium für Landwirtschaft und Forsten im Rahmen der EU-Gemeinschaftsinitiative LEADER+ gefördert wird. Das Staatsministerium als der Kompetenzpartner für den ländlichen Raum wirkt federführend bei der Umsetzung des LEADER+-Programmes. Mit den eingesetzten Fördermitteln wollen wir das in den Stauden vorhandene vielfältige Potenzial nachhaltig stärken und zum Erhalt gleichwertiger Lebensbedingungen in diesem ländlichen Raum beitragen.

Die Bevölkerung in den Stauden verdient größten Respekt dafür, dass sie sich den Herausforderungen der Veränderung stellt. Mit dem LEADER+-Programm ist es hier gelungen, im Zeitraum von 2002–2006 durch das engagierte Wirken der Lokalen Aktionsgruppe Regionalentwicklung Stauden bereits 30 Projekte weitestgehend umzusetzen. Dabei handelt es sich insgesamt um ein Investitionsvolumen von rd. 5,1 Mio. Euro, wofür Zuwendungen in Höhe von 2,4 Mio. gewährt wurden. In Höhe des Restbetrages war die Kofinanzierung zu erbringen. Zur Entwicklung in dieser Region haben auch die Verfahren der Dorf- und Flurentwicklung beigetragen, die im Gebiet der Stauden von Fischach bis in den Süden nach Markt Wald derzeit besonders intensiv nachgefragt werden.

Nach wie vor sind die Stauden sowohl für das Landwirtschaftsministerium als auch für das Umweltministerium eine Modellregion zur regionalen Entwicklung in Bayern. Deswegen wurden und werden auch weiterhin staatliche Mittel in dieser Region gebündelt eingesetzt.

Dem vorliegenden „Porträt der Stauden" wünsche ich eine weite Verbreitung. Die darin enthaltenen vielen Anregungen mögen zur Entwicklung und Stärkung der regionalen Identität erfolgreich umgesetzt werden.

Josef Miller
Bayerischer Staatsminister
für Landwirtschaft und Forsten

Grußwort

Eine kleinteilige, naturnahe Kulturlandschaft kennzeichnet die Stauden, unsere Heimat , die südwestlich von Augsburg zwischen den Tälern von Wertach, Schmutter und Mindel abseits der großen Verbindungsstraßen liegt. Eine Region, geprägt von der Landwirtschaft und ausgedehnten Wäldern, in der sich Dörfer und Weiler wie Inseln ausnehmen.

Die Schwäbischen Kulturtage, die 1996 die Staudenlandschaft in den Mittelpunkt stellten, gaben den Anstoß, sich mit den Stärken und Schwächen dieser Gegend auseinander zu setzen, auf Mängel hinzuweisen und die notwendigen Maßnahmen zu diskutieren. Die Regionalentwicklung Stauden (RES) wurde gegründet, und wir begannen mutig neue Wege aufzuzeigen, auf die Eigenkräfte unseres ländlichen Raumes, auf unsere Geschichte, unsere kulturelle Eigenart zu setzen, um die Lebensqualität in unserer Heimat zu erhalten und zu stärken.

Mit diesem Buch wollen wir Wissen und Kenntnisse über die Stauden vermitteln, die Wertschätzung und das Verständnis für diese Region steigern, auch den Stolz der Bewohner auf ihre Heimat wecken, neues Selbstbewußtsein geben und die Mitwirkung bei der Entwicklung in die Zukunft anregen. Dieses Werk – es ist die erste eigenständige Publikation über die Staudenlandschaft – stellt einen Höhepunkt in der nunmehr 10-jährigen Geschichte der Regionalentwicklung Stauden dar. Die naturnahe Landschaft, das geschichtliche Erbe, die kulturelle und wirtschaftliche Entwicklung werden kompetent beschrieben und die Vorzüge und Eigenarten der Stauden eindrucksvoll herausgehoben. Dazu kommen noch die rund 300 aussagekräftigen Bilder, mit denen die spektakulären und die stillen Schönheiten unserer Heimat vorgestellt werden.

Allen, die den Weg der Regionalentwicklung Stauden (RES) begleiten und sich aktiv für unsere Heimat und unsere Zukunft einsetzen, gilt mein ganz besonderer Dank. Den kompetenten Autoren, die umfassend und fundiert unsere Heimat beschreiben und zugleich realistische Perspektiven und Chancen für unser Staudenland aufzeigen, danke ich für ihre Mitwirkung und ihre Beiträge. Herzlicher Dank gilt allen, die mit großem Einsatz beim Entstehen dieses Buches beteiligt waren, insbesondere dem kreativen Fotografen und dem ideenreichen Gestalter.

Prof. Dr. Hans Frei hat die Hauptlast der Vorbereitung und der Verwirklichung dieses Buches getragen. Dem unermüdlichen Ideengeber und Moderator, gebührt besonderer Dank.

Meine Hoffnung ist, dass alle Leser ihre besondere Freude an diesem Buch haben, ihre eigene Heimat aus bekannten und ungewöhnlichen Blickwinkeln erleben und mit Überraschung und Spannung neu entdecken.

Ihr

Josef Fischer
Erster Bürgermeister, Markt Fischach
1. Vorsitzender
Regionalentwicklung Stauden (RES)

Inhaltsverzeichnis

ISBN 978-3-935438-30-8

Oberneufnach und Markt Wald in der weiten Talmulde der Neufnach.

LAGE, GRENZEN, NAME

Die „Stauden" liegen in der Mitte von Bayerisch-Schwaben, ziemlich genau zwischen dem Alpenrand und der Donau, im Südwesten von Augsburg zwischen Wertach und Mindel. Die Stauden sind eine markante Landschaft in Mittelschwaben, in der das Verhältnis von Naturhaushalt und Nutzung durch Siedlung und Wirtschaft noch in einem ausgewogenen Verhältnis steht. Neben dem Wald ist die Landwirtschaft mit mehr als 500 Betrieben ein wesentliches landschaftsprägendes Element. Als Siedlungsraum für nahezu 25.000 Menschen, als Wirtschaftsraum für kleine und mittlere Betriebe, als Kulturraum mit einem reichhaltigen Erbe und einem aktiven Kulturleben, als beliebtes Ausflugs- und Naherholungsgebiet im Naturpark Augsburg Westliche Wälder besitzen die Stauden ein eigenständiges Profil und erfüllen wichtige Funktionen innerhalb der ländlichen Räume.

Dieses Buch stellt Natur und Kultur, Geschichte und Kunst, Siedlung und Wirtschaft, Brauchtum und heutiges Leben des Staudengebietes erstmals zusammenfassend in einem reich bebilderten Porträt vor.

Lage und Grenzen

Die räumliche Ausdehnung der Stauden lässt sich am besten nach dem Relief und den naturräumlichen Gegebenheiten abgrenzen. Sie bilden ein Höhengebiet inmitten des schwäbischen Alpenvorlandes, das im Laufe des Eiszeitalters vom fließenden Wasser im Zusammenspiel von Ablagerung und Eintiefung geformt wurde (sh. S. 16 ff.). Der höchste Punkt liegt mit 654 m zwischen Tussenhausen und Markt Wald im Angelberger Forst, die tiefsten Gebiete sind das Schmuttertal bei Gessertshausen und das Zusamtal bei Ziemetshausen mit ca. 475 m Höhe. Die Außengrenzen bilden auf der Ostseite das breite Wertachtal und auf der Westseite der geräumige Talzug von Flossach/Mindel, die jeweils 50–70 m tiefer liegen als die Hochflächen der Stauden. Im Norden ist der Abfall zur Niederung der Reischenau mit 100 m am größten. Mit einer Fläche von etwa 350 km² hat die sog. Staudenplatte die Form eines nach Süden weisenden Dreiecks mit einer mittleren Breite von ca. 20 km in der Ost-West-Ausdehnung und einer Länge von max.

35 km in der Süd-Nord-Richtung. Innerhalb dieses Gebietes haben zahlreiche mittlere und kleine Gewässer ein hügeliges, kleinteiliges Relief geschaffen, das sich wesentlich von den geräumigen Flussebenen unterscheidet (sh. S. 19).

Diese Grenzziehung orientiert sich an den geologisch-geographischen Strukturen. Sie hat keinen Bezug zu historischen oder verwaltungsorganisatorischen Abgrenzungen, denn die Stauden waren im Laufe der Geschichte niemals eine räumliche oder politische Einheit. Das Gebiet der Stauden war seit dem Mittelalter unter zahlreichen Herrschaftsträgern verschiedener Größe und unterschiedlichen Ranges aufgeteilt. Der Bischof von Augsburg und mehrere Klöster, die Markgrafschaft Burgau in der Hand der Erzherzöge von Österreich-Tirol, die Herzöge und späteren Kurfürsten von Bayern, zahlreiche Adels- und Patrizierfamilien, darunter vor allem die Fugger, besaßen Güter und übten Rechte aus (sh. S. 50). Am Ende des Alten Reiches, um 1800, boten die Stauden ein buntes Territorienmosaik, jenen vielfarbigen Flecklesteppich der Kleinstaaterei, wie er da-

Die Stauden treten als waldreiches Höhengebiet zwischen dem Wertachtal und der Flossach-/Mindel-Talung auf der Topographischen Übersichtskarte deutlich in Erscheinung. Ausschnitt 1:150 000. Datenquelle: ATKIS®DTK200-V, © Bundesamt für Kartographie und Geodäsie 2006.

Rodungsinsel Döpshofen im Schwarzachtal, im Hintergrund Schmuttertal und Reischenau.

mals das gesamte Gebiet Bayerisch-Schwabens einnahm. Im Zuge der Säkularisation (1803) und der Mediatisierung (1805/06) gingen die geistlichen Besitzungen und die Rechte der Standesherren an das 1806 geschaffene Königreich Bayern über, das für alle Landesteile nach und nach eine einheitliche Verwaltungs- und Gerichtsorganisation einrichtete. Dafür waren zunächst fünf Landgerichte zuständig, nach 1862 vier Bezirksämter bzw. Landkreise (sh. S. 56 ff.). Seit der Landkreis- und Gemeindereform 1972 bis 1978 haben die Landkreise Augsburg, Günzburg und Unterallgäu, zwei Planungsregionen (Augsburg und Donau-Iller) und 15 Gemeinden Anteil am Staudengebiet. Sieben liegen innerhalb der Stauden (Fischach, Langenneufnach, Markt Wald, Mickhausen, Mittelneufnach, Scherstetten, Walkertshofen) und acht Randgemeinden, davon zwei Städte, sind mit Ortsteilen und Gemeindeflächen in den Stauden vertreten (Aichen, Bobingen, Gessertshausen, Großaitingen, Eppishausen, Ettringen, Schwabmünchen, Ziemetshausen).

Die politische und verwaltungsorganisatorische Aufteilung hat neben den naturräumlichen Gegebenheiten, die Entwicklung des Staudengebietes und den Werdegang der Siedlungen erheblich beeinflusst. Die Gemeinden haben ein eigenes historisches Profil und recht unterschiedliche Strukturen (sh. S. 182 ff.). In allen Landkreisen waren und sind die Stauden ein Randgebiet. Da ein gemeinsamer Mittelpunkt fehlte, mussten sich die Bewohner stets auf verschiedene zentrale Orte außerhalb der Stauden ausrichten. Eine Folge dieser Orientierung in das Umland waren neben anderen Problemen der geringe Austausch an Informationen untereinander und die mangelhaften Kenntnisse der Staudenbewohner voneinander. Man fühlte sich als Fischacher, Mickhauser oder Mittelneufnacher und interessierte sich allenfalls für das Schicksal der eigenen Gemeinde. Die Probleme des näheren Heimatraumes wurden dabei kaum wahrgenommen. Kein Wunder also, dass sich ein gemeindeübergreifendes Denken und Planen oder gar ein Gefühl der Zusammengehörigkeit kaum entwickeln konnte.

Ein Blick in die Geschichte verdeutlicht, dass eine Identität der Staudenbewohner mit ihrem Heimatraum bislang fehlte. In einer Zeit des rasanten Strukturwandels in allen Lebens- und Wirtschaftsbereichen kommt es aber wesentlich darauf an, dass sich das einzelne Dorf, die jeweilige Gemeinde, als Bestandteil einer regionalen Einheit betrachtet und gemeinsam mit Partnern Wege in die Zukunft anstrebt. Mit diesem Ziel haben sich im Jahr 2000 13 Gemeinden und ihre Ortsteile in der „Regionalentwicklung Stauden" zusammengeschlossen, um auf der Grundlage ihres ortseigenen Stellenwertes die nachhaltige Entwicklung des Raumes zu fördern und die Lebensqualität der Bewohner zu stärken. Eine wichtige Rolle spielt dabei der ganzheitliche Ansatz, der von der Sicherung der natürlichen Lebensgrundlagen und der gewachsenen Siedlungsstrukturen bis zur Stärkung von Handel, Dienstleistung und Kultur reicht. Über die ökonomischen Bestrebungen hinaus soll dabei das Bewusstsein für den Wert des eigenen Lebensraumes vertieft und das Identitätsgefühl mit der eigenen Region gestärkt werden.

Der Landschaftsname „Stauden"

Die positive Bewertung des Landschaftsbegriffes „Stauden" hat dafür eine große Bedeutung. Lange Zeit war nämlich die Bezeichnung „Stauden" mit einer abwertenden, ja geringschätzigen Vorstellung verbunden. Eine mit Buschwerk und Gesträuch bedeckte Landschaft, wo die natürliche Bewaldung durch übermäßige Nutzung geschädigt war, erweckte vor allem bei den Nachbarn einen abgewirtschafteten, ärmlichen Eindruck. Dazu kam die karge Landwirtschaft im hügeligen Gelände mit ungünstigen Böden, die kleinbäuerliche Besitzstruktur und die abseitige Lage.

Die ersten Hinweise auf die Lage und die Landschaft der Stauden findet man 1863 in der Landes- und Volkskunde des Königreichs Bayern unter dem Titel „Bavaria". Im Band 2 „Schwaben und Neuburg" wird erstmals das charakteristische Erscheinungsbild der Stauden beschrieben: *„Eigenthümlich ist wie im unteren Wertachland das Hügelland links vom Fluss durch seine örtliche Beschaffenheit eine von der Nachbarschaft scharf unterschiedene topographische Gruppe bildet; die stark von kleinen Gewässern, Moortiefen, Waldstücken und Gebüsch durchzogene Hochebene westlich von der Zusam und Flossach, nördlich von der „Reischenau", südlich von der Hügelregion begrenzt, heißt im Volksmund „in den Stauden".* Wenige Jahrzehnte später gibt Gustav Euringer in seinem Wanderbuch „Auf nahen Pfaden" eine genaue Lagebeschreibung und Schilderung des Landschaftscharakters: *„In den Stauden nennt man das Hügelland an den Tälern der Schwarzach, der oberen Schmutter bis Fischach, der Neufnach, der oberen Zusam bis Ziemetshausen und des Haselbachs. Der Name Stauden ist ein uralter volksthümlicher Ausdruck. Man bezeichnet damit jenes oben abgegrenzte hügelige Gelände, wo man zwischen Feldern und Wie-*

sen einzelne niedrige Bäume und ziemlich viel Stauden und Buschwerk erblickte und dessen nach Norden offene Täler häufig rauhe Winde durchziehen. In unserer Zeit passt dieser von manchen etwas geringschätzig ausgesprochene Name nicht mehr für jene Landschaft, in welcher es neben fruchtbaren Äckern und saftigen Wiesen die schönsten Laub- und Nadelwaldungen gibt, wenn auch Buschwerk und kleines Gehölz zwischen den Feldern noch nicht ganz verschwunden ist."

Michael Köck erläutert und datiert im Ortsnamenbuch für den ehemaligen Landkreis Schwabmünchen die Entstehung des Landschaftsnamens im Zusammenhang mit dem Raubbau in den Wäldern: „Der Landschaftsname geht auf althochdeutsch „stûda", mittelhochdeutsch „stûde" (Staude, Strauch, Busch) zurück und nimmt in der Pluralform bezug auf die einst durch Niederwald/Gebüsch und Sträucher bestimmte Vegetation des betreffenden Gebietes. Man muss die Entstehung des Namens also in eine Zeit datieren, in der durch Raubbau ältere Laubwaldbestände (Buchen, Eichen) beseitigt worden waren, was nach Oblinger gegen Ende des 16. Jahrhunderts der Fall war, als vor allem Niederwald (Espen, Birken, Hainbuchen) das Erscheinungsbild des Waldes bestimmte. Ab 1600 traten dann zunehmend Fichten auf, besonders ab dem 19. Jahrhundert, so dass sie spätestens ab diesem Jahrhundert die Landschaft prägten, also den Niederwald ablösten. Man kann davon ausgehen, dass der Niederwald im 17./18. Jahrhundert das Bild der Landschaft so charakteristisch prägte, dass er namengebend für die Landschaft werden konnte. Eine Stütze erhält diese Argumentation durch die Ortsangaben „in den Welden" bzw. „auf dem Wald", die bei Irmatshofen, Münster und Mickhausen auftreten und eher Hochwald suggerieren als Gebüsch. Man findet diesen Zusatz gehäuft im 15. und 16. Jahrhundert, danach allerdings nicht mehr. Dies verweist auf das 17./18. Jahrhundert als Entstehungszeit des Landschaftsnamen „Stauden", da offenbar der Begriff „Wälder" nicht mehr als angemessen empfunden wurde."

In den letzten 150 Jahren hat sich diese Situation grundlegend verändert. Durch Gesetze, Verordnungen und Einrichtungspläne der Forstbehörden hat sich der vom Stockausschlag geprägte Niederwald zu einem ausgedehnten Hochwald gewandelt. Die zusammenhängenden Waldungen haben heute eine große ökologische, wirtschaftliche und touristische Bedeutung. In der engen Verzahnung von Wäldern, Wiesen und Feldern liegen die landschaftlichen Werte und der besondere Reiz der Stauden. Der Landschaftsname vermittelt wieder eine positive Botschaft.

Literatur: Siehe S. 37, 59, 131

Die Wappen weisen mit Farben und Symbolen auf wichtige geschichtliche Wurzeln der Kreisgebiete hin, die auch für die Geschichte der Stauden eine Rolle gespielt haben.

Landkreis Augsburg

Das Schildhaupt in den Farben Rot und Silber erinnert an das Hochstift Augsburg als weltlicher Herrschaftsbereich des Bischofs von Augsburg, dem in zahlreichen Staudendörfern Güter und Rechte gehörten. Das Ulrichskreuz erinnert an eine wichtige Gestalt in der Kirchengeschichte und an die große Entscheidungsschlacht 955 auf dem Lechfeld. Die Fuggerlilie symbolisiert den umfangreichen Besitz des Hauses Fugger im Kreisgebiet und in den Stauden. Die Aufteilung des Schildes in Silber und Blau bezieht sich auf die bayerischen Rauten und ist gleichzeitig ein Hinweis auf die Herrschaft Schwabegg bzw. Türkheim am südöstlichen Staudenrand.

Landkreis Günzburg

Die rechte Hälfte des Schildes erinnert mit den schrägen Balken in Silber und Rot und dem goldenen Pfahl an die ehemalige Markgrafschaft Burgau, die im mittelschwäbischen Raum und für einen wesentlichen Teil der Stauden die Landeshoheit ausgeübt hat. Der silberne Halbadler weist auf die Herren von Schwabegg-Ursberg hin, die im südöstlichen Gebiet des Kreises Günzburg und damit am westlichen Rand der Stauden Rechte und Güter besaßen.

Landkreis Unterallgäu

Das Wappen weist mit der goldenen Rosette auf die Abtei Ottobeuren und mit der Lilie auf das Haus Fugger als wichtige geistliche bzw. weltliche Herrschaftsträger hin. Die Rauten in der eingeschweiften Spitze erinnern an die ehemals bayerischen Herrschaften Mindelheim und Türkheim und sie versinnbildlichen darüber hinaus die Zugehörigkeit des gesamten Kreisgebietes zu Bayern seit dem frühen 19. Jh.

Blick über Oberneufnach und das obere Neufnachtal
auf Alpenvorland, Zugspitze und Wettersteingebirge.

NATURRAUM
UND LANDSCHAFT

Die „Stauden" bieten eine Landschaft wie aus einem Bilderbuch für Kinder: bewaldete Hügel, dazwischen Felder und Wiesen, mittendrin verstreut die Dörfer, die sich am Fluss entlangziehen oder am Hang zusammenscharen. Kleine Bäche und idyllische Weiher, Obstbäume und blühende Hecken prägen das Land. Gelegentlich stehen Kühe auf der Weide, dort sieht man Pferde oder Schafe. An klaren Tagen rücken sogar die Gipfel und Grate der Allgäuer Alpen und der Zugspitze ins Blickfeld.

Wer in den „Stauden" erdgeschichtliche Sensationen und spektakuläre Naturwunder erwartet wird allerdings enttäuscht. Der Reiz der Landschaft liegt vielmehr in dem abwechslungsreichen Nebeneinander von flachen Tälern und ausgedehnten Hochflächen, in dem bunten Mosaik von Wiesen, Feldern und Wäldern, von Bäumen und Sträuchern. Wenn man die Eigenart der Landschaft, die Verteilung von Höhen und Tiefen verstehen will, so muss man einen Blick auf die Erdgeschichte dieses Raumes richten. Die „Urkunden" für die Erkundung und Erforschung der Landschaft sind Steine und Sande im Untergrund sowie das obertägige Relief. Im Laufe von Jahrmillionen haben verschiedene Faktoren – geologische Prozesse, das Klima und seine Wandlungen, der Bewuchs – bei dem Werdegang der Landschaft zusammengewirkt. Ihr heutiges Erscheinungsbild wird allerdings nur verständlich, wenn man die erdgeschichtliche Entwicklung und den geologischen Aufbau im größeren Zusammenhang betrachtet.

Erdgeschichte und geologischer Aufbau

Die „Stauden" liegen zwischen Lech und Iller inmitten des nördlichen Alpenvorlandes, das in mannigfacher Hinsicht unter dem Einfluss der Alpen steht. Die Fernwirkung kommt vor allem im geologischen Aufbau und in der Gestaltung des Reliefs zum Ausdruck. Während der sogenannten Tertiärzeit, einer geologischen Epoche vor 65 Millionen bis 2,5 Millionen Jahren, entstanden die großen Kettengebirge der Erde. Zusammengepresste und übereinander geschobene Gesteinsschichten wurden langsam zum Gebirge emporgehoben. Mit dem Aufsteigen der Alpen sank der Untergrund im nördlichen Vorland immer tiefer ein, es bildete sich ein riesiges Becken, in dem sich die von den Flüssen heran transportierte Fracht, Gerölle, Sande und Tone sammelte. Die Ablagerungen werden zusammenfassend als „Molasse" (= sandig-toniges Material) bezeichnet. Bei der Auffüllung des Molassetroges wechselten sich Meeresbedeckung und Festland mehrmals ab. Im Gebiet der Stauden treten an der Oberfläche häufig Ablagerungen der oberen Süßwassermolasse in Form von gelben Sanden, grauen Tonen oder Kiesen zutage. Man kann sie vor allem an den Talhängen, in Weganschnitten oder Baugruben beobachten. Stellenweise ist der Sand zu steinartigen Bänken oder Blöcken verfestigt, Kieselsäure wirkt dabei als natürliches Bindemittel. Gelegentlich sind in den ehemaligen Flussablagerungen Knochen oder Zahnreste einer vorzeitlichen Tierwelt sowie Blätter oder Früchte von Pflanzen eingebettet. So hat man in Sandgruben bei Bergheim, Grimoldsried und Langenneufnach Reste von Elefanten- und Nashornvorläufern gefunden, bei Hilpoldsberg Frucht- und Blattreste von Ahorn, Eiche, Esche, Pappel, Platane, Ulme, Walnuss und weiteren Baumarten. Mit sorgfältig zusammengetragenen Funden und Beobachtungen haben die Forscher das Bild von einer artenreichen Pflanzen- und Tierwelt gewonnen und die Lebensbedingungen mit einem subtropischen Klima erschlossen.

Erkenntnisse über die Zusammensetzung und die Mächtigkeit der Tertiärschichten haben die Tiefbohrungen bei der Suche nach Erdöl oder Thermalwasser an verschiedenen Stellen des Alpenvorlandes erbracht. In den Bohrprofilen von Scherstetten und Döpshofen umfassen die Molasseschichten eine Mächtigkeit von 1.000 m bis 1.350 m mit einer mehrfach wechselnden Abfolge von Ton, Sand und Kies. Darunter folgen in einer Tiefe von ca. 1.500 m unter der heutigen Oberfläche (sh. geolog. Blockbild) die 600 m dicken Kalkschichten der Jurazeit, die 50 km weiter nördlich, jenseits des Donautales, obertägig vorkommen und die Schwäbisch-Fränkische Alb aufbauen. Solche Höhenunterschiede in der Lagerung des gleichartigen Gesteins weisen auf erhebliche Hebungs- und Senkungsvorgänge der Erdoberfläche während der Tertiärzeit hin. Das etwa 2.000 m tief liegende Gneisgestein, das sogenannte Grundgebirge, das in ähnlicher Form und mit gleichartigem Mineralbestand im Schwarzwald und im Bayerischen Wald in 1.000 m Höhe vorkommt, belegt die starken Krustenbewegungen in dieser erdgeschichtlichen Epoche. Den tektonischen Kräften verdanken wir auch die Auffaltung und Heraushebung der Alpen, deren Abtragungsschutt aus verschiedenen Gesteinsformationen von den Flüssen in das Vorland transportiert wurde und den Unterbau des Alpenvorlandes und damit der Staudenlandschaft lieferte.

Am Ende der Tertiärzeit war das gesamte Alpenvorland ein ziemlich ebenes Festland mit zahlreichen Flüssen auf einer leicht nach Norden geneigten Landoberfläche. Entscheidende Veränderungen im Landschaftsbild ergaben sich durch einen extremen Klimawechsel. Auf das feuchtwarme, subtropische Klima der Tertiärperiode folgte eine Abkühlungsphase mit einem häufigen Wechsel von Kalt- und Warmzeiten. Die Ursachen für den mehrfachen Klimawandel sind vielseitig und nicht eindeutig geklärt. Die Verschiebung der Kontinente, Veränderungen in den Meeresströmungen, die verringerte Sonneneinstrahlung durch Schwankungen der Erdbahn kommen als Faktoren in Betracht.

Riesige Eismassen bedeckten während der Eiszeiten große Teile Nord- und Mitteleuropas, die

Fossile Blätter aus dem Tertiäruntergrund (Obere Süßwassermolasse) bei Hilpoldsberg, 12 Millionen Jahre. Blatt des Amberbaumes (links), Blätter von Platanen- und Walnussgewächsen (rechts).

Alpen und weite Bereiche des Alpenvorlandes waren vergletschert. Der Frost des eiszeitlichen Klimas begünstigte stark die Verwitterung der Gesteine und die Veränderungen an der Erdoberfläche. Die schürfenden und ausräumenden Kräfte der Gletscher waren vor allem in den Alpentälern und am Alpenrand wirksam. Von den abschmelzenden Eisrändern abfließende Ströme und Bäche förderten beträchtliche Geröllmassen ins Alpenvorland und lagerten sie in kilometerbreiten Flussbetten ab. In den nachfolgenden Warmzei-

ten war die Oberfläche durch mehr oder weniger dichten Pflanzenwuchs gefestigt, so dass sich die Gewässer in den vorher abgelagerten Schottern wieder eintiefen und das Flussbett verbreitern konnten. Reste der Gerölle blieben an den Talrändern oft als Terrassen erhalten. Der mehrfache Wechsel von Abtragungs- und Ablagerungsvorgängen in den einzelnen Kalt- und Warmzeiten führte deshalb zu ständigen Veränderungen im Tal- und Gewässernetz und es kam zur Ausbreitung der Schotter in verschiedenen Höhenlagen.

Blick von Scherstetten im Schmuttertal über einen bewaldeten Höhenzug der Stauden auf die Alpen zwischen Hochvogel (rechts) und Zugspitze (links). Dazwischen sind Grate und Gipfel des Ammergebirges und der Vilser Berge zu sehen.

Im Gebiet zwischen Iller und Lech lassen sich die Reste von wenigstens sechs großen Kaltzeiten nachweisen, die man in zeitlicher und alphabetischer Reihenfolge nach Flüssen des Alpenvorlandes als Biber-, Donau-, Günz-, Mindel-, Riß- und Würmeiszeit bezeichnet. Die Ablagerungen der ältesten Kaltzeiten treten auf den Höhenrücken und Kuppen oberflächig in Erscheinung, sie werden als Deckenschotter oder Hochschotter bezeichnet. Die jüngeren Schotter der nachfolgenden Kaltzeiten liegen als Terrassen- oder Talschotter auf niedrigerem Niveau.

Die Gestaltung der Staudenlandschaft

Im Zusammenspiel von Ablagerung und Eintiefung haben die Gestaltungskräfte des fließenden Wassers das abwechslungsreiche Relief der Staudenlandschaft geschaffen. In einer späten Phase der Biberkaltzeit haben kräftige Schmelzwasserströme, die am Rande der Allgäuer Alpen ihren Ursprung hatten und über die Gegend des heutigen Kempten von Süd-West nach Nord-Nord-Ost durch das Alpenvorland flossen, einen 12 bis 15 km breiten Talboden, die heutige Staudenplatte, aufgeschüttet. Während man bislang von den Ablagerungen eines Flusses ausging, wird neuerdings eine Schüttung der Gerölle von mehreren Flüssen zu verschiedenen Zeiten angenommen. Nach dieser Deutung wären auch die Flussablagerungen der Donaueiszeit am Aufbau der Staudenplatte beteiligt gewesen.

Am heutigen östlichen Steilabfall der Stauden gegen das Wertachtal haben wir die ehemalige Uferzone zu suchen. Das heutige Tiefengebiet war damals Höhengelände. Nach Westen bildete die heutige Tiefenfurche des Mindeltales eine ähnliche Begrenzung. Den alten Eisrand haben wir uns etwa auf der Linie Memmingen – Mindelheim – Landsberg vorzustellen. Von den ehemaligen Endmoränen sind allerdings keine Spuren mehr erhalten. Die südlichsten Gerölle der „Ur-Iller" kommen im Angelberger Forst südlich von Markt Wald in 654 m Höhe vor. Der Kobel bei Westheim ist der nördlichste Ausläufer der Staudenplatte und der Bismarckturm bei Steppach ist mit 529 m der tiefste Punkt.

Nachdem diese „Ur-Iller" ihre Fließrichtung im Laufe der nachfolgenden Donaukaltzeiten weiter nach Nord-Westen verlagerte und dabei die Schotter der Zusamplatte (zwischen Thannhausen, Burgau und Mertingen) aufschüttete, lag der Talboden der Staudenplatte außerhalb der Abflussströme der nachfolgenden Kaltzeiten. Wie das geologische Blockbild anschaulich zeigt, werden die Höhenzüge zwischen den einzelnen Tälern, im Schwäbischen als Riedel bezeichnet, vom sogenannten Deckenschotter überzogen. Dabei handelt es sich um eine 8–10 m dicke, stark verwitterte, teilweise verfestigte Gerölllage, die auf weite Strecken von einer Lehmdecke verhüllt wird. In einzelnen alten Kiesgruben lassen sich Aussehen und Zusammensetzung des Schotters beobachten. Kalk- und Sandsteine herrschen vor, Quarzite und Radiolarite sind häufig vertreten. Eine Verfestigung zu Nagelfluh (Naturbeton) ist

Blick in den Untergrund der Staudenlandschaft: Mit Gletscher und Fließwasser ist das Material von den Alpen bis zum heutigen Staudengebiet transportiert worden.

Oben: Feiner gelber Molassesand wird von fluviatilen Geröllen des Eiszeitalters überlagert.

Unten: Geröll und Sand sind durch Kalklösungen zu betonartigem Nagelfluh verkittet.

bevorzugt an den Talrändern festzustellen. Die Rundung der Steine und das Gefälle der Geländeoberfläche weisen die Schotter als ehemalige Flussablagerungen aus.

Durch die Erosionskraft vieler kleiner Flüsse und Bäche wurde das Gebiet der Stauden in ein Netz langgestreckter Höhenzüge und Hügelrücken zerschnitten und gegliedert. Als sich die Bäche durch die Schotterdecke eingetieft hatten und die darunterliegenden weichen Sande der Molasse erreichten, gingen Abtrag und Ausräumung leichter und schneller vor sich. Neben Schmutter, Neufnach und Zusam waren die kleinen Gewässer wie Anhauser Bach, Schwarzach und Engelshofer Bach an dieser Erosionsarbeit beteiligt.

In den nachfolgenden Mindel- und Rißeiszeiten wirkte die nach Süden reichende Staudenplatte gegenüber dem Iller- und Wertachgletscher wie ein Eisteiler. Moränenreste der Rißeiszeit haben sich auf der Ludwigshöhe bei Türkheim erhalten und markieren den nördlichsten Vorstoß eines Gletschers im Gebiet der Iller-Lechplatte. Schmelzwässer des rißeiszeitlichen Gletschers flossen durch die breite Lech- und Wertachniederung und im Flossach- und Mindeltal nach Norden und legten die kastenförmigen breiten Talsohlen an.

Eine Eigenart im Relief der Staudentäler sind die steilen Hänge auf der Ostseite und die flachen Hangböschungen auf der Westseite. Diese unterschiedliche Neigung gegenüberliegender Talhänge, die man fachlich als Talhangasymmetrie bezeichnet, kam während des kaltzeitlichen Klimas durch Vegetationsarmut und Bodenfließen zustande. Aus Westen wehende Winde lagerten auf den Westhängen der Täler besonders viel Schnee ab, der beim sommerlichen Auftauen den Boden durchtränkte und damit das Abgleiten der oberen Bodenschichten begünstigte. Der aus gleicher Ursache ebenfalls an den Westhängen abgelagerte Löss förderte diese Vorgänge zusätzlich wie eine Art Schmiermittel. Dazu kam, dass die im Talgrund fließenden Bäche durch die verstärkte Materialzufuhr vom West- gegen das Ostufer gedrängt wurden und dabei die Osthänge durch Unterspülung noch weiter versteilten. Die ständige Wiederholung dieser Prozesse führte zu dem heutigen Querprofil der Täler, das sich auch auf den Werdegang der Siedlung und der Landnut-zung auswirkte. Weiler und Dörfer liegen meist am flachen Hang, hochwassersicher über der Talsohle, die zugehörigen Ackerfluren breiten sich auf den mit Lehm und Fließerde bedeckten Böschungen aus, die Wiesen nehmen den Talboden ein. Die steilen nach Westen schauenden Hänge sind wie die Hochflächen oft von Wald oder Buschwerk besetzt.

Das geologische Blockbild zeigt den markanten Reliefunterschied zwischen dem Hügelland der Stauden (links) und der flachen Ebene des Wertachtales (rechts). Auf der Oberfläche sind in vereinfachter Form die Ablagerungen der Schmelzwasserströme aus verschiedenen Eiszeiten dargestellt: Bibereiszeitliche Schotter bedecken die Staudenplatte, rißeiszeitliche Schotter bauen die Hochterrasse östlich der Wertach auf, würmeiszeitliche Schotter bilden den Untergrund des Wertach- und des Lechtales. Die kleinräumige Gliederung der Staudenplatte ist das Werk von Flüssen und Bächen, die sich in die weichen Sande des Molasseuntergrundes während der Kaltzeiten eingetieft haben. Der geologische Unterbau ist im Querprofil dargestellt und zeigt die Schichtenfolge zwischen dem Grundgebirge (Gneis) und den Molasseschichten der Tertiärzeit.

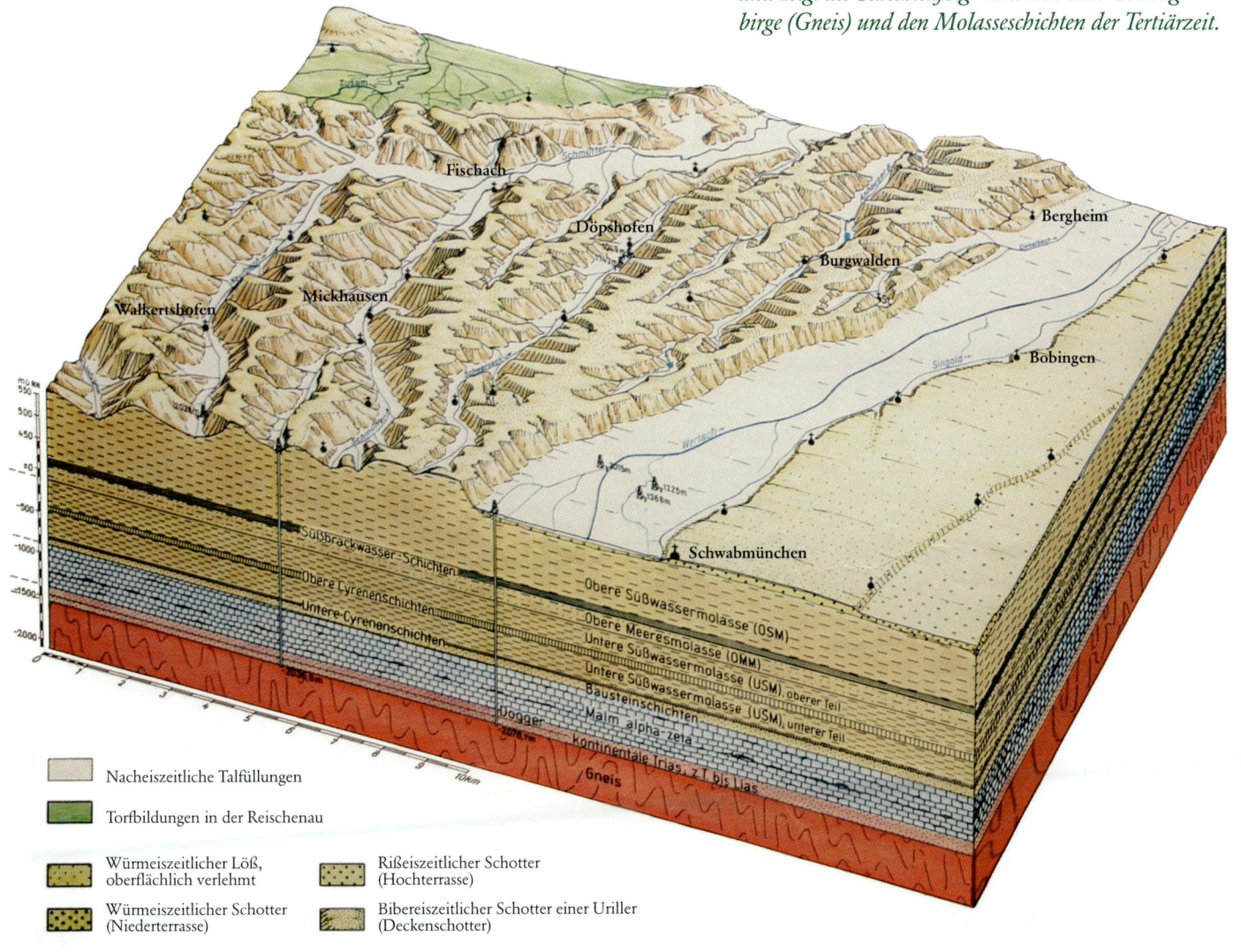

Nacheiszeitliche Talfüllungen

Torfbildungen in der Reischenau

Würmeiszeitlicher Löß, oberflächlich verlehmt

Würmeiszeitlicher Schotter (Niederterrasse)

Rißeiszeitlicher Schotter (Hochterrasse)

Bibereiszeitlicher Schotter einer Uriller (Deckenschotter)

Der Wald prägt die Landschaft

Der Wald ist ein wesentliches Element der Staudenlandschaft. Er bedeckt Hochflächen und Steilhänge, er säumt Flüsse und Bäche. Besonders eindrucksvoll wirkt der Wald als geschlossenes Band auf den Höhenrücken. Mehr als 40 % des Staudengebietes nimmt der Wald ein, konkret beträgt die Waldfläche ca. 13.000 ha. Knapp die Hälfte davon ist im Besitz des Staates und der Kommunen, ein großer Anteil gehört der Stadt Augsburg und ihren Stiftungen. Die andere Hälfe ist Privatwald, der sich ziemlich gleichmäßig auf wenige Groß- und zahlreiche Kleinwaldbesitzer verteilt, für die Landwirte war der Wald oft ein Rückgrat des Betriebes.

Jahrhundertelang betrachtete man den Wald in erster Linie als Lieferant für Bau- und Brennholz und als Weidefläche. Alle Waldbesitzer, Kirchen und Klöster, Standesherren und Gemeinden, ebenso die Bauern waren an der intensiven Waldnutzung mit unterschiedlichem Ausmaß und auf verschiedene Weise beteiligt. Holz war als Werkstoff für Hausbau und Arbeitsgeräte, als Brennmaterial für Küche und Heizung, als Energie-

träger für die meisten Gewerbe unentbehrlich. Köhler und Ziegelbrenner deckten den hohen Bedarf für die Stadt Augsburg vorwiegend im nahen Umland. Nicht zuletzt diente der Wald als Weide für Rinder, Schweine und Ziegen.

Für manche Staudendörfer bildete der Wald die Existenzgrundlage. So wird um 1750 von Döpshofen berichtet: „Die Bauern haben vieles Holz, welches aus Mangel eines guten Feldbaus und Wieswachs und Viehzucht ihre größte Nahrung ist." Neben der Waldarbeit und dem Holzhandel spielten auch das Sammeln von Beeren, das Besenbinden und das Korbflechten eine wichtige Rolle. Man ging in den Wald, um das auf den Lichtungen wachsende Seegras zu sammeln und zu bündeln, denn es eignete sich als heimische Pflanzenfaser für die Füllung von Matratzen. Der Waldboden diente als Einstreu, das Laub verwendete man für Futterzwecke. Häufig wurde von

„Allen hilft der Wald"
– der Wald ist Lebensraum für Tiere und Pflanzen
– der Wald liefert den umweltfreundlichen Rohstoff Holz
– der Wald erfüllt Aufgaben für Klima und Wasser
– der Wald bietet vielfältige Erholungsmöglichkeiten

den Waldbesitzern über den „willkürlichen Einschlag" und die übermäßige Waldnutzung geklagt. Der Landschaftsname „Stauden" weist auf den rücksichtslosen Raubbau in vergangener Zeit hin. Er bezeichnet den Bewuchs mit Buschwerk und Gesträuch, also mit Stauden, der sich in den heruntergekommenen Waldbeständen einstellte. Die Waldnamen „Gestäud" und „Weidenhart" sind ebenfalls Hinweise auf einen vom Stockaustrieb geprägten Niederwald, der namengebend für die ganze Staudenlandschaft gewesen ist.

In den letzten 150 Jahren ist aus den ungepflegten Beständen wieder eine waldreiche Landschaft

mit vielfältigen Baumarten herangewachsen. Gesetze, Verordnungen und Einrichtungspläne der Forstverantwortlichen haben wesentlich dazu beigetragen. Allerdings handelt es sich nicht mehr um den ursprünglichen artenreichen Mischwald mit dominierender Buche und mit einem deutlichen Anteil an Ahorn, Birke, Eiche, Esche und Linde, wie er in den Waldbeschreibungen noch für das 15. und 16. Jahrhundert überliefert ist. Waldnamen wie Birket, Buchkopf, Eichet oder Lindenberg weisen auf die vorherrschenden Baumarten hin, die sich einst ohne Einwirkung des Menschen und in Abhängigkeit von den Klima- und Bodenbedingungen ausgebreitet hatten.

Als „Brotbaum" der Forstwirtschaft steht seit mehr als 100 Jahren die Fichte im Vordergrund, die heute oftmals drei Viertel der Waldfläche in Reinbeständen einnimmt. Sie wird als Rundholz für Balken und Bretter verarbeitet, sie liefert den Rohstoff für Papier und Spanplatten, sie ist auch als Brennholz wieder gefragt. Sie ist im Hinblick auf den Boden nicht anspruchsvoll und wächst in unserer Klimazone rasch. Allerdings verträgt sie keine Staunässe, ist anfällig gegen Schädlinge und kann von Winterstürmen leicht umgeworfen werden.

Aus diesen Gründen bemühte sich die Forstwirtschaft in den letzten Jahrzehnten um einen standortorientierten Waldaufbau, an dem die Laubbäume, vor allem Buche, Eiche, Esche und Linde wieder angemessen beteiligt sind. Der Mischwald lässt sich aber nicht einfach durch Pflanzung erreichen, man muss die Frostempfindlichkeit und die Bissgefahren durch Reh und Damwild berücksichtigen. In enger Anpassung an die Boden-, Wasser- und Geländeverhältnisse sind die Forstbehörden bestrebt, die Fichtenreviere durch Einsprengsel von Tanne und Lärche und durch höheren Laubholzanteil optisch und ökologisch zu verbessern und die Funktionen des Waldes für Holzerzeugung, Klimaschutz und Erholung zu berücksichtigen.

Gebietsweise treten in den Stauden beachtliche Buchenbestände in Erscheinung, z.B. im südlichen Neufnachgebiet, entlang des Anhauser Bachtals, zwischen Straßberg und Reinhartshofen. Eine Sonderstellung nimmt der östliche Steilhang der Staudenplatte, die Wertachleite ein, wo der nährstoffreiche Boden geeignete Standorte für vielfältige Laubbaumarten abgibt. In den feuchten Bachauen haben sich als standortgemäße natürliche Vegetation Erle, Esche, Weide oder Schwarzpappel behauptet.

Eine gewisse Tradition hat in der Staudenlandschaft auch der Anbau ausländischer Baumarten wie Douglasie oder Nordmannstanne. Im sogenannten Exotenwald bei Diedorf wurden vor mehr als 100 Jahren 40 fremdländische Baumarten gepflanzt. In einzelnen Beständen verdienen kräftige Eichen oder mächtige Lärchen eine be-

sondere Beachtung, vor allem im Herbst. Auf sandigen Hängen gedeiht auch die Föhre, bevorzugt an sonnseitigen Waldrändern.

Eine wichtige Rolle für den Erlebniswert des Waldes spielen die Waldränder. Hier können sich aufgrund der wechselnden Licht- und Feuchteverhältnisse blühende und fruchttragende Sträucher wie Hasel, Holunder, Schlehe, Schneeball oder Weißdorn entfalten. Sie bilden eine ästhetische Bereicherung und sind wichtige Lebensräume für Vögel und Insekten. Der Wald besteht bekanntlich nicht nur aus Bäumen. Je nach Lichteinfall

„Bäume und Wälder sind das höchste Geschenk mit dem die Natur die Menschen begnadet hat."
(Plinius)

und Bodenart gedeiht auch eine üppige Strauch- und Bodenvegetation. Sie zeigt ihr schönstes Gesicht in den Laubwäldern, wenn im Frühling Buschwindröschen und Leberblümchen ganze Teppiche ausbreiten. Im Fichtenwald herrschen die Sporenpflanzen (Farne, Moose) vor. Zahlreiche Vogelarten haben im Wald ihre Brut- und Nahrungsplätze wie Amsel, Buchfink, Kleiber, Specht, Tannenmeise, Goldhähnchen. Die Vogelarten hängen eng mit der Landschaftsstruktur und dem Nahrungsangebot zusammen. Der stufig aufgebaute Wald mit Baum-, Strauch- und Krautschicht bietet Lebensraum für mehr Vogelarten als die reinen Nadelwälder.

Die zusammenhängenden Waldungen des Staudengebietes sowie die kleinen Waldparzellen an Hängen und entlang von Flüssen haben neben ihrem wirtschaftlichen Nutzen einen hohen Wert für die Ökologie. Besondere Bedeutung kommt ihnen für Klima-, Luft- und Wasserschutz zu. Es ist ein besonderer Glücksfall für die Großstadt Augsburg, dass im Westen ausgedehnte Waldflä-

chen vorgelagert sind, die bei Westwindlagen wie ein riesiger Luftfilter für den Ballungsraum wirken. Dazu kommt die wichtige Erholungsfunktion des Waldes mit Ruhe, Stille und landschaftlicher Schönheit im Wandel der Jahreszeiten. Der Naturpark trägt mit Recht den Namen „Augsburg Westliche Wälder". Der Wald bietet viele Möglichkeiten zur Entspannung, Besinnung und zur sportlichen Betätigung in der Natur. Ein Netz von Rad- und Wanderwegen erschließt die Staudenlandschaft im Rahmen des Naturparks für alle Altersschichten, für Schulausflüge und Seniorenprogramme bietet der Wald viele Erlebniswerte.

Besorgniserregend sind die Schädigungen des Waldes, die von den Nadelbäumen ausgegangen sind und sich längst auf Laubbäumen, insbesondere Buche und Eiche bemerkbar machen. Im Interesse einer gesunden Umwelt muss deshalb die Reduzierung der Schadstoffe ein vordringliches Anliegen sein, denn nur gesunde Wälder können ihre mannigfachen Aufgaben für Natur, Landschaft, Mensch und Tier erfüllen.

„Es ist gar zu schön, den ganzen Tag im Wald zu sein …"
(Goethe)

Hecken und Feldgehölze

Hecken und Feldgehölze bereichern und gliedern weithin sichtbar die Landschaft. Sie binden Siedlungen und Wege harmonisch in die Natur ein und sie besitzen einen hohen ökologischen Wert. Hecken und Feldgehölze sind in der Regel nicht gepflanzt worden sondern als Wildwuchs entstanden, z. B. an Böschungen, Feldrainen oder Hohlwegen. Bandartige Strauchpflanzungen, durchsetzt von einzelnen Baumarten, sind sie oft entlang von Besitz- und Weidegrenzen herangewachsen oder als Reste ehemaliger Waldränder erhalten geblieben. Einzelbäume wurden oft bei Kapellen oder Wegkreuzen gepflanzt. An markanten Geländepunkten oder Aussichtsplätzen treten sie landschaftsprägend in Erscheinung.

Mit der technisierten und intensiven Landbewirtschaftung werden Hecken und Feldgehölze oft als Behinderung angesehen oder als unnützes Ödland betrachtet. Es war viele Jahre üblich, besonders bei Flurbereinigungsmaßnahmen, diese Kleinstrukturen zu beseitigen. Aus ökologischer Sicht besitzen sie wichtige Ausgleichsfunktionen im Naturkreislauf, gewährleisten hohen Nutzen gegen Bodenerosion durch Wasser und Wind und tragen zur Verbesserung des Kleinklimas bei. Hecken sind Lebensräume, Nahrungsgrundlage und Nistplätze für zahlreiche Tierarten, besonders für Vögel und Insekten. Vielen Kleinsäugern, wie dem Igel, bieten sie Zuflucht und Nahrungsquelle. Zwischen Hecken und angrenzenden Agrarflächen bestehen rege biologische Beziehungen, denn hier sind die landwirtschaftlichen Nützlinge beheimatet. Dazwischen können sich Bäume wie Feldahorn oder Stieleiche entwickeln, und am Rande ist noch Platz für Blumen und Kräuter, die in früherer Zeit auch als Heilpflanzen gesammelt worden sind.

In weiten Bereichen der Staudenlandschaft haben sich solche Kleinstrukturen zahlreich erhalten: an Talhängen entlang von Schwarzach, Neufnach und oberer Zusam, ganz besonders in den Quellbereichen von Bächen treten sie noch landschaftsprägend in Erscheinung. Zahlreiche Heckenkomplexe sind zwischen Langenneufnach und Walkertshofen verbreitet. Erfreulicherweise finden im Rahmen von Flurbereinigungsverfahren derzeit zahlreiche Neupflanzungen statt. So wurden im Umfeld des Klosters Oberschönenfeld bei der Wiederherstellung der historisch geprägten Kulturlandschaft 3 km Hecken, zahlreiche Feldgehölze und Einzelbäume gepflanzt.

Oben: Kirche St. Laurentius in Reinhartshausen

Im Rahmen landschaftspflegerischer Maßnahmen bei der Flurneuordnung von Obergessertshausen wurden auf einer Fläche von 7,5 ha Obst- und Laubbäume und auf 1,5 ha Gehölzgruppen angelegt. Mehr als 5 km drei- bis fünfreihige Hecken wurden entlang von Ranken- und Grenzlinien gepflanzt. Die Vernetzung der Landschaftsteile zwischen den großflächigen Wäldern, den kleinteiligen Feldern und Wiesen steigert die Leistungsfähigkeit des Naturhaushaltes und verbessert die Einbindung der Ortslagen in die Landschaft.

Im Laufe eines Blütenjahres tritt auch die ästhetische Bedeutung der Hecken und Gehölze im Landschaftsbild in Erscheinung. Die Blütezeit beginnt mit Hasel- und Salweide, im April leuchtet das Weiß der Schlehen, im Mai der Schneeball und der Weißdorn. Die Heckenrose verkündet den Sommer, die Himbeeren und Brombeeren locken im Spätsommer. Im Herbst beleben buntes Laub und die verschiedenen Früchte das Landschaftsbild.

Bäume im Wandel der Jahreszeiten

Einzelne Bäume und Baumgruppen verschönern die Landschaft und das Dorfbild. Als markante Gestalten besitzen sie landschaftsprägende Wirkung auf Kuppen und Höhenzügen, im Ortskern oder am Dorfrand.

Bäume haben einen besonderen Reiz im Wandel der Jahreszeiten: im Frühjahr, wenn das grüne Laub sprießt, im Sommer, wenn man in ihrem Schatten lagern kann, im Herbst, wenn sich das Laub färbt oder im Winter, wenn sie ihre kahlen Äste in den Himmel ausbreiten.

Bäume entfalten bei Wegkapellen, Bildstöcken oder Wegkreuzen eine besondere Wirkung. Sie geben den Plätzen eine festliche Stimmung, sie laden zu Rast und Besinnung ein. Baum und religiöses Denkmal vermitteln gemeinsam ein vertrautes Bild, Natur und Kultur bilden eine oft vermisste Einheit. Bäume können auch Treffpunkte und Zufluchtsort der Liebenden sein. In die Rinde des Baumes schnitzen sie ein Herz mit ihren Initialen. Als Symbol der aufblühenden Natur schmückt man den Maibaum im Dorf.

Straßenbegleitende Obstbäume und Streuobstwiesen sind heute eine Seltenheit. Mostäpfel spielten früher eine wichtige Rolle in der Selbstversorgung. Noch wirksamer treten im Landschaftsbild die Alleen in Erscheinung, die man früher entlang von Zufahrtswegen zu Schlössern oder Wallfahrtskirchen gepflanzt hat. Bei den

*Ein Baum,
dessen Zweige
von unten bis oben,
die ältesten
wie die jüngsten,
gen Himmel streben,
der seine 100 Jahre
dauert, ist wohl
der Verehrung wert.
(Goethe)*

Schlössern von Wellenburg (Stadt Augsburg) und Hardt (bei Reinhartshofen) sowie bei der Zufahrt nach Vesperbild (Markt Ziemetshausen) haben sich schöne Lindenalleen erhalten.

Die Heilkräfte der Blätter, Blüten und Früchte verhalfen zahlreichen Bäumen zu hoher Bedeutung in der Volksmedizin: Lindenblütentee bei Erkältungen, Birkenwasser bei Rheuma und Gicht, Holundersaft für die Stärkung der Abwehrkräfte, Holderküchle als Gaumenschmaus, Tannen- und Kiefernsprossen für Bronchial- oder Lungenkrankheiten – aufgrund der Vielfalt an heilbringender Wirkung hat man die Bäume und Sträucher mit Recht als „Herrgottsapotheke" bezeichnet.

Auf wichtige Ereignisse oder Termine in der Geschichte weisen die Gedenk- und Jubiläumsbäume hin, die man zur Erinnerung an berühmte Persönlichkeiten (Fuggerlinde) und Kriegsereignisse (Schwedeneiche) gepflanzt hat. Das Setzen von Bäumen bei Eröffnungen oder Gedenktagen gehört auch heute noch zu den offiziellen Gepflogenheiten. Obwohl der Glaube an die geheimnisvolle Kraft der Bäume in unserer nüchternen Zeit geschwunden ist, spiegelt sich in solchen Aktivitäten der Symbolcharakter der Bäume für Mensch und Gesellschaft.

Der beste Schutz für Einzelbäume und Baumgruppen ist die Ausweisung als Naturdenkmal oder Landschaftsbestandteil. Er gilt für zahlreiche Eichen und Linden in den Dörfern oder bei Wegkreuzen (z. B. die Stieleiche in Holzara), für die Alleen sowie für einige Gehölzbestände in den Fluren.

Flüsse, Bäche, Weiher

Flüsse und Bäche haben durch ihre Erosionskraft das Relief der Staudenlandschaft im Laufe des Eiszeitalters geschaffen. Die Staudenlandschaft ist heute noch reich an naturnahen Gewässern. Die über das ganze Jahr fallenden Niederschläge und die geologisch bedingten Quellhorizonte an der Schichtgrenze von wasserdurchlässigen Geröll- und wasserstauenden Ton- und Lehmschichten sorgen für ein reichhaltiges, verzweigtes Netz an Flüssen, Bächen und Weihern. Die Wassermenge, das Gefälle und der geologische Untergrund sind die Faktoren für die Ausbildung verschiedener Talformen. Je größer die Wassermenge und stärker das Gefälle, desto mehr hat das Wasser die Kraft, sich in die Tiefe zu graben oder in die Breite zu erodieren. In den Stauden begegnen wir dem Sohlental mit einem ebenen Talboden, auf dem sich das Gewässer in Schlingen und Schleifen bewegen kann und dem Muldental mit einem schmalen Talgrund. Die Talhänge haben wechselnde Neigung und unterschiedliches Relief. Die Höhenunterschiede zwischen den Hügelrücken und den Talsohlen schwanken zwischen 30 und 100 Metern.

Schmutter und Zusam sind die bestimmenden Flüsse des Staudengebietes. Beide entspringen im südlichsten Teil der Staudenlandschaft und münden weit außerhalb im Norden in die Donau. Sie nehmen eine Vielzahl von kleinen und größeren Zuflüssen auf, die weitgehend noch in ihrem natürlichen Bett ohne Begradigung ihren Lauf nehmen.

Die Zusam begleiten von Markt Wald bis Ziemetshausen beiderseits schotterbedeckte Höhenrücken. Ihr Name wird auf das germanische Wort „Tusma" (= die Strauchige) zurückgeführt und bedeutet einen von Buschwerk gesäumten Fluss. Größere Zuflüsse sind der Bernbach, der Lauterbach und der Schellenbach. Ab Ziemetshausen floss der Oberlauf der Zusam ursprünglich weiter in Richtung Osten, am Nordrand der Staudenplatte entlang, etwa parallel zur heutigen Bundesstraße 300 und mündete bei Gessertshausen in die Schmutter.

Die Schmutter ist der Hauptfluss der Stauden. Der Name dürfte germanischen Ursprungs sein und die „Schlammige, die durch Moor fließende Ache" bedeuten. Sie entspringt am südlichen Staudenrand bei Siebnach in einigen kleinen Quellen und nimmt auf ihrem Lauf

nach Norden von beiden Seiten zahlreiche Nebenbäche auf (Reichenbach, Vögelebach, Schweinbach). Beidseits wird das Schmuttertal von schotterbedeckten Höhenzügen gerahmt, die Talhänge haben wechselnde Neigungen. Die Talfüllung besteht aus unterschiedlichen Materialien, Kies, Ton und Lehm wechseln ab, so dass

streckenweise Feuchtwiesen und Moore entstanden sind. Wegen der Hochwassergefahr wurde die Schmutter abschnittweise begradigt, z. B. nördlich von Fischach, wo der Fluss in den weichen Sandablagerungen einen breiten Talboden angelegt hat, der häufig überschwemmt wird. Bei Gessertshausen verlässt der Fluss das Staudengebiet und begleitet dessen Westrand bis zum Abhang des Kobels.

Die Neufnach entsteht aus dem Zusammenfluss kleiner Gerinne im südlichsten Teil des Staudengebietes. Zwischen Markt Wald und Schnerzhofen wird sie zum reizvollen Schnerzhofer Weiher gestaut. Ihr einziger größerer Zufluss ist der Bärenbach, der bei Habertsweiler entspringt. Die Neufnach hat noch abschnittsweise ihren ge-

*Fischteich
bei Burgwalden
im Anhauser Tal*

schlängelten Lauf und wird von Gehölzsäumen und Röhrichtzonen begleitet. Sie führt bei ihrer Mündung mehr Wasser als die Schmutter, die bis zum Zusammenfluss mit der Neufnach im Volksmund als Erk bezeichnet wird.

Zwei naturnahe Bäche, die streckenweise noch in ursprünglichen Schlingen und Windungen verlaufen, sind die Schwarzach und der Anhauser

Bach. Sie entspringen nahe der Wertachleite am östlichen Staudenrand bei Schwabegg und nehmen auf ihrem Lauf nach Norden mehrere kleine Bäche auf. Im Anhauser Tal treten zwischen Reinhartshausen und Anhausen nicht weniger als 16 Erosionsrinnen auf, deren Quellen am Hangfuß teilweise gefasst sind (Buchkopfquelle, Maderquelle, Webers Brünnele) und gern besuchte Rastplätze für Wanderer bieten. Aufgrund der eiszeitlichen Erosionswirkung ist die Talhangasymmetrie mit flachen Böschungen im Westen und steilen Hängen im Osten in beiden Tälchen besonders stark ausgeprägt.

Ein sichtbarer Ausdruck für den Wasserreichtum und die Wasserzufuhr sind die zahlreichen künstlich angelegten Weiher, die sich im Anhauser Tal bei Reinhartshofen und bei Burgwalden jeweils zu einer landschaftsbestimmenden Kette von Fischteichen aneinanderreihen. Auch im Schwarzachtal und auf dem schmalen Talboden des Engelshofer Baches gibt es mehrere aufgestaute Wasserflächen, die in erster Linie der Zucht von Karpfen und Schleien dienen.

Neben der wirtschaftlichen Bedeutung bilden die Stillgewässer eine wesentliche ästhetische Bereicherung der Landschaft und einen hohen ökologischen Wert als Lebensräume für eine vielfältige Tier- und Pflanzenwelt. Als Folge der geringen Wassertiefe kann auch der Gewässerboden vollständig von Pflanzen wie Tausendgüldenkraut, Tannenwedel, Laichkraut, Knöterich besiedelt werden. Da keine Strömung herrscht, entfalten sich auch großblättrige Pflanzen wie die weiße und die gelbe Seerose. Ökologisch besonders wertvoll ist der Uferbewuchs aus Seggen, Röhricht und Hochstauden. Erlen und Weiden besetzen als Pionierpflanzen die Verlandungszonen.

Viele Weiher gehen nachweislich auf das Mittelalter zurück, als die strengen Speisevorschriften in der Fastenzeit eine Versorgung mit Fischen aus der Umgebung erforderten. Zum Zisterzienserinnenkloster Oberschönenfeld, das einstmals in Tal und Einsamkeit angelegt wurde, gehörten mehrere Fischweiher, die Einöde „Weiherhof" hat daher ihren Namen. Feuchtwiesen, die einstmals die Talböden der Staudenbäche einnahmen, sind durch Entwässerungsmaßnahmen häufig in nutzbares Grünland umgewandelt oder leider mit Fichten aufgeforstet worden. Die artenreiche Vegetation mit feuchteliebenden Blütenpflanzen wie Trollblume, Knabenkraut, Wiesenknopf ist nur noch auf wenigen Restflächen erhalten.

Die Weiher von Burgwalden sind seit Jahrhunderten vielfältige Lebensräume für Tiere und Pflanzen.
Die Übergangszone vom Wasser zum Land bildet eine abwechslungsreiche Kulisse.

*Der Schnerzhofer
Weiher ist ein
ökologisches Kleinod
in der Stauden-
landschaft.
Ein Saum aus
Schilf, Seggen und
Hochstauden
umrahmt die
Wasserfläche.*

Winterlied

Das Feld ist weiß, so blank und rein,
vergoldet von der Sonne Schein,
die blaue Luft ist stille;
hell wie Kristall,
blinkt überall
der Fluren Silberhülle.

Der Lichtstrahl spaltet sich im Eis,
er flimmert blau und rot und weiß
und wechselt seine Farben.
Aus Schnee heraus
ragt nackt und kraus,
Schilf und Gras wie Garben.

Das Bächlein schleicht, von Eis geengt;
voll lautrer, blauer Zacken hängt
das Dach; es stockt die Quelle;
im Sturze harrt
zu Glas erstarrt
des Wasserfalles Welle.
(J. Gaudenz von Salis-Seewis)

Winter im Anhauser Tal

Geschützte Gebiete

Die naturräumlichen Grundlagen der Staudenlandschaft sind vorwiegend im Laufe des Eiszeitalters in einem Zeitraum von ca. 2,5 Millionen
Jahren entstanden und gestaltet worden. Seit
mehr als 5.000 Jahren besiedeln und nutzen die
Menschen die Natur und prägen der Landschaft
ihre ökonomischen und kulturellen Strukturen
auf. Durch die regelmäßige Bewirtschaftung entwickelte sich eine vielfältige Kulturlandschaft mit
zahlreichen schutzwürdigen Relikten. Darüber
berichten mehrere Kapitel in diesem Buch.

Unveränderte, vom Menschen unbeeinflusste
Gebiete gibt es nur noch in kleinen Resten. Sie
machen flächenmäßig einen winzigen Anteil des
Staudengebietes aus und verdienen deshalb besonderen Schutz, naturnahe Pflege und Erhaltung. Gesetze und Verordnungen sind dafür notwendig, aber sie genügen oft nicht, wenn das
Verständnis für den Wert und die Funktion der
Natur fehlt und die Bedeutung der Kulturlandschaft nicht erkannt wird.

Die rechtliche Grundlage für die Unterschutz-
stellung bildet das Bayerische Naturschutzgesetz
von 1998 mit folgenden Möglichkeiten:

Art. 7 – Naturschutzgebiete

Sie können festgesetzt werden
– zur Erhaltung von Lebensgemeinschaften oder
  Lebensstätten bestimmter wildlebender Tierarten und wildwachsender Pflanzen,
– aus ökologischen, wissenschaftlichen, naturge-
  schichtlichen oder landeskundlichen Gründen,
– wegen ihrer Seltenheit, besonderen Eigenart
  oder hervorragenden Schönheit.

Art. 9 – Naturdenkmäler

Als Naturdenkmäler können Einzelschöpfungen
der Natur, deren Erhaltung wegen ihrer hervorragenden Schönheit, Seltenheit oder Eigenart oder
ihrer ökologischen, wissenschaftlichen, geschichtlichen, volks- und heimatkundlichen Bedeutung
im öffentlichen Interesse liegt, geschützt werden.
Dazu gehören am Beispiel der Stauden
– alte und seltene Bäume und Baumgruppen,
  (die Schwedeneiche bei Fischach, 6 Linden bei
  Mickhausen, Eichengruppe im Zusamtal)
– besondere Pflanzenvorkommen,
  (das Hangmoor an der Schwarzach südlich von
  Waldberg)
– Bachabschnitte und Feuchtgebiete,
  (die Schmutterwiesen bei Margertshausen)

Art. 10 – Landschaftschutzgebiete

Das Schutzziel ist die Vielfalt, Eigenart oder
Schönheit der Kulturlandschaften, die durch die
Tätigkeit des Menschen ihre besondere Ausprägung erhalten haben. Da sie für die Erholungsfunktion der Natur eine wichtige Rolle spielen,
sind innerhalb des Naturparks Augsburg Westliche Wälder sämtliche Waldungen westlich der
Wertachleite mit den Flussauen, den Weihern und
Verlandungszonen laut Schutzverordnung des
Bezirks Schwaben vom 22. 8. 1988 zum Land-
schaftschutzgebiet erklärt worden. Ausgenom-
men sind lediglich die Wohnbauflächen und die
landwirtschaftlichen Nutzflächen der Dörfer. In
den Landschaftsschutzgebieten ist die Leistungsfähigkeit des Naturhaushaltes zu sichern und die
Vielfalt, die Eigenart und Schönheit des Landschaftsbildes zu bewahren.

Art. 12 – Landschaftsbestandteile

Teile von Natur und Landschaft, die nicht die
Voraussetzungen des Art. 9 erfüllen aber im Interesse des Naturhaushaltes erforderlich sind, können als Landschaftsbestandteile geschützt werden. Dazu gehören insb. Bäume, Alleen, Hecken,
Feldgehölze, Schilf- und Rohrbestände, Streuwie-
sen und kleine Wasserflächen (z.B. die Lindenallee bei der Wallfahrtskirche Maria Vesperbild).

Im *Bundesnaturschutzgesetz* ist in § 2 Abs. 1 als landschaftliches Schutzgut die historisch geprägte Kulturlandschaft mit folgendem Grundsatz verankert: *Historische Kulturlandschaften und -landschaftsteile von besonders charakteristischer Eigenart sind zu erhalten. Dies gilt auch für die Umgebung schützenswerter oder geschützter Kultur-, Bau- und Bodendenkmäler.* Diese Vorschrift ist wichtig für die Sicherung und die pflegliche Weiterentwicklung großflächiger Kulturlandschaften, wie z. B. die Klosterlandschaft rund um Oberschönenfeld. Dabei verbinden sich die ökologische Ausstattung und das historisch geprägte Landschaftsbild zu einer erhaltenswerten Einheit.

Biotope

Dabei handelt es sich um natürliche und von Menschen wenig beeinflusste Lebensräume für Pflanzen und Tiere, die zur Erhaltung landschaftstypischer Arten und Strukturen unentbehrlich sind. Zu ihnen gehören Waldränder, Büsche und Hecken, Gewässer, Feuchtgebiete, Trockenstandorte. Die Biotope wurden im Rahmen einer landesweiten Kartierung nach vegetationskundlichen Kriterien erfasst. Sie konzentrieren sich auf die Bach- und Flusstäler sowie die vielfältig gegliederten offenen Hänge innerhalb der Stauden und an den Außenrändern entlang von Wertach und Mindel. Flächenmäßig nehmen die Biotope ca. 3 % des gesamten Staudengebietes ein und liegen über dem Durchschnittswert des Naturparks.

Eine zusätzliche Möglichkeit zum Artenschutz von Tieren und Pflanzen bietet seit 1992 die Fauna-Flora-Habitat-Richtlinie (FHH), mit der europaweit ein Netz von Schutzgebieten mit gemeinschaftlicher Bedeutung errichtet und als „Natura 2000" umgesetzt werden soll.

Literatur

Becker-Haumann, Heimo: Anwendungen der Geoinformatik für die hochauflösende 3D-Kartierung fluviatiler Terrassenkörper, Köln 2005, S. 72-96.
Frei, Hans: Landesnatur. In: Landkreis Schwabmünchen. Landschaft, Geschichte, Wirtschaft, Kultur, Augsburg 1974, S. 1–18.
Graul, Hans: Die naturräumlichen Einheiten auf Blatt 180 Augsburg. Bad Godesberg 1962.
Jerz, Hermann: Das Eiszeitalter in Bayern, Stuttgart 1993.
Naturpark Augsburg Westliche Wälder, Wanderparadies zwischen Donau, Schmutter, Wertach und Mindel, Augsburg 1988.
Oblinger, Hermann: Über die Pflanzenwelt im Landkreis Augsburg. In: Pötzl, Walter (Hg.): Der Landkreis Augsburg (Band 1, Landschaft und Natur), Augsburg 1993, S. 187–251.
Schaefer, Ingo: Erläuterungen zur Geologischen Karte von Augsburg und Umgebung 1:50.000, München 1957.
Scheuenpflug, Lorenz: Zur Erd- und Landschaftsgeschichte des Landkreises Augsburg. In: Pötzl, Walter (Hg.): a.a.O. S. 5–165.

Inmitten der Wiesen und Wälder sind die Gewässer prägende Elemente der Kulturlandschaft und ein wertvolles Schutzgut.

Biotop bei Mittelneufnac

Schmutter, im Volksmund die Erk, bei Willmatshofen

Neufnach bei Langenneufnach

Schwarzach bei Waldberg

Schmutter bei Margertshausen

Lindenallee bei Maria Vesperbild

PRÄGENDE KRÄFTE DER GESCHICHTE

Neben den natürlichen Gegebenheiten hat im Laufe der Jahrtausende der Mensch, genauer gesagt die menschliche Gesellschaft mit ihren ökonomischen Ansprüchen und gestalterischen Leistungen den Werdegang der Besiedlung, die Erschließung und Nutzung der Landschaft, das gewerbliche Leben, die wirtschaftliche Entwicklung und kulturelle Entfaltung in den Stauden bestimmt. Die politischen Ordnungen mit verschiedenen Herrschaftsträgern spielten dabei ebenso eine Rolle wie die technischen Möglichkeiten zur Landnutzung und Raumgestaltung.

Die Stauden wurden vom Mittelalter bis in die Zeit um 1800 von verschiedenen Territorialherren regiert und verwaltet. Eine entscheidende Rolle spielten die Bischöfe von Augsburg, das Herzogtum/Kurfürstentum Baiern und die Markgrafschaft Burgau. Adelige und Klöster waren als Grundherren die Besitzer von Grund und Boden, für die Rechtsprechung waren verschiedene Ob-

rigkeiten zuständig. Am Ende des alten Reiches wurde das bunte Gemenge aus geistlichen und weltlichen Herrschaften in das 1806 zum Königreich erhobene Bayern eingegliedert.

Die Einzelschicksale bestimmter Territorien und Ortschaften können in diesem Überblick nicht erschöpfend behandelt werden. Hier kommt es vielmehr darauf an, die wesentlichen Prägekräfte der geschichtlichen Entwicklung vorzustellen und ihre Wirksamkeit für das Werden und Wachsen der heutigen Struktur zu erläutern. Zahlreiche Zeugnisse in der Kulturlandschaft wie Bodenfunde und Bodendenkmäler, Schlösser, Klöster und Kirchen, Dörfer und Verkehrswege aus verschiedenen Jahrhunderten werden dabei neben den schriftlichen Quellen in die Darstellung einbezogen.

Münster im Schmuttertal gehört zu den ältesten Siedlungen in den Stauden.

Perioden der Vorgeschichte (5000 bis 500 v. Chr.)

Wenige Bodenfunde und einige Bodendenkmäler beweisen die Anwesenheit der Menschen im Gebiet der Stauden seit der vorgeschichtlichen Zeit. Von einer dauerhaften Besiedlung kann erst seit dem 8. Jahrhundert, dem frühen Mittelalter die Rede sein. Während in den benachbarten Talebenen von Lech/Wertach und Mindel sowie in der Reischenau Siedlungsspuren seit der mittleren Steinzeit, also seit nahezu 10.000 Jahren aus fast allen Kulturepochen überliefert sind, gibt es aus den Stauden für bestimmte Perioden keine oder nur wenige Einzelfunde. Steinbeil und Spinnwirtel von einem Acker bei Immelstetten, ein Walzenbeil bei Fischach und ein geschliffener Steinkeulenkopf von Konradshofen lassen vermuten, dass die Gegend während der Jungsteinzeit von ca. 4000–2000 vor Christus gelegentlich aufgesucht wurde. Die sehr unterschiedliche Funddichte zwischen den breiten Flusstälern und dem Hügelland hängt in erster Linie mit den verschiedenen Naturbedingungen für Siedlung und agrarische Nutzung zusammen. Für die Wirtschaftsweise der frühen Ackerbauern im Neolithikum boten die locker bewaldeten, lössbedeckten Terrassen entlang von Wertach und Mindel günstigere Voraussetzungen als die waldreiche Staudenlandschaft mit staunassen Böden. Dazu kommen die unterschiedlichen Erkenntnismöglichkeiten, da die Hinterlassenschaften auf den offenen, ackerbaulich genutzten Flächen eher zutage treten als in den Waldgebieten mit wenigen Bodenaufschlüssen und geringer Bautätigkeit.

Völlig andere Verhältnisse ergeben sich bei der Betrachtung der obertägigen Bodendenkmäler, die durch ständige Feldbestellung und viele Eingriffe beim Haus- und Straßenbau beseitigt oder zerstört werden, während sie in geschlossenen Waldbereichen länger erhalten geblieben sind. So ist es zu

A Hauptburg mit sog. Ungarnwall
B Gestaffelte Wälle
C Südliches Vorwerk mit Außentor M
D Nördliches Vorwerk
E Reiterhindernisse
G Talschanze (vermutlich hochmittelalterliche Burg)
H Hauptsiedlungsgelände
I Außentor

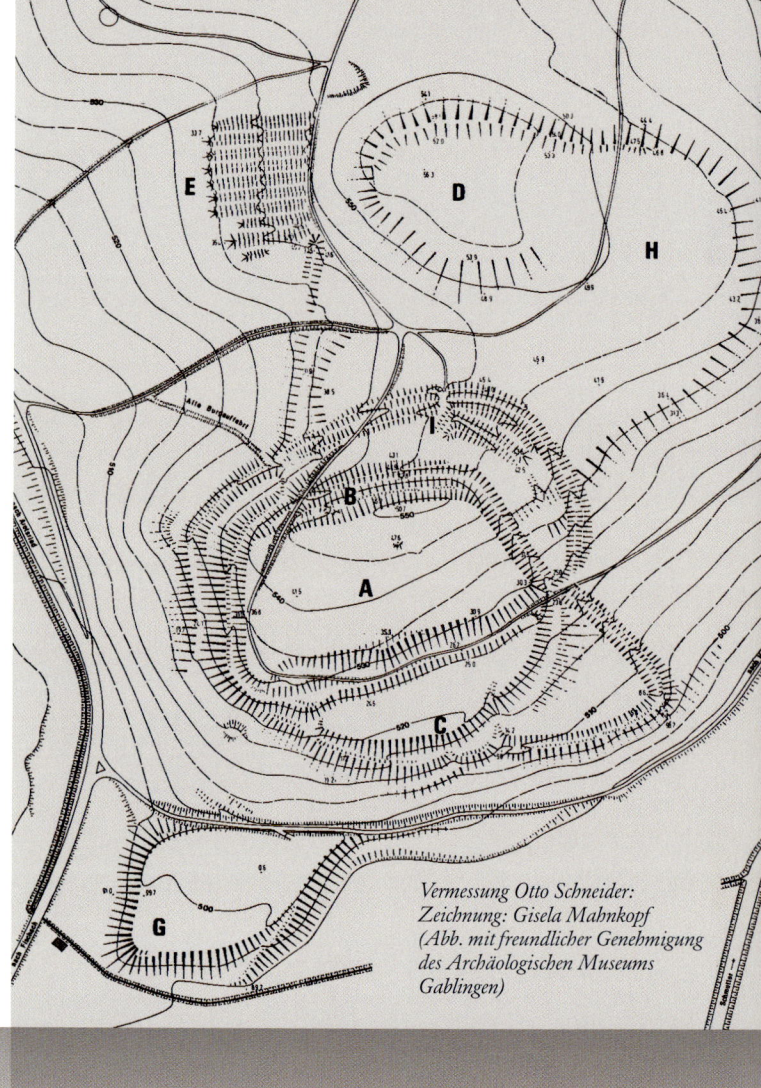

Vermessung Otto Schneider; Zeichnung: Gisela Mahnkopf (Abb. mit freundlicher Genehmigung des Archäologischen Museums Gablingen)

Einzelfunde eines Walzenbeils (bei Fischach) und einer Scheibenkeule (bei Konradshofen) weisen auf die Anwesenheit der Menschen während der Jungsteinzeit in den Stauden hin. (Privatbesitz und Archäologische Staatssammlung München)

Der Buschelberg erhebt sich etwa 60 Meter über dem Tal der Schmutter und trägt auf seiner Kuppe eine 6 bis 8 Meter mächtige Kappe von Geröllen aus der Bibereiszeit. Die Hochfläche überzieht ein ausgedehntes Netz von Wällen und Gräben, die auf eine herausgehobene Bedeutung dieses Berges schließen lassen. Der topographische Übersichtsplan zeigt die wesentlichen Befestigungssysteme und ihre Funktionen. Bisher bekannte Streufunde lassen auf eine Besiedlung von der Bronzezeit bis zum Mittelalter schließen.

erklären, dass in den Stauden viel mehr obertägig sichtbare Grabhügel, Schanzen und Wallanlagen aus der Bronze- und der Eisenzeit zu finden sind, als in den nahezu waldfreien Talzonen der Umgebung. Besonders zahlreich sind die Grabhügel, unter denen in bestimmten Epochen die Verstorbenen beigesetzt worden sind. Die 0,5–1 m hohen Erdaufwürfe treten bevorzugt am bewaldeten Höhenrand zwischen Straßberg und Siebnach auf, vereinzelt auch bei Fischach und Mickhausen. Verschiedene Ausgrabungen belegen, dass die Mehrzahl aus der mittleren und späten Hügelgräber-Bronzezeit stammt, als man die Toten mit zahlreichen Beigaben (Schmuck bei den Frauen, Waffen bei den Männern) bestattete. Für die Reise und den Aufenthalt im Jenseits wurden ihnen Keramikgefäße, wohl gefüllt mit Speise und Trank, mitgegeben. Aus zahlreichen Scherbenresten konnten einige Gefäße wieder zusammengesetzt werden. Das größte Gräberfeld der mittleren Bronzezeit wurde nördlich von Straßberg am Leitenberg ausgegraben (S. 44). Zu diesem Fundbild passt auch eine gesicherte Siedlung der Bronzezeit auf einem Höhensporn oberhalb des Burlafinger Weihers im Anhauser Tal, wo eine kleine Abschnittsbefestigung mit Wehrcharakter auszumachen ist. Eine Höhensiedlung von großer Dimension ist inmitten der Stauden auf dem „Buschelberg" bei Fischach zu vermuten. Bei verschiedenen Begehungen wurden Keramikbruchstücke aus unterschiedlichen Epochen (Jungsteinzeit, Bronzezeit, Eisenzeit, Mittelalter) und etliche Bronzegussbrocken aufgesammelt. Die umfangreichen Wall- und Grabensysteme dieses Berges weisen auf einen befestigten Höhensitz hin, doch können die einzelnen Befestigungen ohne Ausgrabungen nicht bestimmten Zeitstufen zugeordnet werden. Der Ausbau der Anlage geht vermutlich auf das 10. Jahrhundert n. Chr. zurück, als die häufigen Ungarneinfälle massive Schutzmaßnahmen in Form von Fliehburgen erforderlich machten. Ähnliches gilt für die „Haldenburg" bei Schwabegg, wo bronzezeitliche Funde überliefert sind, deren umfangreiche Befestigungsanlagen allerdings der Ungarnzeit, also dem 10. Jahrhundert zuzuweisen sind.

Während aus der Urnenfelderzeit (1200–800 v. Chr.) Siedlungs- und Gräberspuren in den Stauden bislang fehlen, liegen für die nachfolgende frühe Eisenzeit (800–500 v. Chr.) entsprechend dem Bestattungsritus in Form der Grabhügel wiederum archäologische Quellen vor. Zahlreiche Hügelgruppen treten oberhalb und unterhalb der Wertachleite zwischen Bergheim, Schwabegg und Kirch-Siebnach in Erscheinung, einzelne Hügel bei Fischach und Mickhausen. Auffällig sind auch die Nachbestattungen in der schon erwähnten Hügelgruppe der Waldabteilung Leitenberg in der Nähe von Straßberg.

Bedeutende Funde dieser Zeitstufe sind in der Wertachebene in der Grabhügelgruppe „Hexenbergle" an der Flurgrenze zwischen Bobingen und Wehringen ausgegraben worden. Die größten Exemplare hatten einen Durchmesser zwischen 10 und 30 m und waren durch Überpflügen ziemlich verflacht. Die ursprüngliche Dimension eines Grabmonuments lässt sich aus den Spuren einer 6 x 4 m großen hölzernen Grabkammer erschließen, die mit einem Geschirrsatz von 22 Gefäßen mit Waffen und Teilen eines Pferdegeschirrs ausgestattet war. Besondere Aufmerksamkeit fand eine zierliche, dünnwandige Goldschale mit gepunzter Oberfläche. Das Fundinventar deutet auf Wohlstand und Handwerkskunst hin und hängt wohl mit einem Adelssitz zusammen, der möglicherweise in der Nähe einer wichtigen Straße angesiedelt war. Ein befestigter Siedlungsplatz der Hallstattzeit be-

fand sich am Südrand der Stauden auf dem Goldberg bei Türkheim, der auch in den folgenden Epochen immer wieder besiedelt und genutzt wurde.

Hügelgräber waren die Bestattungsplätze in der mittleren Bronzezeit und der frühen Eisenzeit (Hallstattkultur). Grabbeigaben wie Waffen, Schmuck oder Keramik geben Einblick in das Leben der damaligen Zeit.

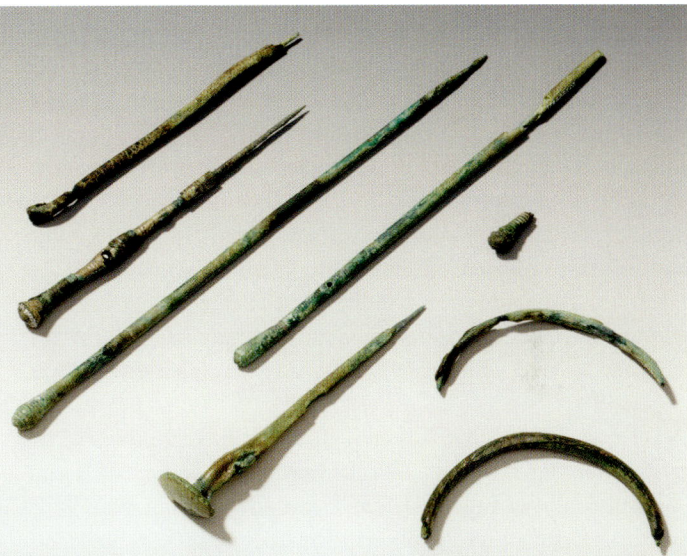

Grabbeigaben der mittleren Bronzezeit (1600–1300 v. Chr.) aus einer Hügelgruppe in der Waldabteilung Leitach bei Straßberg (am Rande des Rauhen Forstes). Waffen (Dolch) und Schmuck (Armringe, Gewandnadeln) aus Bronze sowie Keramikgefäße zur Aufnahme von Speis und Trank. (Römisches Museum Augsburg)

Goldschale mit eingepunzten Verzierungen und Keramikschüssel mit Stempelrillenmuster und rot-schwarzer Bemalung aus einem Grabhügel der Hallstattzeit (Hexenbergle bei Wehringen). (Römisches Museum Augsburg)

Die Keltenzeit (500 bis 15 v. Chr.)

Für die letzten Jahrhunderte vor der Zeitenwende ist mit den Kelten erstmals die Bevölkerung unseres Raumes auch namentlich mit dem Stamm der „Vindeliker" überliefert. Die Epoche wir nach einem Fundort in der Schweiz als Latène Zeit bezeichnet. Siedlungs- und Grabspuren konzentrieren sich wiederum auf die Wertachebenen. An der Hangkante zwischen Tal und Hügelland ist bei Siebnach ein bemerkenswertes Grabinventar der mittleren Latène-Zeit mit Schwert, Lanzenspitze und Lanzenschuh entdeckt worden. Innerhalb der Stauden gibt es wenige Einzelfunde und drei charakteristische Bodendenkmäler der Spätlatènezeit als Beweis für eine Besiedlung. Dabei handelt es sich um sog. Viereckschanzen, die nach Funden und Ausgrabungen in anderen Gegenden einen wichtigen Stellenwert im keltischen Siedlungsgefüge erfüllten. Die Deutung reicht von befestigten Gutshöfen über Heiligtümer für Kult- und Opferhandlungen bis zu geschützten Siedlungseinheiten mit zentralen Funktionen. Charakteristische Merkmale sind der rechteckige oder quadratische Grundriss mit 70–100 m Seitenlänge sowie 1–2 m hohe Wälle mit vorgelagerten Gräben.

Mehr als 270 solcher Anlagen gibt es in Bayern, drei davon im Gebiet der Stauden. Die besterhaltene Viereckschanze „Brennburg" befindet sich ca. 1 km südwestlich von Willmatshofen auf einem Höhensporn über dem Schmuttertal. Ein ehemaliges Tor darf in der Lücke des Walles auf der Südseite angenommen werden. In gutem Zustand befindet sich auch die Viereckschanze westlich von Schwabegg im Staatsforst Burgholz. Am südlichen Staudenrand, westlich des Goldbergs bei Türkheim, liegt die dritte vom Volksmund als „Poenburg" bezeichnete Viereckschanze. Von späteren Generationen wurden die wallartig eingesäumten Plätze als Verstecke in Notzeiten aufgesucht. So ist von der „Brennburg"

bei Willmatshofen überliefert, dass sich die Bevölkerung im Spanischen Erbfolgekrieg 1704 mit allem Hab und Gut vor der plündernden Soldateska dorthin zurück zog. Ein Herrschaftssitz der keltischen Epoche könnte der markante „Buschelberg" gewesen sein.

Eine technische Neuheit war seit der Hallstattzeit die Kenntnis der Eisengewinnung und -verarbeitung. Der Bedarf dieses Rohstoffs für Waffen, Werkzeuge und Geräte stieg im Laufe der jüngeren Eisenzeit stark an und beeinflusste alle Wirtschaftszweige. So erleichterte die Verwen-

Wall und Graben der spätkeltischen Viereckschanze „Brennburg" bei Willmatshofen. Das quadratische Erdwerk diente nach den heutigen Erkenntnissen als Kultstätte oder befestigte Siedlungseinheit im letzten Jahrhundert v. Chr.

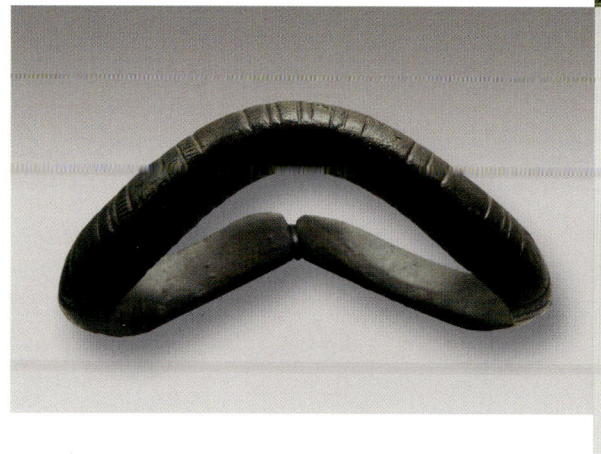

Fußring aus Bronze mit Strichverzierung aus einem Grab der älteren Hallstattzeit (8./7. Jahrhundert v. Chr.), bei Tussenhausen (Landkreis Unterallgäu). (Südschwäbisches Archäologiemuseum Mindelheim, Zweigmuseum der Archäoloigischen Staatssammlung München)

dung von Metalläxten die Rodung des Waldes und die landwirtschaftliche Arbeit. Woher das in unserem Raum gebrauchte Eisen kam, wissen wir bislang nicht. In den Wäldern des Naturparks Augsburg Westliche Wälder und in den Stauden gibt es auffällige Geländedenkmäler, die damit in Zusammenhang stehen könnten. Es handelt sich um sog. Trichtergruben mit kreisrunder Form und 1 bis 2 m Tiefe, die auf den ersten Blick als Bombentrichter angesehen werden könnten. Dieser Vermutung widersprechen nicht nur der Bestand von mehr als 100jährigen Bäumen, die in den Gruben wurzeln, sondern auch die Beschreibungen und Zeichnungen aus der Zeit um 1900, als man sie als ehemalige Wohngruben der latènezeitlichen Bevölkerung deutete. Die spärlichen Funde (Tonscherben, Tierknochen, Holzkohle) und vor allem die Häufung von Tausenden solcher Gruben in anderen Gegenden (Dachsberg bei Biburg, Grubet bei Aichach) ließen immer wieder Zweifel an dieser Theorie aufkommen. Inzwischen haben Ausgrabungen im Naturpark den sicheren Beweis erbracht, dass die heutigen Eintiefungen Reste ehemaliger Schächte darstellen, die zum Abbau von Eisenerz angelegt wurden. Dafür sprechen auch die Funde von Eisenerzknollen aus dem Molassesand an der Wertachleite und nicht zuletzt die Schlackenreste von verschiedenen Plätzen. Die Erzknollen wurden in einem einfachen Schmelzverfahren mit Holzkohle verhüttet. Die untersuchten Holzproben und die datierbaren Keramikfunde lassen sich allerdings bislang nicht der Keltenzeit zuordnen, sondern gehören dem Zeitraum zwischen 750 und 1000 n. Chr. an, als die Besiedlung der Stauden schon ziemlich weit fortgeschritten war.

Eisernes Schwert, das zur Spirale gebogen ist, eiserne Lanzenspitze und Lanzenschuh aus einem keltischen Brandgrab westlich von Siebnach am Rande der Stauden. (Rathaus Ettringen)

Runde bis ovale Bodenvertiefungen, sog. Trichtergruben, sind im Naturpark Augsburg Westliche Wälder als Zeugnisse eines frühen Eisenerzbergbaus weit verbreitet (Mitte). Jede Grube ist der Rest eines Bergbauschachtes, in dem Erzgeoden ausgebeutet wurden (links). Nach der Verhüttung mit Holzkohle sind stark eisenhaltige Schlacken zurückgeblieben (rechts). Die Abbau- und Verhüttungsmethoden waren von der Keltenzeit bis ins frühe Mittelalter üblich (Naturparkhaus Oberschönenfeld).

Römer und Alemannen

Um 15 v. Chr. geriet das Land zwischen Alpen und Donau unter die Herrschaft der Römer und den Einfluss der mediterranen Kultur. Im Mündungsgebiet von Lech und Wertach kreuzten sich wichtige Verkehrswege, Augsburg wurde als Augusta Vindelicum Verwaltungszentrum und militärischer und wirtschaftlicher Mittelpunkt der Provinz Raetien. Im Umland entstanden zahlreiche Landhäuser, Gutshöfe, Gewerbebetriebe, Heiligtümer und Begräbnisplätze. Zahlreiche archäologische Zeugnisse belegen eine 400jährige römische Herrschaft und eine breite Erschließung des Raumes.

Eine wichtige Rolle spielte dabei das Straßennetz, das sich an den topografischen Leitlinien, insbesondere an den Flusstälern orientierte. Auf der Süd-Nord-Achse des Lech- und Wertachtales verliefen zwei wichtige Routen. Die Via Claudia, deren Schotterdamm auf dem Lechfeld abschnittsweise gut erhalten ist, verband über den Fernpass und das Lechtal die Poebene mit der Provinzhauptstadt Augsburg. Nicht weniger bedeutend war die Trasse von Augsburg über Kempten (Cambodunum) an den Bodensee, die am Westrand der Hochterrasse eine Reihe von römischen Siedlungen berührte. Eine wichtige Station war der Töpferort Rapis (nördlich vom heutigen Schwabmünchen), wo zahlreiche Keramikprodukte für den regionalen Markt hergestellt wurden. Wenige Kilometer westlich, am Fuß der Wertachleite bei Schwabegg, nutzte eine Keramikmanufaktur ebenfalls die Tonvorkommen und das Holz der umliegenden Wälder. Die Straße berührte im weiteren Verlauf über Höfen, Siebnach, Berg den östlichen Staudenrand und erreichte nördlich von Türkheim den Goldberg. Hier befand sich aufgrund der Schutzlage des Geländes seit der Bronzezeit ein bevorzugter Siedlungsplatz. Die bedeutendste Niederlassung war in spätrömischer Zeit die Befestigung „Rostrum Nemaviae", die durch Fundamente, Steindenkmäler, Keramikfunde und Münzen nachgewiesen ist. Eine Straße am Westrand der Stauden entlang des Mindel-Floßachtales wird vermutet, ist aber im Gelände nicht nachweisbar.

Überraschenderweise blieb das Kerngebiet der Stauden während der römischen Epoche siedlungsfrei und nahezu unberührt. Eine überörtliche Ost-West-Verbindung verlief im Norden zwischen der Provinzhauptstadt Augsburg und Günzburg (Guntia) durch den Rauhen Forst, die Trasse ist streckenweise im Gelände sichtbar. In der Nachbarschaft bestand am südlichen Kobelrand eine Ziegelei, die neben Backsteinen und Dachziegeln auch Hohlgefäße und Backformen herstellte, die weit über Augsburg hinaus Verbreitung fanden. Bislang offen ist der Verlauf einer Querverbindung zwischen Augsburg und dem Illertal im Westen. Eine häufig diskutierte Römerstraße durch die Stauden, etwa auf der Linie Schwabmünchen, Münster, Langenneufnach oder gar eine Diagonale von Augsburg über Krumbach nach Kellmünz (Celio Monte) ist bislang weder archäologisch belegt noch durch andere Quellen zu beweisen. Verschiedene Einzelfunde aus römischer Zeit bei Markt Wald (Münzen) oder Wollmetshofen (Steinfragment eines Medusenkopfes) lassen auf die zeitweise Anwesenheit von Menschen schließen. Die vier Jahrhunderte andauernde Römerzeit bedeutete eine intensive Erschließung des gesamten Alpenvorlandes für Wirtschaft, Handel und Kultur, die Stauden blieben nach heutigem Kenntnisstand dabei weitgehend ausgespart. Eine wichtige Rolle dürften sie dank des Waldreichtums für die Versorgung mit Holz als Energieträger und als Lieferant für Baumaterial gespielt haben.

Zeugnisse der Römerzeit sind rings um die Stauden reichlich vertreten, eindeutige Siedlungsspuren fehlen bislang innerhalb des Staudengebietes.

Römerkopf aus Jurakalk von der spätrömischen Befestigung auf dem Goldberg bei Türkheim. (Archäologische Staatssammlung München/Vorgeschichtsmuseum Mindelheim)

Kopf einer Medusa, Sagengestalt der griechischen Mythologie. Das Fragment wurde 1926 in der Kirchhofmauer von Wollmetshofen entdeckt. Wahrscheinlich handelt es sich um den Rest eines römischen Grabdenkmals, das ursprünglich bei der evangelischen Kirche St. Ulrich in Augsburg eingemauert war. (Römisches Museum Augsburg)

Christliche Heilszeichen wie das Goldblattkreuz von Schwabmünchen beweisen die Verbreitung des Christentums im 7. Jahrhundert.

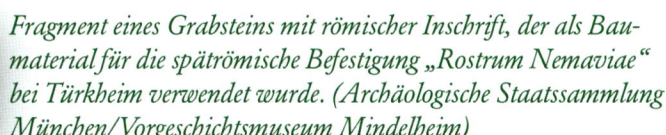

Fragment eines Grabsteins mit römischer Inschrift, der als Baumaterial für die spätrömische Befestigung „Rostrum Nemaviae" bei Türkheim verwendet wurde. (Archäologische Staatssammlung München/Vorgeschichtsmuseum Mindelheim)

Das Erbe der Römer zwischen Donau und Alpen traten die Alemannen als Teil der westgermanischen Stämme an. Bei ihrem Vordringen von Norden nach Süden hielten sie sich bevorzugt an die alten Römerstraßen und legten ihre Gehöfte mit ebenerdigen Holzbauten für Wohnzwecke und mit einfachen Hütten für das Vieh im offenen Kulturland an. Wesentliche Zeugnisse für den Werdegang und die Größe der Siedlungen sind für diese Zeit ohne schriftliche Nachweise die alemannischen Reihengräberfriedhöfe des 6./7. Jahrhunderts, in denen die Toten in reihenartig angelegten Gräbern mit Beigaben, die Männer mit Waffen, die Frauen mit Schmuck bestattet wurden. Die häufige Lage der Reihengräber in der Nähe von heutigen Ortschaften mit den Namensendungen auf „-ingen" kennzeichnet diese als älteste Siedlungsschicht. Sie reihen sich im waldfreien Wertachtal von Göggingen, Inningen, Bobingen, Wehringen, Menchingen (Schwabmünchen) bis Langerringen bzw. Ettringen aneinander. Die alemannischen Gräber in der Flur nördlich von Siebnach weisen ebenfalls auf eine Siedlung in der Nähe der Römerstraße hin. Weitgehend siedlungsleer blieb weiterhin das waldreiche Hügelland der Stauden, wenngleich Siedlungsspuren wie Keramikfunde vom Buschelberg bekannt sind.

Landesausbau und Herrschaftsbildung im Mittelalter

Inzwischen hatte das Christentum Eingang gefunden in dem Raum zwischen Donau und Alpen. Die Verehrung der Märtyrerin Afra († um 304) in Augsburg und Grabbeigaben mit christlichem Charakter wie Goldblattkreuze, beispielsweise aus Schwabmünchen und Mindelheim, kennzeichnen im 6./7. Jahrhundert den allmählichen Übergang zur neuen Religion. In jener Zeit unterstanden die Alemannen bereits der Oberhoheit der fränkischen Könige, die auf den Säulen der Kirche und des Adels ein neues Herrschafts- und Ordnungssystem aufbauten. Eine wichtige Rolle für die Ausbreitung der christlichen Lehre spielten neben der Bischofsstadt Augsburg die frühen Klostergründungen, die eine weitere Erschließung und Urbarmachung des Landes förderten. Zu regionalen und lokalen Zentren der Verwaltung und der Wirtschaft entwickelten sich die Königshöfe, die nachweislich in Augsburg und Mindelheim bestanden, die Klöster und die ältesten Kirchenorte, die mit Königsgut oder Schenkungen des Adels ausgestattet wurden. Die Patrozinien der Hl. Maria und des Hl. Michael weisen auf die frühesten Kirchenbauten hin.

Nach der Rechtsauffassung des Mittelalters zählte der Wald zu den königlichen Herrschaftsrechten, so dass als Auftraggeber einer Rodetätigkeit der fränkische König selbst oder seine regionalen und örtlichen Repräsentanten infrage kommen. Kirche und Adel waren die Unternehmer der großen Rodungen, ihre untertänigen Bauern waren die ausführenden Kräfte des Rodungswerke, das neues Land und neue Herrschaftsrechte schuf. Als älteste Staudenorte gelten Fischach und Münster, die schon um 750 entstanden sein dürften. Von Fischach aus drang die Rode- und Siedlungstätigkeit flussaufwärts in das Staudengebiet vor. Eine wichtige Station im Schmuttertal war dabei Münster, der Ortsname ist vom lateinischen „Monasterium" (= Kloster) abgeleitet und weist in Verbindung mit dem Benediktus-Patrozinium auf eine klösterliche Niederlassung hin. Archäologische Spuren für einen frühen Kirchenbau sind belegt. Im benachbarten Neufnachtal gehören die Orte mit den vom Fluss abgeleiteten Bezeichnungen auf „-ach" (Langenneufnach, Mittelneufnach, Oberneufnach) zu den Niederlassungen der karolingischen Zeit nach 800. Der weitere Ausbau mit kleinen weilerartigen Ansiedlungen im 9. bis 11. Jahrhundert lässt sich in der Verbreitung der Hausen- und Hofen-Orte verfolgen. So dürften die rund um die Taufkirche Dietkirch angesiedelten Hausen-Orte Gessertshausen, Margertshausen, Wollishausen ebenso im 9. Jahrhundert entstanden sein wie die Dörfer Mickhausen und Erkhausen im südlichen Schmuttertal. Oberhalb der Reischenau reihen sich entlang der Zusam ebenfalls mehrere Hausen-Orte aneinander (Ziemetshausen, Memmenhausen, Obergessertshausen, Könghausen).

Im 10./11. Jahrhundert vollzog sich eine zweite Rodungswelle von zwei Richtungen her. Von Osten, von den Alt-Siedlungsorten im Wertachtal, wurden neue Siedlungen am westlichen Staudenrand (Attenhofen – heute Burgwalden, Reinhartshofen, Schnerzhofen) gegründet. Von Norden her entstanden ausgehend von Fischach entlang des Schmuttertales Willmatshofen, Siegertshofen, Tronetshofen, Rielhofen, Konradshofen. Itzlishofen ist durch Siedlungsreste im 11. Jh. nachgewiesen. Im Neufnachtal wurden Walkertshofen und Reichertshofen zwischen die älteren Orte mit der Namensendung „-ach" „eingeschoben". Die „Ried-Orte" wie Grimoldsried, Kelchsried, deren Namen die Rodetätigkeit zum Ausdruck bringt, und die Weiler-Namen wie Gumpenweiler, Habertsweiler dürften ebenfalls diesem Zeitraum zuzuordnen sein. Mit den Namen der Staudenorte sind häufig

Kirche in Münster. Das Patrozinium des Hl. Benedikt und der Ortsname lassen auf eine frühe Klostergründung schließen.

Hl. Mauritius in Ritterrüstung, Kirchenfenster um 1500. Hinweis auf die Ortsherrschaft des Augsburger Klosters St. Moritz.

Links: Tiefer Halsgraben der ehemaligen Moosburg bei Haselbach, Sitz der Herren von Haselbach im 12./13. Jahrhundert.

Rechts: Turmhügelburg oberhalb von Walkertshofen, ehemals Sitz der Herren „de Waltgertshofen" im 13/14. Jahrhundert.

die Ortsgründer bzw. die Reutmeister überliefert, so z. B. ein Konrad auf dem Konradshof, ein Hadubrecht in Habertsweiler oder ein Hiltibrand auf dem Hiltiprandesperg (Hilpoldsberg). Für die Dienstmannen der Herrschaftsträger war das Rodungswerk eine begehrte Aufgabe, fiel ihnen doch ein Teil des Zehnts als Steuer zu. Für die Grundherren war jeder Rodeort ein Baustein bei der Ausweitung ihrer Herrschaft und ihrer Güter.

Im 13. und zu Anfang des 14. Jahrhunderts kam es zu einer letzten Rodungsperiode aufgrund des Anwachsens der Bevölkerung. In dieser Zeit werden topographisch und naturräumlich ungünstige Standorte wie Hochflächen und steilere Hangpartien besetzt. Dabei entstanden vor allem Weiler und Einöden, wie Hölden, Laiber oder Rieger. Ab der Mitte des 14. Jahrhunderts trat in den Stauden wie überall in Schwaben ein Stillstand, ja sogar ein Rückgang der Siedlungsentwicklung ein. Die Pestwelle um 1350 verminderte die Bevölkerungszahl und löste mancherorts die Aufgabe von Wohnstätten und Kulturland aus, es entstanden sog. Wüstungen, z. B. Albachried (abgegangen bei Fischach), Schalkenberg und Ulrichsried (abgegangen bei Langenneuf-

nach). Im 15. Jahrhundert bewirkte eine langsame klimatische Veränderung mit Zunahme der Niederschläge und Rückgang der Temperaturen einen weiteren Siedlungsschwund.

Eine wesentliche Ursache für die Siedlungs- und Agrarkrise des späten Mittelalters war auch die Landflucht der Bevölkerung in die Städte, die neben der persönlichen Freizügigkeit („Stadtluft macht frei") Arbeitsmöglichkeiten in Gewerbe und Handel boten. Seit dem 12./13. Jahrhundert hatte sich nämlich das Städtewesen in Schwaben kräftig entfaltet. Die weltlichen und geistlichen Obrigkeiten nutzten alle verkehrsgünstigen Standorte in ihren Territorien für Städtegründungen. Dadurch entstand im schwäbischen Raum eine ungewöhnliche Städtedichte, z. B. an der Donau oder entlang der ehemaligen Salzstraße zwischen Landsberg, Mindelheim und Memmingen. Der überregionale Handel konzentrierte sich besonders auf die Freien Reichsstädte an den Haupthandelsstraßen (Augsburg, Kaufbeuren, Memmingen, Ulm). An den Stauden ging das Gründungsfieber für die Städte ebenso vorbei wie die Ernennung von Märkten als Mittelpunktsorte kleiner Territorien. Während rund um das Staudengebiet zahlreiche Orte zu Märkten erhoben wurden (Thannhausen 1348, Tussenhausen 1455, Kirchheim 1490, Ziemetshausen 1516) erhielt innerhalb der Stauden lediglich Irmatshofen (heute Markt Wald) 1593 das Recht für drei Jahrmärkte von Kaiser Rudolf II. verliehen.

In der Epoche des Siedlungsausbaus bis zum 14. Jahrhundert hatten sich die Dörfer auch in qualitativer Hinsicht verändert. An die Stelle der einfachen Pfostenbauten waren zunehmend Ständerbauten auf Fundamentsteinen oder Schwellen getreten. Das Baumaterial bestand vorwiegend aus Holz, für die Dachdeckung verwendete man Stroh oder Reisig. Die Gehöfte waren von Gärten umgeben und von Zäunen eingerahmt. Die dörfliche Oberschicht lebte in größeren, räumlich differenzierten Häusern. Das offene Herdfeuer bildete bis zum 16. Jahrhundert den Mittelpunkt des häuslichen Lebens, bis der Ofen nach dem Hinterladerprinzip eine rauchfreie Küche ermöglichte und eine Verbesserung der Wohnqualität mit sich brachte. Ein ausgeklügeltes Bodennutzungssystem, die sog. Dreifelderwirtschaft, regelte seit dem 12. Jahrhundert den Anbau von Wintergetreide (Roggen, Dinkel), Sommergetreide (Gerste, Hafer) und Brache im jährlichen Wechsel. Von der mühsam erwirtschafteten Ernte mussten Abgaben an den Grundherrn und an die Kirche erbracht werden. Die Rohstoffe Flachs und Hanf dienten der Selbstversorgung für Garn und Stoff. Deren Anbau nahm im Spätmittelalter stark zu, um den Bedarf der städtischen Weber für die Leinen- und Barchentproduktion zu erfüllen.

Im Zuge der mittelalterlichen Landesentwicklung versuchten die Landesherren ihre Macht und ihre Rechtsansprüche auszuweiten. Im Gebiet der Stauden kreuzten sich dabei die Interessen bedeutender Territorialherren, der Bischöfe von Augsburg, der Markgrafschaft Burgau, seit 1301 im Besitz der österreichischen Habsburger, und des Herzogtums Baiern. In deren Auftrag verwalteten der Adel und die Ministerialen die Güter und Rechte der Hoheitsträger und bauten durch Belehnung, Kauf oder Erbschaft ihre eigene Grundherrschaft aus. Die Ministerialen benannten sich meist nach dem Ort ihres Ansitzes, den sie in geschützter Lage auf einer Anhöhe oder im Talgrund mit Befestigungen errichteten. Sogenannte Burgställe und Reste von Turmhügeln am Rande der Staudengemeinden geben Zeugnis von den Standorten. Manchmal liefern auch Flurnamen wie Schlossberg oder Burgberg Hinweise auf einen abgegangenen Herrschaftssitz. Ein eindrucksvolles Beispiel befindet sich auf dem „Burgberg" bei Walkertshofen, wo die Herren „de Waltgershoven" seit 1099 beurkundet sind. Die Anlage erhebt sich etwa 50 m über den Ort und besteht aus einem ca. 30 x 15 m großen Plateau, das vom östlich ansteigenden Gelände durch einen bis 5 m tiefen Halsgraben abgetrennt wird. Die Burg gelangte 1390 in den Besitz des Augsburger Domkapitels, das bis 1500 den gesamten Grundbesitz des Ortes an sich brachte. Bei Markt Wald wurde das „Bürglin" am Steilhang durch einen U-förmigen Graben herausgeschnitten und künstlich überhöht. Mauerwerk und Scherbenfunde stammen aus dem 12. Jahrhundert, als welfische Dienstmannen auf der Burg saßen. Eine imposante Anlage ist heute noch die Moosburg bei Haselbach, einstmals Sitz der Herren von Haselbach auf einem bischöflichen Lehen. Ein ovales Plateau mit ca. 35 m Durchmesser überragt deutlich einen sichelförmigen Halsgraben, der den Hügel von der Hochfläche trennt.

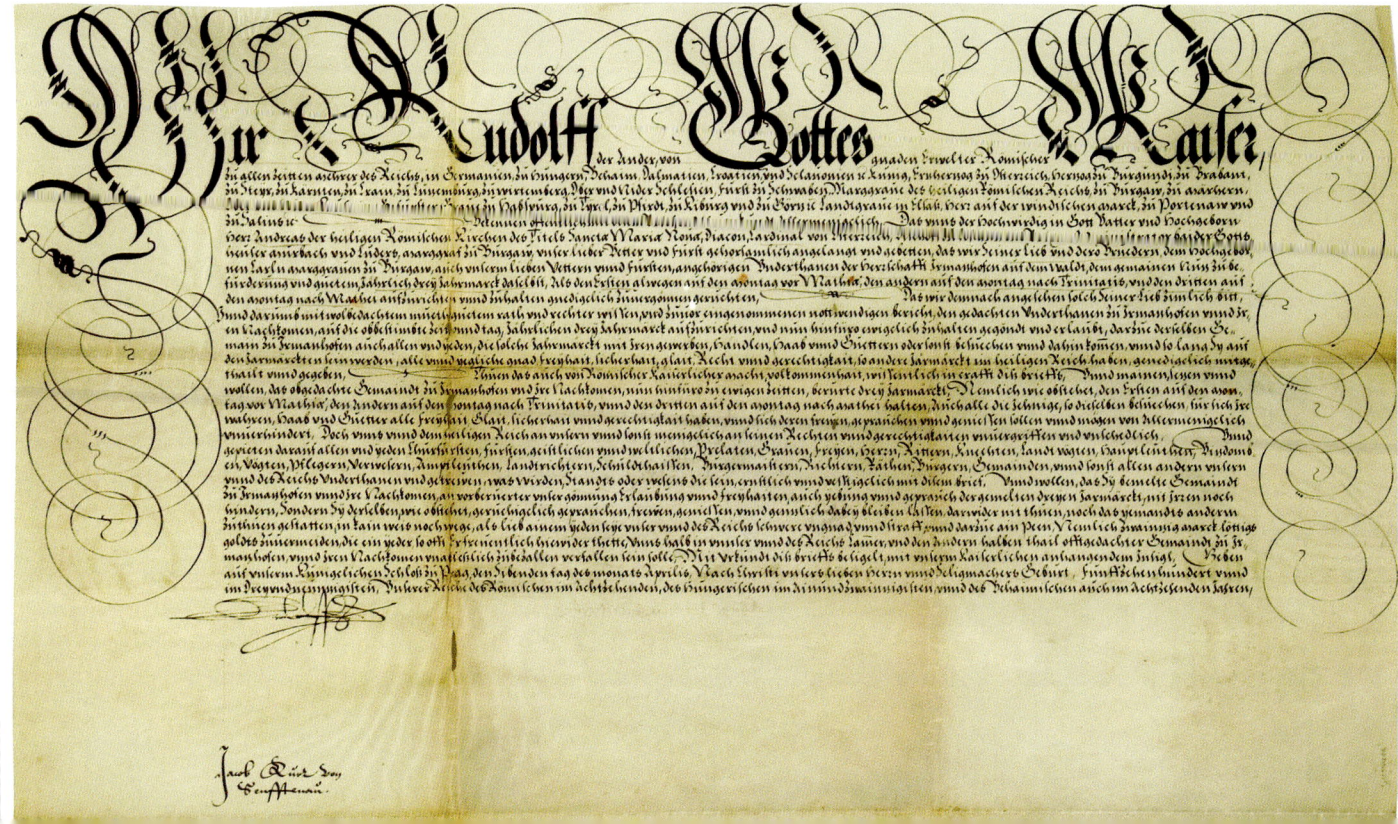

Als Burgstall mit Turmhügel kann man die Anlage auf dem „Spitzberg" am Rande von Schwabegg bezeichnen. Die heutigen Flurnamen „Weinberg" oder „Kalvarienberg" weisen auf spätere Nutzungen hin. Die Burg ist in der Nachfolge der „Haldenburg" erbaut worden und war um 1100 Sitz der Edlen von Schwabegg, die als Dienstmannen der Augsburger Bischöfe und als welfische und staufische Lehensherren eine wichtige Rolle spielten. Adalgoz von Schwabegg nahm 1167 am Italienzug Kaiser Barbarossas teil und gehörte bei Rom zu den Opfern einer Seuche. Daraufhin zog der Kaiser den gesamten Besitz als staufisches Hausgut ein. Mit dem Ende der Hohenstaufen im Jahre 1268 ging die Burg samt Zubehör als Erbe Konradins in den Besitz des Herzogs Ludwig II. von Oberbayern über. Die Burg wurde in den folgenden Jahrzehnten Mittelpunkt der bayerischen Herrschaft Schwabegg, die ihre Rechte und Güter vom Wertachtal auch auf die Dörfer Klimmach, Scherstetten, Konradshofen in den Stauden ausdehnte. Im 16. Jahrhundert übernahm ein Schloss in Türkheim die Funktion des Herrschaftssitzes, nachdem die Burg Schwabegg im 15. Jahrhundert zerstört und nicht mehr aufgebaut worden war. Sitz eines mächtigen Adelsgeschlechtes und Verwaltungsmittelpunkt ausgedehnter Ländereien war die Burg „Hattenberg" westlich von Fischach auf einer Randhöhe über dem Neufnachtal. Ein Abschnittswall riegelt die ehemalige Burganlage gegen das Hinterland ab, ein Halsgraben mit gut erhaltenem Randwall umschließt die Hauptburg. Die Befestigung hatten im 11. Jahrhundert die Herren von Kemnat erbaut. Später erwarb sie der Bischof von Augsburg. 1780 waren noch Reste einer Ruine vorhanden.

Die Edlen von Kemnat gehörten mit den Grafen von Dillingen und anderen Adelsfamilien Mittelschwabens am Anfang des 13. Jahrhunderts zu den Stiftern des Zisterzienserinnenklosters Oberschönenfeld, das in einsamer Lage im wasserreichen Schwarzachtal am Rande der Stauden errichtet wurde. Von der Gründung bis zur Aufhebung im Jahre

1802 bildete das Frauenkloster eine wichtige spirituelle Niederlassung und einen ökonomisch-sozialen Faktor im Staudengebiet und weit darüberhinaus. Durch Schenkungen, Kauf und Tausch baute es seine Grundherrschaft mit Gütern und Rechten in zahlreichen Staudenorten aus (Birkach, Döpshofen, Fischach, Mickhausen, Wollishausen). Mit Streubesitz waren seit dem 15. Jahrhundert auch Augsburger Klöster und Stifte, vor allem das Augsburger Heilig-Geist-Spital maßgebliche Grundherren im Staudengebiet. Schwerpunkte des Spitalbesitzes lagen in Grimoldsried, Mittelneufnach und Scherstetten. Das 1515 erbaute Amtshaus (heute Forstamt) in Mittelneufnach und die Spitalwälder rund um das Neufnachtal legen bis heute Zeugnis ab von der historischen Besitzstruktur. Eine wichtige Rolle spielten seit dem 15. Jahrhundert in den Stauden auch Augsburger Handelsfamilien, die sich mit dem Kauf von Landgütern Ansehen und Besitz verschafften, wie die Fugger, die Höchstetter oder die Obwexer. Eine bedeutende Stellung erreichten dabei die zum Reichsgrafenstand aufgestiegenen Fugger mit mehreren Herrschaften in Mickhausen, Reinhartshausen, Kirchheim und Wellenburg (S. 61 ff.). Das Schloss in Mickhausen, vorher als Jagdschloss von Kaiser Maximilian oft besucht, ist ein bedeutendes, leider in der Bausubstanz gefährdetes historisches Erbe. Die Herrschaft Seifriedsberg am Westrand der Stauden wechselte mehrfach den Besitzer und kam im 17. Jahrhundert in die Hände der Grafen zu Oettingen-Wallerstein aus dem Ries.

Die Landeshoheit mit Hochgerichtsbarkeit, Steuerrecht, Forst- und Jagdhoheit, Zoll- und Geleitrecht übte die Markgrafschaft Burgau aus, die seit 1301 als Reichslehen den Habsburgern gehörte und entsprechend den politischen Verhältnissen immer wieder an den Bischof von Augsburg oder an reichsritterliche Familien verpfändet wurde. Sie umfasste eine Ansammlung von Gütern und Rechten in dem Raum zwischen Wertach/Lech im Osten, der Donau im Norden, der Linie Türkheim – Thannhausen – Krumbach im Süden und reichte ziemlich weit nach Westen über Mindel und Günz hinaus, sie umschloss das gesamte Gebiet der Stauden. Innerhalb dieses Territoriums beanspruchten allerdings auch andere Herrschaftsträger wie der Bischof von Augsburg oder der Adel hoheitliche Rechte und Zuständigkeiten.

Prägende Kräfte der Geschichte

Krisen und Kriege in der frühen Neuzeit

Das bunte Territorienmosaik und die Aufsplitterung der Rechte und Besitzungen, das häufige Gegeneinander von Kirche, Adel und Untertanen sorgten in unruhigen Zeiten für Spannungen und Streitigkeiten. Als sich die Wirren der Reformationszeit, die konfessionellen Gegensätze und die sozialen Probleme im Laufe des 16. Jahrhunderts in Aufständen und Kriegen entluden, blieben die Stauden nicht verschont. Die Unzufriedenheit der mit Abgaben stark belasteten Bauern und das Streben der Obrigkeiten nach Ausweitung ihrer Rechte entzündete sich vom Allgäu aus zu einem Aufstand, der sich 1525 auch in der Herrschaft Schwabegg ausbreitete. Aus den Stauden ist bekannt, dass sich Bauern aus Fischach, Gessertshausen, Grimoldsried, Walkertshofen und anderen Dörfern an der Verwüstung des Frauenklosters Oberschönenfeld beteiligten. Die Äbtissin floh mit dem Konvent nach Augsburg, in Scherstetten wurde der Schmied erstochen, in Markt Wald wurde das Schloss zerstört, in Tussenhausen geplündert. Die Truppen des Schwäbischen Bundes gingen massiv gegen die aufständischen Bauern vor und verlangten bedingungslose Kapitulation und Strafgelder von jedem der beteiligten Anwesen. Die Rädelsführer büßten mit Verstümmelung oder mit dem Tod. Am 11. Juli 1525 enthauptete der Scharfrichter aus Burgau bei der Festung Zusameck zwei Bauern aus Walkertshofen und einige Monate später einen aus Münster.

Die Gedanken der Reformation verbreiteten sich vor allem in den Reichstädten Augsburg, Memmingen, Ulm und berührten auch die Stauden. Als im Schmalkaldischen Krieg 1546/47 die Stadt Augsburg von Protestanten regiert wurde, setzte das Augsburger Heilig-Geist-Spital als Grundherr in Mittelneufnach und Grimoldsried kurzzeitig evangelische Prediger ein. Im Augsburger Religionsfrieden 1555 wurde dem jeweiligen Landesherrn das Recht zugesprochen, die Konfession seiner Untertanen zu bestimmen. Das Staudengebiet blieb durchgehend katholisch. Verheerend entluden sich die konfessionellen Gegensätze im 30jährigen Krieges (1618–1648) durch Kampfhandlungen, Truppendurchzüge, Plünderungen und Zerstörungen. Ganze Landstriche wurden dabei verwüstet, viele Höfe veröbeten, manche Dörfer verloren mehr als die Hälfte ihrer Bewohner. In dem Zeitraum zwischen 1632 und 1635 wirkte sich das Eintreten der Schweden in den Krieg verheerend auf den Augsburger

Chorographica Marchionatus Burgoviae Sive.
(Österreichisches Staatsarchiv Wien, Kartensammlung)
Handgezeichnete Karte der Markgrafschaft Burgau von 1692.
Als Vorbild dürfte die Wandtafel von Johann Andreas Rauch
(1610/13) gedient haben. Die Dorfansichten sind schematisch je-
weils mit gotischen Kirchtürmen dargestellt. Lech und Wertach
bilden die ostseitige Begrenzung. Maßstab ca. 1:50.000. (Quelle:
Wolfgang Pfeifer, Die Markgrafschaft Burgau in alten Karten. In:
Jahrbuch des Hist. Vereins Dillingen/Donau 2005, S.187–208)

Raum aus. Der Pfarrer von Siegertshofen stellte eine Schadensliste zusammen und beklagte Totschlag, Diebstahl und Verluste: *„Erst beklage ich ... meines vielgeliebten Vaters selig Notfall schmerzlich und erbärmlich Mords. Hernach ist der Pfarrhof dermaßen verderbt worden, Fensterrahmen, Ofen, alle Gemächer dermaßen umtrieben und verthan, dass man nit mehr drin wohnen khündte (der Pfarrhof blieb 12 Jahre unbewohnt). ... 6 Ross ... 1 Füllen, weiteres sind mir genommen worden 20 Melkküh, item 2 Kalbala ... item 2jährige Stier und 4 junge jährige Stuckh."*

Nur langsam gelang es den Grundherrschaften die öden Anwesen mit Zuwanderern aus Württemberg, Tirol und aus der Schweiz wieder zu besetzen. Da dem städtischen Gewerbe die auf dem Land erzeugten Rohstoffe wie Wolle oder Flachs fehlten und der Handel stagnierte, wanderten arbeitslose Handwerker aus den Städten oftmals in die Dörfer ab, um dort als Handwerker oder Taglöhner einen Lebensunterhalt zu finden. Das gilt auch für den mittelschwäbischen Raum und für das Staudengebiet, wo auf den Freiflächen zwischen den alten Höfen und entlang neuer Dorfstraßen die typischen kleinbäuerlichen Sölden errichtet wurden, die im Laufe des 17. und 18. Jahrhunderts wesentlich zu einer baulichen Verdichtung der Siedlungen beigetragen haben (siehe Kapitel „Dörfer, Häuser, Fluren"). Von Seiten der Grundherren bestand reges Interesse an jeder neuen Hofstelle, denn damit nahmen die Abgaben zu und es standen die Leistungen der landlosen Tagwerker zur Verfügung. Dazu kam das ökonomische Interesse der nahegelegenen Stadt Augsburg an billigen Rohstoffen für die Textilproduktion. Verschiedene Obrigkeiten begünstigten gegen die Zahlung von Schutzgeldern auch die Ansiedlung von jüdischen Händlern oder Hausierern. So entstand in Fischach seit 1573 eine ständig wachsende Judengemeinde und in Irmatshofen auf dem Wald waren zeitweise Juden ansässig. Zeugnisse der jüdischen Geschichte in Fischach sind vor allem die ehemaligen Synagoge, das stattliche Schul- und Rabbinerhaus sowie der ausgedehnte Judenfriedhof (S. 96 f.).

Mit dem wirtschaftlichen Aufschwung begann im 18. Jahrhundert eine rege Bautätigkeit für Gotteshäuser, Wallfahrtskirchen und Pfarrhöfe (siehe Kapitel „Kunst in Kirche und Kapellen"). In der politischen Ordnung setzte sich nach dem 30jährigen Krieg auf der Grundlage der territorialen Aufspaltung die absolute Herrschaftsform endgültig durch. Fast 20 geistliche und weltliche Herrschaftsträger hatten jahrhundertelang in diesem Raum wie anderswo in Schwaben um Güter und Rechte, um Gerichtsbarkeit und Macht gerungen und sich in ständiger Konkurrenz etabliert. Neben den Ortsherrschaften übten drei Territorialherren, die ihren Sitz außerhalb der Stauden hatten, landesherrliche Hoheit aus: die Bischöfe von Augsburg, die österreichische Markgrafschaft Burgau mit Verwaltungssitz in Günzburg und die bayerischen Wittelsbacher mit der Herrschaft Schwabegg. Deren Residenzort Türkheim strahlte im 17./18. Jahrhundert wirtschaftlich und kulturell auf den Süden der Stauden aus.

Die Stauden im Königreich Bayern

Im Gefolge der Französischen Revolution und im Laufe der Napoleonischen Kriege ging die kleinstaatliche Prägung Schwabens und damit auch die herrschaftliche Zersplitterung des Staudengebietes zu Ende. Die Rechte und Besitzungen der geistlichen Territorien waren schon 1802/03 durch die Säkularisation an das Kurfürstentum Bayern übergegangen. 1805/06 mussten auch die weltlichen Inhaber der

grundsätzlich eine Veränderung der Verhältnisse, insbesondere die Bauern, die in den Stauden das prägende Element waren, sehnten sich nach einer Verbesserung der wirtschaftlichen und sozialen Lage. Jahrhundertelang waren sie eingespannt in die Ansprüche und Forderungen der Obrigkeiten. Weniger erfreut war man über die Einschränkung von Bräuchen, die Abschaffung von Feiertagen, die Aushebung von Rekruten für das bayerische Militär. Einheitliche Rechts-, Steuer- und Bildungssysteme sowie neue Verwaltungsstruk-

Grundherrschaft, der Adel, die Stadt Augsburg und wohlhabende Bürgerfamilien auf Einnahmen und Kompetenzen verzichten. Mit der Landeshoheit fiel auch die Zuständigkeit für Hochgerichtsbarkeit, Gesetzgebung, Steuer und Militär an den neuen Landesherrn, seit 1806 der König von Bayern. Aus den Untertanen der Äbte, der Fürsten und Grafen, der Reichsritter und Patrizier waren auf politische Anordnung bayerische Untertanen geworden. Die Reaktionen und die Stimmen der Bevölkerung waren ganz unterschiedlich. Der Verlust an Einkünften und Rechten betraf in erster Linie die Standesherren, d. h. die Besitzenden. Das Volk begrüßte

Oben: Schloss Seifriedsberg, Blick auf Vorhof und Hauptgebäude. Die Anlage wurde um 1850 im neugotischen Stil im Auftrag des Fürstenhauses Oettingen-Wallerstein umgebaut.

Rechts: Pfarrhof in Siebnach, 1708 vom Kloster Steingaden als Grund- und Patronatsherrschaft errichtet.

turen wurden eingeführt, um die politisch-rechtlich verschiedenen Landesteile zu verschmelzen und neu zu organisieren. Entscheidende Schritte zur Integration der „Neubayern" waren die Verfassungen von 1808 und 1818, die den Bürgern wichtige Grundrechte wie die Gleichheit vor dem Gesetz und den Schutz des Eigentums bestätigten. Das Gemeindeedikt von 1818 bestimmte die Gemeindebildung und stärkte die Selbstverwaltung der Städte, Märkte und Dörfer. Die „Provinz Schwaben" war bereits 1804 mit einem

Netz von Landgerichten überzogen worden, die für Justiz und Verwaltung bis 1862 zuständig waren. Das Gebiet der Stauden wurde dabei auf fünf Landgerichte aufgeteilt: *Göggingen* (Döpshofen, Gessertshausen mit Oberschönenfeld, Reinhartshausen mit Burgwalden, Waldberg), *Schwabmünchen* (Birkach, Klimmach, Kreuzanger mit Tronetshofen, Mickhausen, Münster mit Rielhofen, Reinhartshofen mit Hardt, Siegertshofen, Straßberg), *Türkheim* (Anhofen, Eppishausen, Grimoldsried, Haselbach, Immelstetten, Köng-

hausen, Konradshofen, Markt Wald, Mittelneunfach, Oberneufnach, Scherstetten, Schwabegg, Siebnach, Tussenhausen), *Ursberg* (Aichen, Habertsweiler, Langenneufnach, Obergessertshausen, Reichertshofen, Schellenbach, Walkertshofen mit Gumpenweiler, Wollmetshofen, Ziemetshausen) und *Zusmarshausen* (Fischach, Willmatshofen). Die räumliche Zuständigkeit wechselte in den folgenden Jahrzehnten, bis 1862 mit der Trennung von Rechtsprechung und Verwaltung die Bezirksämter eingerichtet wurden, die seit 1939 als Landkreise Augsburg, Schwabmünchen, Krumbach und Mindelheim bis zur Gebietsreform 1972 Bestand hatten.

Oben: Schloss Elmischwang, um 1900 im historisierenden Stil anstelle landwirtschaftlicher Vorgängerbauten im Auftrag der Freiherren von und zu Aufsess errichtet.

Links: Ludwigstor in Türkheim. Das triumphbogenartige Gebäude wurde zum Besuch des Königs Ludwig I. 1829 errichtet.

Die innere Entwicklung des bayerischen Zentralstaates zu einem „Vaterland für alle Untertanen" formte vor allem die Integrationspolitik König Ludwigs I., der mit der Benennung der Regierungsbezirke nach den alten Stammesherzogtümern – 1837 wurde der Oberdonaukreis in den Kreis Schwaben und Neuburg umbenannt – die Erinnerung und den Stolz auf die eigene Geschichte weckte. An den Besuch des Königs 1829 in Türkheim erinnert das triumphbogenartige Ludwigstor.

Die Stauden erlebten als Teil des Kreises Schwaben und Neuburg und aufgeteilt in mehrere Bezirksämter den Weg Bayerns über die konstitutionelle Monarchie bis zum Ende des Königreichs 1918. Die Rolle im wirtschaftlichen und kulturellen Leben war allerdings sehr bescheiden. Die Landwirtschaft und das ländliche Handwerk blieben die bestimmenden Faktoren für den Lebensunterhalt der Bevölkerung. Die Ablösung der bäuerlichen Grundlasten 1848 und zahlreiche technische Neuerungen förderten nach und nach die Landwirtschaft. Die Dörfer und Weiler vergrößerten sich sehr langsam, die ungünstigen Bodenverhältnisse und das raue Klima lieferten geringe Erträge. Die abseitige Lage und die ungünstigen Verkehrsverhältnisse hemmten die gewerbliche Entwicklung, die in Augsburg und in den Kleinstädten rund um die Stauden seit Einführung der Gewerbefreiheit im Jahre 1868 gut vorankam. Einen guten Einblick in die Lebensverhältnisse der Bevölkerung (Ethnographie) und in die Naturgegebenheiten (Topographie) geben die sog. Physikatsberichte, die von den Landgerichtsärzten um 1860 flächendeckend für ganz Bayern erstellt wurden. Ein Auszug aus dem Bericht von Dr. Lodter über das Landgericht Schwabmünchen ist beispielhaft für den größten Teil der Stauden: „Der Wohlstand des Bezirkes verdient im allgemeinen wohl nur das Prädikat: mittelmäßig. Reiche Leute, im wahren Sinne des Wortes, sind wohl einige, aber nicht in der Anzahl vorhanden, das im Verhältnis zu Wohlhabenden und Armen berechnet werden könnten; Wohlhabende mögen sich zu den Armen verhalten wie 1:4, wenn 2/4 gering Begüterte und 1/4 ganz Arme angenommen werden. ... Die Bauern bebauen ihren Boden und pflegen ihr Vieh mit Lust und Liebe und auch der arme Weber und Strumpfstricker, der den Brotherrn von seinem Schweiße gedeihen sieht, tritt nicht ungern in die mühevollen Fußstapfen seiner Eltern; alle gewinnen ihre Heimat und das Leben in derselben Liebe und verlassen sie, gewiss mit wenigen Ausnahmen, ungern" (R. Vogel, 1974, S. 86).

Ein anderes Schlaglicht auf die ungünstige wirtschaftliche Situation der Stauden wirft ein Bericht des Pfarrers von Großaitingen, den er bei der Diskussion über Straßenbaumaßnahmen 1865 abgegeben hat: „In hiesiger Gegend ist weder ein lebhafter Verkehr der Staudenortschaften untereinander noch ein volkswirtschaftlich nennenswerter Vorteil zu erhoffen. Wie auch gerichtsbekannt treiben die Staudenbewohner so viel als keinerlei Handel, konsumieren die geringen Erzeugnisse ihres Feldbaues für eigenen Hausbedarf, beschäftigen sich zur Aufbesserung ihrer Einkünfte mit Forstarbeiten und leben sozusagen von der Hand in den Mund."

Der geschichtsbewusste König Ludwig I. gab Bayern 1835 ein neues Staatswappen. Für den Kreis Schwaben und Neuburg (heute Bezirk Schwaben) wurde das Wappen der ehemaligen Markgrafschaft Burgau (schräg geteilt in Rot und Silber, überdeckt von einem goldenen Pfahl) in den Wappenschild übernommen.

Während in den umliegenden Dörfern und Märkten, vor allem in Bobingen, Schwabmünchen, Türkheim, Kirchheim das Gewerbe und der Handel ständig zunahmen und größere Betriebe (Brauereien, Molkereien, Mühlen, Sägewerke, Webereien in Langenneufnach und Schwabmünchen, eine Kunstseidefabrik in Bobingen) Arbeitskräfte anzogen, verminderte sich die Zahl der handwerklichen Kleinbetriebe in den Staudenorten. Weit verbreitet war noch lange die Heimarbeit mit Verarbeitung von Flachs und im Dienste von Unternehmen, die z. B. Strümpfe stricken oder Rosenkränze fertigen ließen und meist Frauen und Kinder zu niedrigen Löhnen beschäftigten.

Im geistigen und kulturellen Leben war eine Verarmung nicht zu übersehen. Nach der Aufhebung der Klöster und der Auflösung der Adelsherrschaften fehlten auch die Auftraggeber für größere Baumaßnahmen. Lediglich die aufblühende Landwirtschaft sorgte im letzten Drittel des 19. Jahrhunderts für eine gewisse Neubautätigkeit in den Dörfern. Mit der Einführung eines einheitlichen Schulwesens ab 1806 wurden in vielen Orten Schulräume bereitgestellt, später wurden eigene Schulhäuser gebaut. Pfarrer und Lehrer kümmerten sich vielerorts über ihre beruflichen Aufgaben hinaus um lokale Geschichtsforschung und Musikpflege. Neben der Kirche trugen nach und nach Blaskapellen, Chöre, Schützenvereine und Theatergruppen zum Kulturleben und zur Unterhaltung im ländlichen Raum bei. Krieger- und Veteranenvereine und die Freiwillige Feuerwehr gab es bis 1900 fast in jedem Dorf (S. 134).

Die Stauden im 20. Jahrhundert

Das neue Jahrhundert brachte in den Stauden wie überall in Schwaben und Bayern erhebliche politische, wirtschaftliche und soziale Veränderungen. Mit dem Bau der Staudenbahn 1911/12 erhielt das Gebiet Anschluss an die überregionale Eisenbahn. Die Ereignisse des Ersten und des Zweiten Weltkrieges hinterließen schlimme Folgen, zahlreiche Gefallene und Vermisste waren zu beklagen. Wenngleich die Stauden von schweren Luftangriffen und Kampfhandlungen verschont blieben, spielten sich in den letzten Kriegstagen im südlichen Gebiet noch dramatische Szenen ab. Angeschlagene deutsche Truppenteile wurden auf dem Rückzug von Amerikanern umzingelt und gefangen genommen. In einem Gefangenenlager bei Mittelneufnach waren ca. 400 deutsche Soldaten interniert. Die meisten Staudenorte wurden vom 25. bis 28. April von den Amerikanern besetzt. In Scherstetten kamen dabei ein Ehepaar und ein Feldwebel ums Leben. Der Marsch von KZ-Häftlingen des Außenlagers Augsburg-Pfersee endete am 26. April 1945 in Klimmach. In Fischach, wo 1939 127 Juden lebten, entschlossen sich viele zur Auswanderung. 66 Personen, darunter Kinder und alte Leute, wurden 1942 in Vernichtungslager deportiert und umgebracht. Der eindrucksvolle jüdische Friedhof und ein Denkmal erinnern an die mehrhundertjährige Geschichte der Judengemeinde in den Stauden (siehe das Kapitel „Als in Fischach Juden lebten", S. 90 f.).

Der Zustrom und die Unterbringung von Flüchtlingen brachte den Stauden einen deutlichen Bevölkerungszuwachs, in einigen Gemeinden stieg die Einwohnerzahl um mehr als die Hälfte an. Der landwirtschaftliche Charakter der Dörfer veränderte sich langsam. Gewerbe- und Dienstleistungsbetriebe ließen sich insbesondere in den Orten entlang der Staudenbahn nieder. Obwohl ein großer Teil der Heimatvertriebenen auf der Suche nach Arbeitsplätzen abwanderte, nahm die bauliche Entwicklung im Rahmen des wirtschaftlichen Wohlstandes nach 1960 kräftig zu. Den größten Zuwachs verzeichneten Fischach, Langenneufnach, Markt Wald und die Randorte Margertshausen, Straßberg, Schwabegg, während in den abgelegenen Siedlungen die Bautätigkeit stagnierte. Mit der Bebauung kam auch eine flächendeckende Erschließung der Stauden mit Straßen, Kanal und Wasser in Gang. Der Rückgang der Landwirtschaft, die Ausbreitung städtischer Lebensformen und die Mobilität der Bevölkerung beeinflussten in vielfältiger Weise auch das kulturelle und das gesellschaftliche Leben. Einschneidende Erneuerungen ergaben sich im Schulwesen. Die ortsnahe Dorfschule ist weitgehend verschwunden. Eine Hauptschule in den Stauden gibt es in Fischach, eine Teilhauptschule in Gessertshausen. Grundschulen bestehen in Fischach, Langenneufnach, Markt Wald und Walkertshofen. Bildungsgänge an Realschulen, Gymnasien, Förderschulen und beruflichen Schulen kann man nur außerhalb der Stauden in den umliegenden Städten und Märkten besuchen.

Im Rahmen der Landkreis- und Gemeindereformen entstanden neue kommunale Einheiten. Derzeit haben zwei Planungsregionen und drei Landkreise (Augsburg, Günzburg, Unterallgäu) Anteil an dem Gebiet der Stauden. Mehr als 60 Siedlungseinheiten (Dörfer, Weiler, Einzelhöfe) verteilen sich auf 15 Kommunen. 8 Gemeinden liegen innerhalb der Stauden (Aichen, Fischach, Langenneufnach, Markt Wald, Mickhausen, Mittelneufnach, Scherstetten, Walkertshofen), 7 Randgemeinden, davon zwei Städte, sind mit Ortsteilen und Gemeindeflächen innerhalb der Stauden vertreten (Bobingen, Gessertshausen, Großaitingen, Eppishausen, Ettringen, Schwabmünchen, Ziemetshausen).

Aus dieser politischen Aufteilung ergeben sich zahlreiche Probleme für Verwaltung, Planung, Wirtschaft und Bildung. Diese Situation hat bis heute die Entwicklung eines Wirtschafts- und Verwaltungszentrums innerhalb der Stauden gehemmt, wenngleich der Marktort Fischach eine Vielfalt an zentralen Funktionen für das gesamte Staudengebiet wahrnimmt. Mit dem Ziel, übergreifende Aufgaben unter fachlicher Mithilfe zu planen und Entwicklungsstrategien für die Stauden als vielfältigen Lebensraum in einer wertvollen Kulturlandschaft zu gestalten, hat sich im Anschluss an die Schwäbischen Kulturtage 1996 die Initiative „Regionalentwicklung Stauden" gebildet und strukturiert. Ihren Aktivitäten sind wichtige Impulse für Siedlung und Landwirtschaft, Gewerbe und Verkehr, Kultur und Tourismus zu verdanken (siehe Kapitel „Die Zukunfschancen der Stauden").

Literatur

Bauer, Hans: Schwabmünchen. Historischer Atlas von Bayern, Teil Schwaben, Reihe 1, Heft 15, München 1994.

Endert van, Dorothea: Südschwäbisches Vorgeschichtsmuseum Mindelheim, Museumsführer, Stuttgart 1998.

Hahn, Joseph: Krumbach. Historischer Atlas von Bayern, Teil Schwaben, Heft 12, München 1982.

Jahn, Joachim: Augsburg-Land. Historischer Atlas von Bayern, Teil Schwaben, Heft 11, München 1984.

Kießling, Rolf: Buttenwiesen, die Stauden und der Rest der Welt. In: Augsburger Beiträge zur Landesgeschichte Bayerisch-Schwabens, Bd. 6, Sigmaringen 1996, S. 35–55.

Kießling, Rolf: Kleinstädte und Märkte als regionalpolitische Instrumente. In: Zeitschrift für Bayerische Landesgeschichte Beiheft 15, München 1999, S. 243–288.

Köck, Michael: Historisches Ortsnamenbuch von Bayern, Teil Schwaben, Ehemaliger Landkreis Schwabmünchen (in Vorbereitung).

Kuhn, Elmar (Hrsg.): Der Bauernkrieg in Oberschwaben, Tübingen 2000.

Pötzl, Walter (Hrsg.): Herrschaft und Politik. In: Der Landkreis Augsburg Bd. 3 mit Beiträgen zahlreicher Autoren, Augsburg 2003.

Pötzl, Walter u. Schneider, Otto: Vor- und Frühgeschichte, Archäologie einer Landschaft. In: Der Landkreis Augsburg, Bd. 2 mit Beiträgen zahlreicher Autoren. Augsburg 1996.

Uenze, Hans-Peter: Vor- und Frühgeschichte im Landkreis Schwabmünchen, Kataloge der Prähistorischen Staatssammlung, Band 15, Kallmünz 1971.

Vogel, Rudolf (Hrsg.): Landkreis Schwabmünchen. Landschaft – Geschichte – Wirtschaft – Kultur (mit Beiträgen zahlreicher Autoren). Augsburg 1974.

Vogel, Rudolf: Mindelheim. Historischer Atlas von Bayern, Teil Schwaben, Heft 7, München 1970.

Zorn, Wolfgang u. Ay Karl-Ludwig: Die Territorien Schwabens 1802. In: Hans Frei, Pankraz Fried, Franz Schaffer (Hrsg.): Historischer Atlas von Bayerisch-Schwaben, 2. Auflage 1. Lieferung, Augsburg 1982, Karte VI, 1.

DIE FUGGER UND DIE STAUDEN

Mit Namen und Geschlecht der Fugger verbinden die meisten Menschen nicht die Stauden, sondern Augsburg mit seiner weltberühmten Fuggerei. Viele kennen das Fuggerschloss in Babenhausen oder Schloss Kirchheim mit dem wunderschönen Zedernsaal. Aber Fugger und die Stauden?

Wenn man aufmerksam und neugierig die Stauden durchwandert, kommt man sich manchmal vor, als sei man in „Fuggerland". Man streift durch ausgedehnte Wälder, die „den Fuggern" gehören, man sieht Schlösser und Wappen der Familie, trifft in Kirchen auf Grabplatten des Geschlechtes, und in manchem Ort weiß man sogar noch davon zu erzählen, wie es war, als die Fugger hier „die Herrschaft" ausübten. Die schiere Menge der Besitzungen zeigt, dass ein finanzstarkes Geschlecht über Jahrhunderte hinweg bestrebt war, Einfluss und Besitz auf- und auszubauen. Die aus dem Handwerker- und Kaufmannsstand stammenden Fugger haben über fast 300 Jahre versucht, eine Landesherrschaft zu errichten, wie sie Landesfürsten, hochadelige Geschlechter, Klöster oder vereinzelt auch Reichsstädte ausgeübt haben. Es ist eine interessante Geschichte, wie die Familie Fugger nach und nach ausgedehnten Besitz in den Stauden erworben, erweitert, verteidigt und verwaltet hat und wie sie ihn schließlich, am Ende des Alten Reiches um 1800, wieder aufgeben musste.

Zum Begriff der „Herrschaft"

Die Fugger als „Herrschaft" – das klingt in den Ohren heutiger Menschen nach Macht und Besitz in einem geschlossenen Territorium. Aber „Herrschaft" bedeutete im Mittelalter und in der frühen Neuzeit etwas anderes. Das beginnt schon beim juristischen Begriff „Besitz". Viele Herrschaften waren, rein rechtlich gesehen, nur „geliehen", als Lehen vom eigentlichen Besitzer an einen Bewerber ausgegeben. Ein Nachfolger musste den Vorbesitzer auszahlen und dem Lehensgeber bestimmte Gebühren zahlen, bzw. dieser forderte bei einer Neubelehnung Rechte zurück oder gewährte bis dahin zurückgehaltene, etwa das begehrte Jagdrecht. Beim Erlöschen der Linie Fugger-Wellenburg 1764 und dem Übergang der Nachfolge an die Familie Fugger-Babenhausen zog die Markgrafschaft Burgau z. B. das seit 1518 – damals an die Augsburger Familie Höchstetter – verliehene Hochgericht über Burgwalden wieder an sich. Die Herrschaft Wald etwa gehörte rechtlich bis zur Mediatisierung 1806 dem Hause Habsburg, welches das Gebiet an die Fugger erst 1778 formell zu Lehen gab.

Das komplizierte Rechtssystem des alten Deutschen Reiches brachte es mit sich, dass an ein und derselben Stelle verschiedene Rechtstitel zur Geltung kommen konnten. Grund und Boden konnte jemandem gehören (Grundherr), und im selben Ort konnten mehrere Grundherren gleichzeitig sein. Der Zugriff auf die Menschen gehörte auf diesem Grund einem anderen (Leibherr). Streitigkeiten mussten wieder vor einem anderen ausgetragen werden (Gerichtsherr), der nicht einmal Besitz in diesem Gebiet haben musste. Und auch die Herren selbst und Inhaber dieser Rechtstitel waren Einschränkungen unterworfen. So konnte jemand die niedere Gerichtsbarkeit haben, einzelne Bereiche davon, z. B. das sog. Gassengericht, aber nicht. In aller Regel war die hohe Gerichtsbarkeit, also Prozesse, in denen es um Leib und Leben ging, in den Händen des Landesherrn, in dessen Gebiet sich die eigene Herrschaft befand. In Gessertshausen beispielsweise besaßen die Fugger auf ihrem Besitz nur das Niedergericht und nur an Kirchweih das halbe Gassengericht. Die hohe Gerichtsbarkeit in der Herrschaft Mickhausen stand der Markgrafschaft Burgau zu, denn Mickhausen war, wie der Fachausdruck heißt, „burgauischer Insasse". Ein Grundherr konnte zwar das Land rechts und links eines Flusses besitzen, den Zoll an der Brücke, die diese beiden Teile verband, kassierte indes ein anderer. Zölle waren, wegen der regelmäßigen und teils hohen Einnahmen, überhaupt ein begehrtes Herrschaftsrecht und wurden deshalb oft nur an bedeutende Adelsfamilien oder große Klöster vergeben. Der ergiebige Brückenzoll auf der Augsburger Seite der Lechbrücke in Hochzoll gehörte z. B. dem Kloster St. Ulrich und Afra in Augsburg. Und welche finanzielle Bedeutung etwa der Besitz der niederen Gerichtsbarkeit hatte, zeigt sich in einer Rechnung beim Verkauf der Herrschaft Wellenburg (1595 und 1600) ohne Burgwalden und Reinhartshausen, aus der hervorgeht, dass die niedere Gerichtsbarkeit mit 12.000 Gulden veranschlagt wurde, bei einem Kaufpreis von ca. 58.500 Gulden!

Mickhausen, Pfarrkirche St. Wolfgang, 1535/38 von Anton Fugger errichtet, 1683/87 Neugestaltung mit Stukkaturen von Johann Schmuzer, ab 1725 barocke Ausstattung.

So entstand in vielen Territorien eine rechtliche, manchmal reichlich komplizierte „Gemengelage", die zu vielfältigen Streitereien Anlass gab und zu dem permanenten Bemühen führte, möglichst alle, aber jedenfalls so viele Rechtstitel einer Herrschaft wie möglich in die Hand zu bekommen.

Deshalb ist „Herrschaft" damals höchst selten ausschließlich und schon gar nicht „absolut", weil nahezu immer jemand anderer mitzureden hatte. Trotzdem war der Zugriff der „Herrschaft" auf den einzelnen „Untertanen" beachtlich, wie der Wellenburger Polizeiordnung von 1787 für den Fuggerschen Besitz zu entnehmen ist:
„Niemand darf von der katholischen Religion und ihren Riten abweichen"
„Die Untertanen haben in die zuständige Pfarrkirche zu gehen und dürfen nicht 'auslaufen'"
„Würfeln, Karten- und andere Spiele sind verboten", „Priester und Pfarrer sind zu achten"
„An den vier hohen Kirchenfesten ... haben die Untertanen zur Beichte zu gehen" usw.

Wie alle anderen Herrschaftsinhaber auch, versuchten die Fugger in ihren Besitzungen wenigstens, Grundherrschaft und niedere Gerichtsbarkeit zu erwerben. Da sich im Laufe der Zeit der Bodenbesitz und der Zugriff auf die darauf lebenden Bewohner meist verquickt hatten, konnte man mit einem gewissen Recht von „Untertanen" sprechen, weil die meisten Menschen in einem Besitz in fast allen für sie wichtigen Belangen an „ihre" Herrschaft verwiesen waren, die das entsprechende Gebiet von einem zentralen Ort aus verwaltete – in den Fuggerschen Gebieten mit einer erstaunlichen Beteiligung der Untertanen. Da die Gesamtfamilie Fugger schon 1550 von Kaiser Karl V. das Privileg erhalten hatte, dass ihre Untertanen nicht vor fremde Gerichte gezogen werden

konnten, war der Herrschaftsanspruch in ihren Gebieten auch über die Hintersassen anderer Grundherren gut fundiert.

Die Fuggerschen Besitzungen in den Stauden

In diesem Gebiet lagen vier ehemalige Herrschaften bzw. Ämter der Fugger: Wellenburg, Mickhausen, Kirchheim und (Markt) Wald. Eine 1808 erschienene Zusammenfassung „Tabellarisches Verzeichnis der sämmtlichen Patrimonialgerichte, und der darin befindlichen Ortschaften in der Provinz Schwaben" beginnt mit den Besitzungen der Fugger und umfasst 15 von 73 Seiten. Die Anzahl aller Familien, die nach diesem Verzeichnis 1808 zu einem der Fuggerschen Patrimonialgerichte in ganz Schwaben gehörten, betrug 5.936. Rechnet man eine durchschnittliche Familie mit 5 Mitgliedern, was eher niedrig angesetzt ist, so herrschten die verschiedenen Linien der Fugger über fast 30.000 Menschen. Im Bereich der Stauden, also den Ämtern Kirchheim, Mickhausen, Wellenburg und Wald, betrug die entsprechende Anzahl von Familien 1348, entsprechend fast 6.800 Personen. Das ist die mit Abstand größte Zahl von „Untertanen" in diesem herrschaftlich stark zersplitterten Gebiet. Man kann sagen, dass die Stauden 1808 fest in Fuggerscher Hand waren, ehe durch den Übergang aller Macht- und Herrschaftstitel an das neue Königreich Bayern der institutionell begründete Herrschaftsanspruch der Familie Fugger ein Ende fand. Als besondere Instanz und als Arbeitgeber haben sich die Fugger in allen ihren ehemaligen Besitzungen Ansehen und Einfluss bewahrt. Wälder und Schlösser wie in Babenhausen, Markt Wald und Kirchheim, gehören ihnen noch heute.

Diese „Durchdringung" könnte darauf hindeuten, dass der Naturraum „Stauden" als einheitliches Herrschaftsgebiet gesehen wurde. Da der Boden in den Stauden an vielen Stellen wenig fruchtbar ist, kann es die Absicht der Fugger kaum gewesen sein, ihr Geld in der Agrarwirtschaft zu vermehren. Natürlich diente jeder Kauf einer Immobilie auch der Sicherung der im Handel und mit Bankgeschäften erworbenen Gelder. Und natürlich mussten die zahlreichen Nachkommen standesgemäß versorgt werden. Aber es scheint so, als habe es neben diesen individuellen Interessen auch immer eine Art Plan der Familie gegeben. Die Lage der Besitzungen lässt nämlich ein strategisches Denken erkennen, das den Raum durch die Besetzung von Verkehrslinien – Straßen und Flüsse – erschließen und beherrschen wollte.

Herrgottsruh-Kapelle in Mickhausen, 1685 im Auftrag von Paul Fugger gebaut, 1750 erweitert und neu ausgestattet durch Ludwig Fugger.

Die Herrschaft Mickhausen

Die Herrschaft der Fugger in den Stauden begann bescheiden, aber „standesgemäß". Raymund Fugger, ein Neffe Jakobs des Reichen (1459–1525), erwarb die Herrschaft Mickhausen am 8.6.1528 von Erzherzog Ferdinand von Österreich, seit 1526 König von Böhmen und Ungarn und 1531 deutscher König. Der leidenschaftliche Jäger behielt sich indes das Jagdrecht vor, verzichtete aber auf das Waffen- und das Steuerrecht, was die Herrschaft für Raymund Fugger, zusammen mit der ebenfalls übertragenen Gerichtshoheit, „reichsunmittelbar" machte. Lediglich die vier „hohen Malefizfälle" blieben der Gerichtsbarkeit der vorderösterreichischen Markgrafschaft Burgau vorbehalten. Grund für dieses ungewöhnliche Entgegenkommen dürfte die hohe Verschuldung des Hauses Habsburg bei den Fuggern gewesen sein.

Der Besitz war schon 1498, unter Kaiser Maximilian I., an die Habsburger gekommen, als Folge einer der komplizierten Pfandgeschichten, die im alten Reich bei königlichem oder herrschaftlichem Grunderwerb so häufig waren und undurchsichtige und damit angreifbare Rechtsverhältnisse schufen. Auf nicht ganz feine Art drängte Ferdinand den mit einer Reihe von Rechten noch an Mickhausen beteiligten Wolfgang von Freiberg aus seinem Besitz und kaufte diesen schließlich für 5.500 am 3.6.1528 vollständig.

Vergleicht man die Daten: 3.6.1528 Kauf durch Ferdinand und 8.6.1528 Kauf durch Raymund Fugger, so kann man sich des Eindrucks nicht erwehren, dass es sich um ein offenbar von längerer Hand vorbereitetes Geschäft zwischen Raymund Fugger, dem Kaiserlichen Rat und Hauptfinanzier der Habsburger, und Erzherzog Ferdinand handelte, wahrscheinlich in Absprache mit Karl V., der den Fuggern, die seine Wahl zum deutschen König finanziert hatten, in besonderer Weise verpflichtet war. Raymund Fugger wiederum strebte danach, sich eine „private" Herrschaft aufzubauen, nicht zu weit weg von Augsburg, die nicht dem Zugriff der Fuggerschen Familienverwaltung unterlag, ein Unterfangen, das nicht recht funktionierte und erst im 17. Jh. zu einer eigenen Linie" Fugger-Mickhausen führte.

Dass es sich beim Erwerb nicht nur um eine hochherrschaftliche Laune handelte, zeigt der tatkräftige Einsatz Raymunds für seinen neuen Be-

sitz, den er durch Zukäufe (in Langenneufnach, Unterrothan, Hölden, Münster, Rielhofen, Tronetshofen, Reichertshofen) erweiterte und durch Anwerbung von Siedlern sowie Errichtung neuer Sölden auch personell und wirtschaftlich aufzubessern suchte. Wegen des schlechten Bodens mussten sich die Untertanen die Existenz durch Zuerwerb, meist Heimarbeit, mit Spinnen und Weben, für den Augsburger Markt, verdienen. Um 1750 heißt es in einer Beschreibung der Markgrafschaft Burgau z.B. über Tronetshofen: *„Hier haben die Bauern schlechten Feldbau; Wießwachs und Viehzucht, dahingegen viel Holtz, Kern- und Klein-Obst, das sie in der Stadt Augspurg verkauffen, neben welchem dieselbe sich mit Flachs-Spinnen ernehren."*

Über Langenneufnach schreibt derselbe Verfasser: *„Der Feldbau ist ... an einigen Pläzen so schlecht, daß die Bauern von selbigen Feldern kaum die Saath wider erlangen... In dem Dorff befinden sich sehr viele Leinweber, welche wochentlich gegen 400 Stück schlechte Leinwand zum Färben würcken; wovon sie die schlechtere nach Memmingen und Kaufbeuren, die beßere aber nach Augsburg verschicken."*

Schließlich ließ Raymund Fugger das von den Freibergern erbaute und von Maximilian I. ausgebaute Schloss abreißen und ein neues bauen, ursprünglich als Wasserschloss. Die heutige Anlage geht auf Paul Fugger (1644-1701) zurück, der die Wassergräben zuschütten und das Gebäude dem geänderten Zeitgeschmack entsprechend zwischen 1691 und 1695 wiederum aus- und umbauen ließ. Den seinerzeitigen Gepflogenheiten entsprechend, gehörte zu einer „richtigen" Herrschaft auch eine Pfarrkirche, für die man das Patronats- und damit das Präsentationsrecht des Pfarrers hatte. Mickhausen aber war ursprünglich

Schloss in Mickhausen, 1535/36 von Raymund Fugger am Standort eines ehemaligen Herrensitzes derer von Freyberg erbaut, 1691/95 durch Paul Fugger umgebaut, 1842 von Albert von Rechberg-Rothenlöwen erworben und verändert, 1977 verkauft. Seitdem ist die Vierflügelanlage stark heruntergekommen.

keine Pfarrei. Die Freiberger hatten schon an diesem Ziel gearbeitet, und auch Raymund erlebte den Erfolg seiner Bemühungen nicht ganz. Die – nicht unbeträchtlichen – kirchenrechtlichen Probleme löste er durch den Kauf des Kirchensatzes in Münster, der ursprünglich zuständigen Pfarrei für das Gebiet, war damit Patronatsherr beider Kirchen und legte die Pfarreien mit Sitz in Mickhausen zusammen – bei den guten Beziehungen der Familie zur Kurie in Rom kein wirkliches Problem. Die von ihm geplante Kirche wurde erst 1535, also nach seinem Tod, fertig gestellt. Der heutige Kirchenbau, dem hl. Wolfgang geweiht, ließ Raymunds Bruder Anton am Südende des Dorfes Mickhausen um 1538 erstellen. Bei einer Umgestaltung 1685 wurde eine Fuggersche Gruft eingebaut, die Kirche selbst 1755 noch einmal unter Johann Ludwig Fugger erneuert. Den Chorbogen schmückt das Wappen Raymund Fuggers, und Wappen zieren auch die sehenswerten und für eine „Dorfkirche" ungewöhnlich qualitätsvollen Glasgemälde.

Das Gotteshaus am Schloss wurde abgebrochen. So hatte der Ort Mickhausen „in kurzer Zeit eine starke herrschaftliche Aufwertung erfahren, Mickhausen war jetzt adeliger Fuggerscher Familienbesitz mit Schloss, eigener Pfarrei, auf die die Familie das Präsentationsrecht besaß, und mit Gütern in vielen umliegenden Ortschaften." Die weitere Besitzgeschichte der Herrschaft Mickhausen, die ab 1637 eine eigene Linie bildete, ist gekennzeichnet von einem häufigen Besitzerwechsel innerhalb der Familie. Die Linie starb 1804 aus, der Besitz ging an die jüngere Linie Fugger-Nordendorf über, wurde 1806 bayerisches Lehen und 1842 an Graf Albert von Rechberg-Rothenlöwen verkauft, dessen Nachkommen das Schloss 1977 wiederum veräußerten.

Die Herrschaft Wellenburg

In den nordöstlichen Bereich der Stauden ragen Teile der Fuggerschen Herrschaft Wellenburg. Schon 1536 hatte der aus Augsburg stammende Kardinal Matthäus Lang den Besitz Anton Fugger – ergebnislos – zum Kauf angeboten. Dass Anton nicht zugriff, erstaunt auf dem Hintergrund seiner sonstigen Kauflust, mit der er den Familienbesitz vor allem lechabwärts ausdehnte. Vielleicht verzichtete er, weil die Herrschaft rechtlich ein Lehen des Hochstifts Augsburg war. Erst 1595 erwarb Jakob Fugger von dem Freiherrn von Sonnegg, der mit der Tochter eines Neffen des Kardinals verheiratet war, um den stattlichen Betrag von 69.000 Gulden (und 1.000 Gulden Leihkauf) Schloss, Herrschaft und Gerechtsame, vor allem die einträgliche Niedergerichtsbarkeit in verschiedenen Herrschaftsteilen. Dass der Besitz immer noch als Lehen des Hochstifts Augsburg galt, schien nicht mehr zu stören. Anders als in Mickhausen, gelang es den Fuggern in der Herrschaft Wellenburg aber nicht, Patronats- oder Präsentationsrechte an Pfarrkirchen in die Hand zu bekommen.

Für Bergheim lag das sog. „ius nominandi et praesentandi" beim Kanonissenstift St. Stephan in Augsburg, das übrigens auch den Großzehnt der Gemeinden Bergheim und Wellenburg erhielt, für Leitershofen beim Hochstift Augsburg. Nur in Waldberg saß ein von den Fuggern besoldeter Pfarrer (der – nebenbei – weniger verdiente als der Gärtner von Wellenburg), doch war Waldberg keine selbständige Pfarrei, sondern Filiale von Reinhartshausen. Mit Zähigkeit und Geschick versuchten die Fugger, in ihrer Herrschaft Wellenburg einen möglichst geschlossenen Besitz als Grundherrn zu erreichen. Dies gelang ihnen fast vollständig in Wellenburg selbst, in Radegundis, in Bergheim (wo das Kloster St. Ulrich ausgekauft wurde), Waldberg, Reinhartshausen und Burgwalden. In Hausen und Leitershofen mussten sie die Grundherrschaft mit anderen Besitzern teilen. In Leitershofen z. B. waren sie nur über 19 von 45 Gründen, Sölden oder Gebäuden die Grundherrn.

Wellenburg teilte das Schicksal aller mediatisierten Besitzungen am Ende des Alten Reiches, hat aber doch zum Abschluss einen eigenen Akzent gesetzt. Der Inhaber der Herrschaft Wellenburg um 1806, Fürst Anselm Maria Fugger von Babenhausen (1766–1821), hatte sich der „freiwilligen" Unterwerfung des Hauses Fugger in dem Staatsvertrag vom 7.6.1806 mit dem Königreich Bayern nicht angeschlossen und versuchte, mit Bayern in direkten Verhandlungen zu einem gesonderten Staatsvertrag zu kommen, was jedoch scheiterte und zu jahrelangen Streitigkeiten zwischen Bayern und dem Haus Fugger führte. Eine indirekte Folge dieser Ereignisse ist auch die von Fürst Fugger-Babenhausen 1808 durchgeführte Verwaltungsreform, welche die ehemaligen Wellenburger Rechte und Besitztitel in Bergheim, Leitershofen, Reinhartshausen, Waldberg, Burgwalden, Hausen, Radegundis und Wellenburg selbst, aber auch den Grund- und Hausbesitz in Augsburg, zuerst im Rentamt Gablingen zusammenfasste, nach 1848 in den Fuggerhäusern in Augsburg. Dass Wellenburg noch heute im Besitz der Familie Fugger ist, verdankt sich der Tatsache, dass der beabsichtigte Verkauf der Herrschaften Gablingen und Wellenburg 1823 an den Augsburger Bankier Süßkind und 1827 an Gläubiger zur Schuldentilgung nicht verwirklicht werden konnte.

Die Herrschaft Kirchheim

Von Westen her reicht die Fuggerherrschaft Kirchheim in das Staudengebiet hinein und zieht sich wie ein Querriegel zwischen Mindel/Flossach und Neufnach von West nach Ost, etwa entlang der Linie von Kirchheim nach Lutzenberg bzw. von Mörgen über Eppishausen nach Ellenried. Hier verlaufen Straßenzüge, die das westliche Staudengebiet erschließen. Das eindrucksvolle Schloss auf der Anhöhe über dem Mindeltal zeigt bis heute die Bedeutung der Herrschaft Kirchheim, die, ähnlich der in Irmatshofen/Wald, wie eine nach Westen (Wald: nach Süden) abschließende „Klammer" der Fuggerschen Interessen in dem Raum zwischen Mindel und

Wertach wirkt. Die wichtige Straße zwischen Thannhausen und Türkheim kreuzte bei Kirchheim die West-Ost-Verbindung zwischen Mittelneufnach und Schwabmünchen.

Wie in Mickhausen übernahmen die Fugger 1551, diesmal in der Person Antons, eines Neffen Jakob Fuggers des Reichen, 1551 die Herrschaft von den Freibergern, in Kirchheim allerdings indirekt über die Linie eines Schwiegersohnes aus dem Hause Hürnheim. Reichsrechtlich waren die ursprünglichen Kirchheimer Güter Lehen der Augsburger Bischöfe und blieben dies bis 1803. Interessant ist, dass sich schon bei den Freibergern der Versuch nachweisen lässt, in Mittelschwaben ein möglichst zusammenhängendes Herrschaftsgebiet aufzubauen. In diese Bestrebungen traten die Fugger ein.

Neben der sicheren Geldanlage des damals wohl reichsten Mannes der Welt und dem Bestreben, in den Adelsstand aufzusteigen und dort zu glänzen, werden Anton verschiedene Privilegien der Herrschaft Kirchheim, zu der ursprünglich auch Gebiete im Württembergischen gehörten, zum Kauf gereizt haben. So „erbte" er den 1343 von Kaiser Ludwig dem Bayern verliehenen Blutbann (also die eigentlich der Landesherrschaft zustehende hohe Gerichtsbarkeit) und das 1490 – sehr zum Ärger der Stadt Mindelheim – erworbene Marktrecht für den Ort Kirchheim. 1541 hatte Hans Walther von Hürnheim von Karl V. die Befreiung von fremden Gerichten und das Privileg der Judenfreiheit erhalten.

Die Fülle der Privilegien für den Inhaber der Herrschaft Kirchheim war auch dafür verantwortlich, dass sich die Markgrafschaft Burgau, deren Insasse Kirchheim war, nicht besonders bemerk-

Fensterläden mit den Fuggerfarben gelb und blau.

Kirchheim, Pfarrkirche und Schloss bilden einen imposanten Baukomplex hoch über dem Mindeltal, erbaut 1531 – 1598.

Hans Fugger, Bauherr der Schlossanlage seit 1578, und seine Frau Elisabeth.

Kirchheim, Zedernsaal im Fuggerschloss mit der prächtigen Kassettendecke aus verschiedenen Holzarten von Wendel Dietrich (1585) und Terrakotta-Figuren von Hubert Gerhard (1582–1585).

bar machen konnte. Als einziges Recht hatte sich das Jagdrecht erhalten. Da auch die Fugger, schon aus gesellschaftlichen Gründen und aus Standesrücksichten, jagen wollten und mussten, waren sie gezwungen, stets von Neuem um das Jagdrecht nachzusuchen und damit, wenigstens in einem kleinen Bereich, die Hoheit der Markgrafschaft Burgau anzuerkennen.

Zum ursprünglichen Bestand Kirchheims von 1329, als Konrad Ohnsorg aus Augsburg seine Güter zu Kirchheim, Derndorf, Diepenhofen, Haselbach, „Vffhouen" sowie die zwei Burgen Moosburg und Diepenhofen an die Ritter Friedrich, Ulrich und Heinrich von Freiberg verkaufte, kamen im Laufe der Zeit hinzu: 1343 Angelberg und Zaisertshofen sowie der Blutbann zu „Rieden" und Kirchheim; 1490 der Kirchensatz von Könghausen und die Weiler Ellenried und Lutzenberg; 1540 Gut Eppishausen mit Weiler und Aspach. Anton Fugger selbst hatte 1544 schon Weilbach gekauft. Die übrigen Güter erwarb er für den wahrhaft stattlichen Betrag von 250.000 Gulden.

Wie bei den anderen Erwerbungen, engagierten sich die neuen Herren konsequent und in großem Stil für ihren Besitz. Anton Fuggers Sohn Hans erweiterte 1586 das Herrschaftsgebiet und erwarb 1598 den Markt Dirlewang, 1589 Tiefenried, 1591 Dachsberg und bewarb sich, allerdings erfolglos, um die Herrschaft Mindelheim. Um 1800 umfasste die Herrschaft den Markt Kirchheim, die Dörfer Derndorf, Mörgen, Spöck, Eppishausen, Haselbach und Könghausen, die Weiler Aspach, Ellenried, Lutzenberg und Weiler sowie die Einöden Aufhof, Klenkerhof, Tanzbühlhof und Weißenbauer.

Wie wichtig der Besitz Kirchheims den Fuggern war, zeigen der prächtige Schlossbau von 1578 und ein Vermerk Hans Fuggers in seinem Testament vom 4. 2. 1589, wonach die Herrschaft Kirchheim nicht veräußert werden durfte. Markus Fugger, der Sohn Hans Fuggers, stiftete 1601 in Kirchheim sogar ein – 1807 aufgehobenes – Dominikanerkloster und setzte damit die Tradition der mittelalterlichen (hoch)adeligen Familien fort, für ihr Seelenheil und als Grablege der Stifterfamilie ein Kloster zu gründen. Herrschaft mit Blutbann, repräsentatives Schloss und Kloster, dazu Sitz und Stimme auf der Grafenbank des Reichstages und des Schwäbischen Reichskreises – die Fugger waren, was die „repräsentatio majestatis" anbetrifft, im Hochadel angekommen. Die

Herrschaft der Fugger in der Reichsgrafschaft Kirchheim dauerte, mit einer Ausnahme im Dreißigjährigen Krieg, bis 1806. Das Schloss und zugehörige Ländereien waren Privatbesitz der Familie und sind es noch heute.

Die Herrschaft Wald, heute Markt Wald

Die Geschichte der Herrschaft Wald, ursprünglich Irmatshofen ist aus mehreren Gründen hoch interessant. Zunächst ist die Besitzgeschichte dieses scheinbar unbedeutenden Fleckens ziemlich turbulent. Und dann zeigt sich an dieser Herrschaft, wie zäh die Fugger an einem interessanten Standort fest hielten. Der Erwerb von Wald hing, wie der von Mickhausen, im Kern mit den Schulden des Hauses Habsburg bei den Fuggern zusammen. 1578 erst von dem Adelsgeschlecht der Rietheimer erworben, verpfändete der österreichische Erzherzog Ferdinand II. (der mit der Augsburger Kaufmannstochter Philippine Welser verheiratet war) die Herrschaft Irmatshofen schon 1585 an die Brüder Marx und Hans Fugger zu Kirchheim. Wald wurde Herrschaftssitz, weil das ursprüngliche herrschaftliche Schloss im nahen Ort Burgle 1477 in einer Fehde der Rietheimer mit Herzog Wolfgang von Bayern in seiner Wehrhaftigkeit so gemindert wurde, dass die Anlage eines neuen „festen" Sitzes geboten schien. 1618 wurde die Herrschft erneut, diesmal an die Gebrüder Ott aus Augsburg, schließlich 1660 noch einmal, und zwar an Graf Leopold Fugger-Babenhausen verpfändet, der selbst und dessen Nachkommen alle Versuche abwehrten, das Pfand einzulösen oder aufzukaufen – sogar gegen das Haus Habsburg selbst. Die offenbar gute Herrschaft der Fugger führte dazu, dass die Untertanen die Fuggerschen Absichten, auch während der folgenden gerichtlichen Auseinandersetzung, offen unter-

Markt Wald, das 1536 erbaute Schloss erhielt 1747/48 durch Maurermeister Michael Stiller seine heutige Gestalt mit Walmdach und drei Türmen. Schlosskapelle mit Fresken von Johann Baptist Enderle und Stuck von Andreas Henkel (um 1770).

Mickhausen, Pfarrkirche, Glasgemälde nach Entwürfen von Christoph Amberger (1539/40); Fuggerwappen mit der Inschrift „Raymundus Fugger" (links) und Wappen der Anna Rehlinger, Gemahlin des Anton Fugger (rechts).

stützten. Sie liehen den Fuggern für den langwierigen und teuren Gerichtsstreit nicht nur Geld, sondern riskierten 1750 auch einen Aufstand gegen Österreich, der allerdings niedergeschlagen wurde. Anselm Viktorian Fugger zu Kirchberg-Weißenhorn-Babenhausen gewann schließlich den Prozess und wurde von Österreich 1778 mit der Herrschaft Irmatshofen auf dem Wald belehnt. 1805 fiel die Herrschaft an Bayern, und dabei spielte sie noch einmal eine Rolle in dem schon einmal genannten merkwürdigen Plan des Fürsten Anselm Maria Fugger von Babenhausen. Er verhandelte mit den bayerischen Behörden wegen einer Vergrößerung und Arrondierung seiner Herrschaft Babenhausen und hätte dafür auf Wald, Gablingen, Wellenburg und Rettenbach verzichtet. Natürlich wurde aus dem Plan nichts: aus der Sicht Bayerns gab es gar nichts zu verhandeln.

In dieser „unendlichen Besitzgeschichte" überrascht das Interesse des Hauses Habsburg, der

Fugger, des Fürstabtes von Kempten und des bayerischen Herzogs Maximilian I. an diesem abgelegenen und vermeintlich unbedeutenden Winkel der Stauden. Vermutlich dachten alle strategisch: über (Markt) Wald führte eine wichtige Straße aus dem Mindeltal auf das Lechfeld. Eine Besonderheit weist Markt Wald in seiner Geschichte noch auf: ein Privileg Kaiser Rudolf II., das ebenfalls das ungewöhnliche Interesse der Habsburger an der Gegend zeigt. Der Herrscher verlieh nämlich dem damaligen Dorf am 7.4.1593 das Recht, drei Jahrmärkte abzuhalten, an den Montagen vor Matthias (24.2.), Trinitatis (Sonntag nach Pfingsten) und Matthäus (21.9.), sehr zum Ärger der Mindelheimer, die mit ihrem wütenden Protest jedoch nicht durchkamen – wirtschaftlicher Neid schon damals!

Wer hätte gedacht, dass sich in einer so stillen und eher abgelegenen Gegend Schwabens Geschichte von solcher Bedeutung abgespielt hat? Wie in einem Brennglas fängt die Geschichte der Fuggerschen Besitzungen in den Stauden das große Weltgeschehen ein und zeigt manchmal, wie bei der tatkräftigen Unterstützung der Fugger durch die Untertanen von Wald, ganz merkwürdige Entwicklungen. Im nahen Augsburg oder auf dem Lechfeld mögen große politische Entscheidungen, ja, weltgeschichtliche Geschehnisse zu verzeichnen sein. Das, was Geschichte eigentlich ausmacht, wie es nämlich den Menschen und ihren Siedlungen ergangen ist, lässt sich in den Stauden am Beispiel der Fuggerschen Besitzungen intensiv erleben und nachvollziehen. Was landschaftliche Schönheit angeht, bieten die Stauden herausragende Beispiele. Was Geschichte angeht, haben sie ebenfalls Besonderes, wie man sieht, vorzuweisen.

Literaturverzeichnis

Bauer, Hans: Schwabmünchen, München 1994 (= Historischer Atlas von Bayern, Teil Schwaben, Reihe 1, Bd. 15, München 1994), S. 254–283.

Jahn, Joachim: Augsburg Land, München 1984 (= Historischer Atlas von Bayern, Teil Schwaben, Heft 11, München 1984, S. 433–469.

Karg, Franz: „Dem Fuggerischen namen erkauft". Bemerkungen zum Besitz der Fugger. In: Pötzl, Walter (Hrsg.), Herrschaft und Politik. Vom frühen Mittelalter bis zur Gebietsreform, Augsburg 2003, S. 239–249 (= Der Landkreis Augsburg, Bd. 3).

Kluger, Martin: Die Fugger – die deutschen Medici in Augsburg und im bayerischen Schwaben. Augsburg 2006.

Layer, Adolf: Die Besitzungen der Gräflichen und Fürstlichen Familie Fugger. In: Handbuch der bayerischen Geschichte, Bd. 3.2, München 1971, S. 994–998.

Pölnitz, Götz von: Die Fugger, Tübingen 1999.

Pfaud, Robert (Hrsg.): Kolleffel, Johann Lambert, Schwäbische Städte und Dörfer um 1750. Geographische und Topographische Beschreibung der Markgrafschaft Burgau 1749–1753, Weißenhorn 1974 (= Frei, Hans (Hrsg.) Beiträge zur Landeskunde von Schwaben, Bd. 2.).

Markt Wald, Pfarrkirche, Stuckmedaillon mit Wappen der Fürsten Fugger-Babenhausen,

KUNST IN KIRCHEN UND KAPELLEN

Mehr als 50 Kirchen und größere Kapellen gibt es im Gebiet der „Stauden". Ein Blick auf die amtliche Denkmalliste oder in die Denkmalinventare der ehemaligen Landkreise Augsburg, Schwabmünchen, Krumbach und Mindelheim zeigt, dass die Bauwerke und ihre Ausstattungen aus verschiedenen Zeiten stammen und häufig umgestaltet oder erneuert worden sind. Den Kirchenräumen kommt als Sinnbild der Wohnung Gottes die Aufgabe zu, die christliche Botschaft in Wort und Bild zu vermitteln, dabei spielt die Kunst der Architekten, Bildhauer und Maler eine wichtige Rolle. Jede Epoche hat versucht, im Stil ihrer Zeit die Schönheit, die Macht und den Glanz des Himmels den Menschen vor Augen zu führen. Dem religiösen Glauben, Fühlen und Denken verdanken wir deshalb eine großartige Fülle an sakralen Zeugnissen. Wenngleich die bäuerlich geprägten Stauden nicht mit einer kunstreichen Städtelandschaft zu vergleichen sind, so überrascht uns die Vielfalt und Vielzahl der Kunstwerke, über die sich Kunstfreunde und Kunstkenner gleichermaßen freuen. Eine knappe Übersicht mit ausgewählten Bildbeispielen soll zum kunstgeschichtlichen Verständnis beitragen und eine Anregung für neue Entdeckungen sein.

Kirchsiebnach, Pfarr- und Wallfahrtskirche

Zeugnisse der Gotik und der Renaissance

Die Spuren des hohen Mittelalters sind spärlich: einzelne Bauteile oder Mauerreste in den Untergeschossen einiger Kirchtürme und archäologisch freigelegte Grundrisse von Vorgängerbauten in Münster und Waldberg. Zierelemente romanischer Kirchen sind die Reliefsteine in Siegertshofen und Reinhartshofen. Rundbogenfriese und Zahnschnitte (Deutsches Band) sind an den Kirchtürmen Bobingen, Großaitingen oder Wehringen zu sehen, sie fehlen in den Stauden.

In den meisten Staudendörfern sind die Kirchen im 15. und frühen 16. Jahrhundert, also im Stil der Spätgotik, neu gebaut worden. Die Zunahme der Bevölkerung und das Stilempfinden der Zeit regten die kirchliche Bautätigkeit nicht nur in den Städten an. Die kleine Dorfkirche von Münster verkörpert den schlichten Typus mit gut erhaltenen Gewölberippen, feinmodellierten Halbfiguren auf Konsolen und mit dem quadratischen Turm im nördlichen Chorwinkel. Das spätgotische Raumbild ist trotz späterer Veränderungen gut bewahrt geblieben.

Weithin sichtbare und im Wortsinn „herausragende" Zeugnisse der spätgotischen Bauweise sind die stattlichen Kirchtürme mit Satteldächern und Kleeblattbogenfriesen wie in Eppishausen, Grimoldsried, Memmenhausen, Mittelneufnach, Siegertshofen oder Steinekirch. Besonders eindrucksvoll tritt die gotische Bauweise im unverputzten Backsteinmauerwerk in Walkertshofen und Willmatshofen in Erscheinung. In Walkertshofen besticht der hohe und schlanke Turm durch die Proportionen und die architektonische Gestaltung sowie durch die Zierstücke mit Dreipassfriesen. In Willmatshofen bilden Kleeblattfriese aus Terrakotta eine Besonderheit.

Im Gegensatz zu den spätgotischen Bauteilen ist von der Innenausstattung dieser Kirchen nur wenig erhalten geblieben. Aus ehemaligen Altarschreinen stammen in der Regel die heute als Einzelstücke aufgestellten Holzfiguren. Aus einem Hochaltar kommt die Schnitzgruppe der „Marienkrönung" in Siegertshofen, die vermutlich um 1500 in der Augsburger Werkstatt von Gregor Erhart entstanden ist. Beachtliche Einzelfiguren sind die „Madonna auf der Mondsichel" in Reichertshofen und der Hl. Ulrich in Langenneufnach. Sie werden nach Albrecht Miller für die Zeit um 1470 dem Ulmer Schnitzer Jörg Stein zugewiesen, der als Schüler des berühmten Hans

Multscher bedeutende Altäre geschaffen hat. Etwa aus der gleichen Zeit stammen die Figuren von Petrus und Paulus in Scherstetten, sie werden dem Meister des Füssener Hochaltars zugeschrieben. Eine Kostbarkeit ist auch die Marienfigur in Markt Wald, die aus dem Umkreis des Daniel Mauch, dem Meister des Bieselbacher Altares, stammt und in die Zeit um 1520 zu datieren ist. Erwähnenswert ist auch die Hl. Ottilie in der Pfarrkirche Margertshausen, die in der Augsburger Werkstatt von Hans Peuerlin d. M. um 1500 entstanden sein dürfte. Dieser ist auch die Pietà in der Kapelle von Birkach zuzuordnen.

Eine kunstgeschichtliche Besonderheit ist die Darstellung des Hl. Bernhard vor dem sich vom Kreuz herabneigenden Christus im Schwesternchor der Klosterkirche von Oberschönenfeld. Die Herkunft aus der Augsburger Werkstatt von Gregor Erhart ist wahrscheinlich. Wenn man das Zisterzienserinnenkloster am Eingang des Schwarzachtales zu den Stauden zählt, dann darf man die Kirche und das Kloster als bedeutendsten Standort kirchlicher Kunst in unserem Gebiet betrachten. Dazu gehören weitere bemerkenswerte Darstellungen aus dem späten Mittelalter: eine Anna Selbdritt, die „Madonna vom schönen Feld" und eine Pieta. Die Darstellung der Gottesmutter mit dem Leichnam Christi entwickelte sich nach 1300 zu einem weit verbreiteten Andachtsbild.

Von den gotischen Steinplastiken sind nur wenige Beispiele erhalten, so ein Kalksteinrelief in Oberschönenfeld aus dem Umkreis von Loy Hering (um 1530) und ein Taufbecken mit reichem Blattdekor in Mittelneufnach (1548).

Münster, Filialkirche St. Benedikt und Vitus, um 1500.

Chorraum mit Netzrippengewölbe und neugotischem Hochaltar.

Die acht Konsolen sind mit Heiligenfiguren verziert. Im Bild: Pantaleon und Christophorus.

Tafelbilder des ehemaligen Flügelaltars von Münster aus der Memminger Strigel-Werkstatt (um 1480). Sie gelangten über den Kunsthandel 1870 in das Museum der Bildenden Künste in Budapest. Linker Flügel: Johannes Evangelist zwischen Papst Gregor d. Gr. und Augustinus. Rechter Flügel: Johannes der Täufer umrahmt von den Heiligen Florian und Sebastian.

Beachtliche
Einzelfiguren der
späten Gotik in
verschiedenen
Dorfkirchen:

Pfarrkirche
Siegertshofen,
„Marienkrönung"
(um 1500, Farb-
fassung um 1900).

*Pfarrkirche
Markt Wald,
Anna Selbdritt,
(um 1500).*

*Pfarrkirche
Langenneufnach,
Hl. Ulrich,
Werkstatt Jörg Stein
(um 1470).*

*Pfarrkirche
Mittelneufnach,
Taufbecken aus
Sandstein (1548),
Verzierung mit
Laubwerk und
Krabben.*

Das einzige spätgotische Glasgemälde in Münster stellt den Hl. Mauritius (Moritz) dar.

Die bedeutsamen Tafelbilder eines ehemaligen Oberschönenfelder Altares aus der Zeit um 1500 sind heute in den Staatlichen Zweigmuseen in Füssen und Ottobeuren ausgestellt. Weiter entfernt von ihrem ehemaligen Standort in den Stauden sind die Tafelbilder des Altares aus der Kirche von Münster. Als Schöpfungen der berühmten Memminger Strigel-Werkstatt werden sie den Brüdern Ivo und Hans Strigel zugeordnet. Von der ehemaligen Ausstattung sind eine trauernde Maria und ein Schmerzensmann aus einer Ulmer Schnitzerwerkstatt um 1500 erhalten geblieben.

Im 16. Jahrhundert, in der Zeit der Renaissance, blieb das künstlerische Schaffen in den Stauden aus politischen und ökonomischen Gründen sehr bescheiden. Diese Epoche war auch anderswo in Schwaben wie im gesamten Bayern viel eher die Kunst der Fürsten und der Bürger als der Kirche. Sichtbaren Ausdruck fanden die neuen Bau- und Stilformen vor allem in Schlössern und Residenzen, beispielsweise in Kirchheim. Dort ließ Hans Fugger als Inhaber der Herrschaft 1578–1586 die großartige Schlossanlage errichten. Schlossbauten entstanden in Mickhausen, Irmatshofen (Markt Wald) und Seifriedsberg, die in der Barockzeit umgebaut wurden. Dem Auftrag der Adelsfamilie von Freyberg ist eine Grabplatte der Frührenaissance in der Pfarrkirche von Mickhausen zu verdanken, die dem bedeutenden Augsburger Bildhauer Hans Daucher um 1520 zugeschrieben wird. Hervorragende Glasgemälde von 1539 sind die Wappenscheiben der Fugger-Familie nach Entwürfen von Christoph Amberger in der gleichen Kirche.

Zu den führenden Bildhauern der Übergangszeit zwischen Renaissance und Barock gehörte Christoph Rodt. Ihm sind die Altarfiguren in der Frauenkirche von Schwabmünchen zu verdanken, und aus einer Werkstatt seines Umkreises stammen wohl die Figuren der „Marienkrönung" in Oberschönenfeld. Zu den wenigen Kirchenbauten dieser Zeit gehören die Loretokapellen bei Döpshofen von 1601 (Scheppacher Kapelle) und auf dem Kobel von 1602 als wohl älteste Nachbildungen der „Santa Casa" nördlich der Alpen.

St. Nikolaus, Siegertshofen

St. Michael, Fischach

St. Alban, Walkertshofen

St. Johannes Baptista, Könghausen

St. Ulrich, Steinekirch

Willmatshofen

Mariä Himmelfahrt, Schwabegg

St. Johannes, Dietkirch-Gessertshausen

St. Martin, Döpshofen

St. Stephan, Grimoldsried

St. Martin, Ettringen

St. Peter und Paul, Wollishausen

St. Vitus, Willmatshofen

St. Martin, Langenneufnach

St. Peter und Paul, Obergessertshausen

St. Antonius von Padua, Birkach

Barock und Rokoko

Der 30jährige Krieg (1618–1648) und seine schlimmen Folgen haben auch die Quellen der Kunst und die Aufträge für Kirchen nahezu versiegen lassen. Eine Belebung der Bautätigkeit und des Kunstschaffens stellte sich erst im wachsenden Wohlstand nach 1660 allmählich ein und steigerte sich im 18. Jahrhundert zu einer großartigen Blüte, die auch im Gebiet der Stauden beachtliche Leistungen hervorgebracht hat. Besondere Akzente setzten die Klöster, deren künstlerische Wirksamkeit am Beispiel der Zisterzienserinnenabtei Oberschönenfeld vorgestellt werden soll. Die Klosteranlage, wie sie uns heute mit allen Baulichkeiten entgegentritt, ist im wesentlichen in den Jahren 1691 bis 1750 entstanden, die Innenausstattung der Kirche zog sich bis 1768 hin. Am Anfang war mit Franz II. Beer von Bleichten (1660–1726) ein auswärtiger Architekt aus Vorarlberg als Baumeister für Kirche und Konventbau verantwortlich, dann übernahmen einheimische Künstler und Handwerker die vielfältigen Aufträge der baufreudigen Äbtissinnen. Das 1735 errichtete Torhaus (heute Klosterstüble) hat der aus Wollishausen stammende Joseph Dossenberger d. Ä. entworfen, das ehemalige Brauhaus (heute Gästehaus und Buchhandlung) wird seinem Sohn Hans Adam zugeschrieben. Die Ökonomiegebäude für die klostereigene Landwirtschaft (heute Volkskundemuseum des Bezirks Schwaben) sind ebenfalls von ansässigen Handwerkern gestaltet worden. Der Gartenpavillon wurde 1749 nach Entwürfen des Augsburger Hofbaumeisters Ignaz Paulus errichtet. Für die Innenausstattung der Kirche waren vorwiegend angesehene Augsburger Künstler tätig. Die großartigen Deckenfresken stammen von Joseph Mages und Johann Joseph Anton Huber, die Figuren der Altäre von Placidus und Ignaz Wilhelm Verhelst, das Hochaltarblatt von Joseph Hartmann. Für den Stuck aus zwei verschiedenen Perioden waren Wessobrunner Meister beschäftigt, die Engelsköpfe und Blumengehänge gehen wohl auf die Stukkatorenfamilie Feichtmayr zurück. Der gemalte Kreuzweg in stuckierten Rokokorahmen ist ein Werk von Gottfried Bernhard Göz.

Neben den traditionsreichen Kunstzentren in Augsburg, Ulm, Dillingen oder Kempten übernahmen nach und nach die Werkstätten im ländlichen Raum die zahlreichen Aufgaben für den Neubau und die Ausstattung der Dorf- und Wallfahrtskirchen. Maler, Kunstschreiner, Bildhauer, Stukkateure ließen sich im Umland der Stauden,

in Ettringen, Thannhausen, Türkheim und Ziemetshausen nieder. Ein eindrucksvolles Beispiel einer schwäbischen Barockkirche, in der Architektur und Einrichtung einheitlich konzipiert und von ländlichen Handwerkern gestaltet wurden, ist die Pfarr- und Wallfahrtskirche „Zum Heiligen Kreuz" in Klimmach. Der große Zustrom von Wallfahrern zu einem Kreuzpartikel war Anlass zum völligen Neubau der Kirche 1705–1708 unter Leitung des Baumeisters und Stukkators Matthias Stiller (von 1660–1710). Er ist in Wessobrunn geboren und war seit 1686 in Ettringen ansässig. Er zog Wessobrunner Maurer und Stukkatoren für die Arbeiten heran. Die Ausstattung besorgten bis 1710 in der Herrschaft Schwabegg ansässige Künstler: Michael Niggl aus Hiltenfingen die Decken- und Wandmalereien, die Schreinerwerkstatt Bergmüller aus Türkheim die Altäre, Kanzel, Beichtstühle und Kirchenbänke, Martin Beichel aus Türkheim die Altarfiguren und Michael Stiller, der Sohn von Matthias, die Stuckierung der Seitenkapellen. Die Tätigkeit des Münchner Hofmalers Johann Degler für die Altarbilder hängt mit dem Einfluss der kurbayerischen Herrschaft zusammen.

Die Kirche von Klimmach steht am Beginn eines Dorfkirchentypus, den Joseph Schmuzer östlich des Lechs eingeführt hatte und dessen Bau- und Ornamentstil in Mittelschwaben weite Verbreitung fand. Die formenreiche Stuckdekoration und die kleinformatigen Deckenbilder spielten dabei eine wichtige Rolle. Die Stukkaturen in Fischach, Langenneufnach, Mickhausen, Walkertshofen sind schöne Beispiele für die Stilbildung. Eine Weiterentwicklung ergab sich nach 1740 mit dem Rocailleornament, das in Oberschönenfeld aus der Hand der Feichtmayr eine wirkungsvolle Ausprägung insbesondere in den plastischen Figuren fand.

Nachdem die Pfarrkirche St. Georg auf dem Kirchenhügel von Siebnach mit der Gründung der Skapulierbruderschaft Ziel einer Wallfahrt geworden war, errichtete man nach einem Riss von Michael Stiller 1718/19 einen völligen Neubau mit spätbarock-klassizistischer Einrichtung. Während der Stuck mit Lorbeer- und Akanthusranken, mit Fruchtgehänge und Muscheln dem Barock zugeordnet werden kann, entsprechen Altäre, Kanzel und Beichtstühle den klassizistischen Stilformen.

Klosterkirche Oberschönenfeld. Barocker Innenraum mit prächtiger Rokokoausstattung von bedeutenden Augsburger Künstlern (1768/70).

Die Pfarr- und Wallfahrtskirche Klimmach haben einheimische Künstler 1707/09 gebaut und prächtig ausgestattet. Architektur und Stuck Mathias Stiller; Hochaltar Johann Bergmüller; Fresken Michael Niggl; lebensgroße Evangelisten und Beichtstühle von Martin Beichel; Kreuzigungsgruppe, 18. Jh., Ostfassade.

*Pfarr- und Wall-
fahrtskirche
St. Georg in
Kirchsiebnach.
Kirchenbau und
Stuck von
Michael Stiller
(1717–1720);
Altäre und Kanzel
Clemens Wilhelm
(1801/02);
Hl. Georg auf
einer Prozessions-
stange (18. Jh.);
Fresken Leonhard
Thoma (1907);*

*Gnadenbild der
Muttergottes vom
Berge Karmel im
Schrein auf dem
Hochaltar, 17. Jh.*

Das Gnadenbild ist eine bekleidete Muttergottes des 17. Jahrhunderts mit natürlichem Haar. Zahlreiche Votivbilder erinnern an die Verehrung und Danksagung an Maria als Helferin in vielen Notlagen. Ein Werk der Familie Stiller ist auch die originelle Antoniuskapelle in Schnerzhofen, ein Zentralbau mit drei Dachreitern.

Gut vertreten ist in den Kirchen und Kapellen des Staudengebietes auch die Bildhauerkunst und die barocke Malerei. Türkheimer Werkstätten wurden häufig beauftragt. Neben dem einheimischen Maler Michael Niggl waren bekannte schwäbische Künstler wie Joseph Leitkrath in Grimoldsried und Mittelneufnach, Johann Baptist Enderle aus Donauwörth im Schloss Markt Wald, Hans Martin Kuen aus Weißenhorn in Fischach, Johann Georg Lederer aus Augsburg in Dietkirch und Wollishausen tätig. Die originellen Türbemalungen in Mittelneufnach schuf der einheimische Meister Pius Rampp aus Mickhausen.

Eine Besonderheit in einigen Dorfkirchen des Staudengebietes sind die barocken Bildwerke des Landsberger Bildhauers Lorenz Luidl (1645–1719), dessen künstlerisches Schaffen weit ins Schwäbische reichte. Seine bekanntesten Arbeiten sind die Ausstattung der Stadtpfarrkirche in Landsberg und einige Figuren in der Frauenkapelle von Schwabmünchen. Ein Charakteristikum seiner Skulpturen sind die schwungvoll gestalteten Gewänder im Faltenstil. In Mickhausen bilden ein Hl. Wolfgang die Bekrönung des Hochaltars und eine feingestaltete Schnitzgruppe der Hl. Sippe den Mittelpunkt des rechten Seitenaltars. Figuren in Immelstetten, Grimoldsried und Walkertshofen werden der Luidl-Werkstatt zugeschrieben. Plastiken „in der Art von Lorenz Luidl" (Wilhelm Neu) gehören zu einem Altarensemble in der Pfarrkirche von Konradshofen.

Beachtliche Werke eines ländlichen Schnitzers besitzt auch die Pfarrkirche Dietkirch, die Franz Beer im engen Kontakt mit der Abtei Oberschönenfeld 1723/24 erbaut hatte. Von Hans Pflaum aus Münsterhausen stammen die lebensgroßen Heiligenfiguren und die liebliche Schnitzgruppe mit Anbetung der Hirten am südlichen Nebenaltar. Eine Gemeinschaftsleistung ist der Bau der Pfarrkirche in Reinhartshausen (1738–1752) unter Leitung von Joseph Dossenberger d. Ä. aus Wollishausen. Seine Söhne Hans Adam und Joseph d. J. haben dabei mitgewirkt. Letzterer war 1747 verantwortlich für den Kirchenbau in seinem Heimatort und in den Folgejahren Schöp-

Mickhausen, Pfarrkirche (1535/38). Stuckdekoration von Johann Schmuzer (1685). Schnitzgruppe der Heiligen Sippe, Werkstatt Lorenz Luidl (um 1720); Muttergottes im Rosenkranz (um 1670); Rokokokanzel von Jakob Jehle (1756); Grabplatte für Paul und Wolfgang von Freyberg von Hans Daucher (1520).

fer zahlreicher Rokokokirchen und Pfarrhäuser im Gebiet des Klosters Wettenhausen. Merkmale seiner Architektur sind die Ausbuchtung der Seitenwände und die originellen Fensterformen. Diese Stilelemente gehören in das Zeitalter des Rokoko, das vor allem in den prächtigen Stuckdekorationen der Feichtmayr und Finsterwalder seine schönste Ausprägung fand.

In der Barock- und Rokokozeit erreichte die Kunst eine hohe Breitenwirkung. Es war ihr Ziel, die Architektur mit dem Dreiklang von Stuck, Bildhauerei und Malerei in hellen Räumen zu präsentieren und die Menschen auf die Herrlichkeit und den Reichtum des Himmels aufmerksam zu machen. In dieser Absicht sind auch in den Stauden beachtliche Kunstwerke entstanden, die den kulturellen Reichtum ausmachen und landschaftsprägende Wirkung entfalten. Das gilt im wörtlichen Sinn für die zahlreichen Kirchtürme mit Zwiebelhauben, die als kunsthistorisches Motiv in das Emblem des Naturparks Augsburg Westliche Wälder und in die Tourismuswerbung eingegangen sind.

Profane Baudenkmäler aus dem 17./18. Jahrhundert sind in den Stauden selten. Herausragende Bedeutung kommt dem Schloss Kirchheim zu, während das mehrfach umgebaute ehemalige Fuggerschloss Mickhausen heute zu den Sorgenkindern der Denkmalpflege gehört. Von der Vielzahl alter Pfarrhäuser sind nur wenige erhalten geblieben. Der wohl älteste, stark modernisierte Pfarrhof steht in Mickhausen, bemerkenswerte Beispiele gibt es noch in Dietkirch, Grimoldsried, Mittelneufnach, Obergessertshausen, Scherstetten, Siebnach und Siegertshofen.

Besondere Erwähnung verdient die Wallfahrtskirche Maria Vesperbild bei Ziemetshausen am Rande der Stauden. Ausgehend von einer Feldkapelle, in der seit 1650 eine geschnitzte Pieta verehrt wurde, entwickelte sich eine bedeutende und beliebte Wallfahrt. Nach einem Vorgängerbau von 1725/26 entstand 1754/55 unter Leitung des einheimischen Baumeisters Georg Hitzelberger ein geräumiger Kirchenraum mit reichem Freskenschmuck und mit einem feinen Rokokostuck in Wessobrunner Art. Das Gnadenbild des 17. Jahrhunderts ist in ein Neurokoko-Retabel eingebettet. Heute spielt in Vesperbild auch eine stimmungsvolle Fatima-Grotte als Wallfahrtsziel eine wichtige Rolle. Das kirchliche Ensemble ist ein bedeutender „geistlich-pastoraler Anziehungspunkt" für ganz Schwaben.

Oben: Pfarrkirche Dietkirch,
Schnitzgruppe „Anbetung der
Hirten", Johann Pflaum (1726).

Oben rechts: Pfarrkirche
Fischach, Deckenfresko von
Franz Martin Kuen (1753):
Hl. Michael und Engelssturz.

Unten links: Zunftbild der
Hirtenbruderschaft Aretsried
mit „Prager Jesulein", 18. Jh.
Rechts: Pfarrkirche Reicherts-
hofen, barocker Altarschrein
mit der spätgotischen Skulptur
„Madonna auf der Mond-
sichel", Jörg Stein (um 1470).

Links: Pfarrkirche Eppishausen, Felderdecke mit eingelassenen Ölgemälden, 1686, seltenes Zeugnis für die im 17. Jh. verbreiteten Holzdecken.
Rechts: Pfarrkirche Ettringen, Deckenfresko von Hofmaler Christian Wink (1786), Verherrlichung des Hl. Martin.
Unten links: Wallfahrtskirche Maria Vesperbild.
Unten rechts: Hochaltar, 20 Jh., Gnadenbild, 17. Jh.

Kirchenkunst in der Neuzeit

Mit den politischen und ökonomischen Veränderungen nach 1800 fehlten der kirchlichen Kunst lange Zeit ihre Auftraggeber. Anstelle der barocken Kunstfreudigkeit bestimmten staatliche Vorschriften und Geldmangel den Kirchenbau. Der einzige neue Kirchenraum in der ersten Hälfte des 19. Jahrhunderts entstand in Waldberg im Stile des Klassizismus nach Plänen eines Augsburger Architekten. Ausgangspunkt war die Übertragung der Radegundis-Reliquien von der baufälligen Kapelle bei Wellenburg 1812 nach Waldberg. Die dortige Kirche war viel zu klein für den plötzlichen Andrang der Pilger zu einer beliebten Volksheiligen. Der Neubau von 1817/ 18 wurde in der Zwischenzeit mehrfach umgestaltet, der Schrein mit den Gebeinen der Hl. Radegundis, die von den Schwestern der Abtei Oberschönenfeld 1977 kunstfertig gefasst worden sind, befindet sich im Unterbau des Hochaltars. Auf 15 Gemälden des 17. Jahrhunderts wird die Geschichte der Radegundis von einem unbekannten Künstler geschildert.

In der zweiten Hälfte des 19. Jahrhunderts erhielten auch in den Stauden viele Kirchen neuromanische oder neugotische Ausstattungen. Im Unterschied zum Barock bevorzugte man einfache Formen nach mittelalterlichen Vorbildern und gedeckte Farbtöne. Leider wurden mit der Neugestaltung oft künstlerisch bedeutsame Altäre, Figuren und Bilder entfernt. Der Verkauf der Tafelbilder aus Mickhausen ist das bekannteste Beispiel für den Verlust an Kunstwerken in der Zeit des Historismus. Neue Kirchen entstanden um 1880 in Schwabegg und in Straßberg nach Plänen des Augsburger Architekten Max Treu. Eine neue Epoche des Kirchenbaus setzte nach 1950 ein. In unserem Raum entstanden drei neue Kirchenräume in Straßberg, Reinhartshofen und Wollmets-

hofen. In Straßberg blieb der Chorraum erhalten, das Langhaus wurde durch einen Neubau ersetzt, in Reinhartshofen wurde eine neue Kirche mit markantem Satteldach an die alte Kapelle angefügt, in Wollmetshofen bildet der Turm von 1859 ein historisches Element. Das Zusammenspiel von historischer und neuzeitlicher Architektur ist in Verbindung mit den Ausstattungen gelungen.

Kapellen – für das Gebet und zum Gedenken

Kleine Kapellen sind gemeinsam mit Feldkreuzen und Bildstöcken prägende Elemente in der Kulturlandschaft der Stauden. Die größeren Bauten dienen oft als Filialen der Kirchengemeinden, die kleineren werden vorwiegend für die persönliche Andacht besucht. Der Breitenwirkung der barocken Bautätigkeit und dem frommen Sinn der Bevölkerung sind vor allem im 17. und 18. Jahrhundert viele kleine Sakraldenkmäler zu verdanken. Anlässe, die oft auf Inschriften vermerkt sind, gab es viele. Sie wurden errichtet als Dank für erlangte Hilfe, als Ziele von Flurumgängen und lokalen Wallfahrten, zur Verehrung bestimmter Heiliger, als Gedenkstätten für Verstorbene oder einfach als Hof-, Feld- oder Wegkapellen.

Literatur:

Bayerische Kunstdenkmale, Band 26, 29, 30, 31, München 1967–1971, Landkreise Schwabmünchen, Krumbach, Augsburg und Mindelheim.

Epple, Alois: Die Stiller – eine schwäbische Baumeister- und Stukkatorenfamilie aus Wessobrunn. In: Heimat Schwaben (herausgegeben von Hans Frei) Bd. 6, 1984.

Mayer, Bettina: Bildschnitzerpersönlichkeit und regionale Stilausprägung im Spätmittelalter, Augsburg, 2002.

Miller, Albrecht: Jörg Stein – der Meister von Tiefenbronn. In: Münchner Jahrbuch der bildenden Kunst, Bd. 55, München 2004, S. 33–71.

Neu, Wilhelm: Kunstdenkmäler und Bauernhausformen. In: Vogel, Rudolf (Hg.): Landkreis Schwabmünchen, Landschaft, Geschichte, Wirtschaft, Kultur, Bobingen 1974.

Pötzl, Walter (Hg.): Kunstgeschichte. In: Der Landkreis Augsburg, Bd. 6, 1997.

Schiedermair, Werner (Hg.): Kloster Oberschönenfeld, Donauwörth 1995.

Kapelle bei Scherstetten;

Kapelle St. Nikolaus, Erkhausen;

Kapelle St. Jakobus, Hinterschellenbach bei Ziemetshausen;

Hl. Jakobus in Hinterschellenbach (um 1700);

Pietà-Kapelle bei Mittelneufnach.

Unten rechts: Filialkirche St. Johannes und Paulus, Lauterbach;

Kapelle St. Antonius von Padua, Schnerzhofen;

Kapelle St. Leonhard, Tronetshofen.

Unten links: Landrat Dr. Franz-Xaver Frey gewidmete Staudenkapelle bei Grimoldsried, 1983;

Kapelle St. Justina bei Reinhartshofen;

Weiherhof Kapelle bei Oberschönenfeld.

ALS IN
FISCHACH
JUDEN LEBTEN...

DER ERSTE Als nachweisbar der erste Jude ein Fischacher wurde, wird das Staudendorf noch Vischach geschrieben. Hitzig Juda heißt der Mann in der burgauischen Urkunde von 1573. Woher er kommt, ob aus Augsburg oder Kriegshaber oder Hürben, das weiß heute kein Mensch. Der Hitzig Juda bleibt nicht lang einziger Jude im Ort. Ein Aron Jud und ein Salomon Jud folgen bald. Schon die Namen signalisieren der christlichen Umwelt: Juden! Vischach gehört dazumal und noch einige hundert Jahre länger zur vorderösterreichischen Markgrafschaft Burgau. Die Habsburger sind den anderswo häufig verfolgten und vertriebenen Israeliten die meiste Zeit wohlgesonnen. Aber der Schutz ist auch bei den Habsburgern nicht umsonst zu haben. Dafür muss Schutzgeld bezahlt werden und die Juden bleiben Duldete – also Geduldete, so lang die Herrschaft das will.

STREIT Michael Piller, großartiger Chronist der Staudengemeinde, vermutet, dass die Ansiedlung der ersten Duldeten und der ihnen folgenden Juden in Vischach wie überall gegen den Willen der Einheimischen geschah. Nicht abreißende Streitereien um die Weiderechte für Rösser und Hornvieh der „Neuen" sind der Anlass für frühen Unfrieden im Dorf und wahrscheinlich nicht der einzige. 1599 soll gar der Ortspfarrer Hoy, der doch eigentlich ein Muster an Friedfertigkeit sein müsste, den Hitzig Juda und dessen Sohn Elias nicht nur beschimpft sondern sie mit Daxgabel und Messer bedroht haben. Dem Dorfgeistlichen sind Juden möglicherweise nicht nur wegen des anderen Glaubens ein Dorn im Auge sondern auch aus sehr materiellen Gründen, wollen sie ihm doch nicht wie die christlichen Schäflein den „kleinen Zehnten" zahlen. Aber sie müssen! Das burgauische Oberamt entscheidet, jedes Judenhaus habe dem geistlichen Herrn 15 Kreuzer jährlich zu entrichten. Leicht also ist das Leben der frühen Vischacher Judlein nicht. Dennoch werden es immer mehr. 1743 leben im Ort neben den 561 Christen schon 113 Juden. Ziemlich eng muss es da zugegangen sein. Aus dem Ortsplan des Obristwachtmeisters Kolleffel ist zu schließen, dass in fünf Häusern 32 jüdische Haushalte untergebracht waren. Anbauten und zweckentfremdete Ställe haben es vermutlich möglich gemacht haben.

WEIDERECHTE Die Meinungsverschiedenheiten um die Weiderechte für die Pferde und Kühe jüdischer Viehhändler halten die burgauischen Juristen und Beamten nicht nur bei der Ansiedlung der ersten Juden in Vischach in Atem sondern mehr als 200 (!) Jahre lang. Aber es finden sich auch andere Gelegenheiten, einander das Leben schwer zu machen. Gemeindliche Fronarbeiten, an denen sich auch die Juden zu beteiligen haben, würden bevorzugt am Sabbat angesetzt, klagen die Juden. Die Katholischen werfen den Israeliten vor, diese hackten sonntags und feiertags Holz und wüschen ihre Wäsche bevorzugt am christlichen Ruhetag. Den Pfarrherrn sind auch jene Frauen ein Ärgernis, die sich bei den Juden ein Zubrot verdienen: „Bei hiesigen Juden halten sich Christenweiber in Diensten Tag und Nacht, waschen, tragen Holtz, arbeitten Sonn- und Feyrtäglich genugsam, wo nit zueviel!" Friedliche Kontakte zwischen Juden und Christen seien von der Kirche nicht gerne gesehen worden ist gar in einer Chronik zu lesen...

FRÖMMIGKEIT Fischachs Juden sind fromme Leut'! Es wird vermutet, dass die drei zuerst ins Dorf gekommenen Familien gemeinsam beteten. Ein Zimmer in einem ihrer Häuser könnte als Betstube genügt haben. Nach dem Ende des 30jährigen Kriegs 1648 leben schon so viele Israeliten im Ort, dass die für einen jüdischen Gottesdienst unbedingt notwendigen zehn männlichen Beter leicht zusammengebracht werden. Also wird im Haus der Familie Ceiser ein behelfsmäßiges Gotteshaus errichtet. 1739 ist die jüdische Einwohnerschaft dann zahlreich, zahlungskräftig und selbstbewußt genug, dass sie ihre erste Synagoge bauen läßt. Sie kauft zu diesem Zweck dem Simon Mendle im Judenhof 2 ein Stück seines Gartens ab, 50 Schuh lang und 48 Schuh breit. Das Holz wird in Wollishausen erworben – Juden dürfen ja keinen Wald besitzen; die Mauern erbaut der Maurermeister Joseph Meitinger – Juden dürfen dazumal ja auch kein Handwerk ausüben. Bei der Einweihung des jüdischen Gotteshauses musizieren katholische Spielleute. Mindestens so sehr wie diese Hilfen stört den Pfarrherrn, „dass dieser Synagoge gegenüber die Kirche einem alten Stadel gleiche". Die Hilfsdienste christlicher Handwerker und Musikanten beweisen aber auch, dass sich Christen und Juden in Fischach mittlerweile doch ein wenig arrangiert haben – und sei es auch nur geschäftlich.

SPARSAMKEIT Frömmigkeit schützt nicht vor Sparsamkeit! Der Rabbi Mayer Weiskopf würde die Fischacher Judenschaft wahrscheinlich sogar geizig nennen. 1853 heiratet er eine Fischacherin, Sofie Weiler geborene Kahn. So kommt er in die Stauden, aber nicht als Rabbiner sondern als

Synagogendiener, Vorbeter und zugleich Schächter, der das Vieh nach jüdischem Brauch zu schlachten hat. Drei Ämter in einem, doch reichen die nicht aus, Mann und Familie ordentlich zu nähren. „Nun beginnt für den kaum 23jährigen Ehemann der Kampf um's tägliche Brot, ein Kampf reich an Nahrungssorgen" wird Sohn Isak später im Nachruf schreiben. Deshalb tut Weiskopf in Fischach noch vieles mehr:
Er richtet ein Schreibwarengeschäft ein. – Er kauft das Getreide für das ungesäuerte Brot der Gemeindemitglieder ein, lässt es in der Mühle mahlen, backt es. – Er kauft für die Gemeinde die Fische für die Feiertage. – Er handelt im Winter mit Gänsen. Nachts zieht er los, weckt die Bauern, kauft, schächtet die Tiere und tritt pünktlich um 1/2 8 Uhr sein Amt als Synagogendiener an. – Er besorgt Holz für den Winter und ersteigert es für seine Auftraggeber. – Er ist der Mohel, der die neugeborenen Kinder beschneidet. Es sei überhaupt in der Gemeinde nichts vorgekommen, mochten es freudige, Krankheits-, Todesfälle oder Familienzwistigkeiten gewesen sein, wozu man nicht den Weiskopf rief, resümiert der Sohn. Ein fleißiger Mann, zumal er auch noch durch Lernen mit dem Rabbiner Simcha Bamberger bis in die späte Nacht sein jüdisches Wissen bereichert, mit dessen Kindern lernt und selbst daheim Frau Sofie und die Kinder zu ernähren hat.
Ein unbezahlbarer Mann! Doch als Weiskopf nach 22 Fischacher Dienstjahren 1875 die bescheidene Gehaltserhöhung von 50 Gulden erbittet, wird ihm die abgeschlagen. Er kündigt, nun werden ihm gar 200 Gulden Zulage angeboten. Zu spät! Er verzieht nach Fürth, wo er später Rabbiner wird. Sein und seiner vielköpfigen Familie Auszug sei zu einem Trauertag für Fischach geworden, schreibt Sohn Isak. „Einen Weiskopf bekommen wir niemals wieder" heißt es.

HAUSIERER 1805 wird die Markgrafschaft Burgau bayerisch. Fischach damit ebenfalls. In München beginnt ein jahrelanger Disput um ein „Edikt zur Regelung der Judenfrage". Es soll – man höre und staune über die verbreiteten Vorurteile – aus den Juden in Bayern „nützliche Menschen" machen. Vor allem Leuten wie dem Hirsch, Abraham, dem Fromm, Albert oder dem Silberschmid, Isaak soll es an den Kragen gehen. Sie sind einige der Fischacher, die in Langenneufnach und Gessertshausen, in Markt Wald oder Walkertshofen von Haus zu Haus, von Tür zu Tür ziehen. Sie bieten Schnittwaren, Schnürsenkel, Schuhwichse und vieles mehr an, nicht jedes Dorf hat ja damals schon einen Laden, erst recht

keinen Supermarkt. Die Hausierer finden Bundesgenossen. Der jüdische Hausierhandel sei auf dem Lande sogar erwünscht. Diese Leute böten oft Waren an, die beim Krämer in der nächsten Stadt vergebens gesucht würden – und wenn man sie dort finde, dann oft für den dreifachen Preis. Der Landmann könne sogar abgetragene Kleider in Zahlung geben und sich für wenig Geld neu einkleiden... So räumt das 1813 endlich beschlossene Edikt eine Gnadenfrist ein. Diejenigen Hausierer „welche nach dem Verhältnis ihres Alters und Vermögens ein anderes zulässiges Gewerbe zu treiben außerstande sind", dürfen weiterhin von Tür zu Tür ziehen.

GLEICHBERECHTIGT Bis zu ihrer vollen bürgerlichen Gleichberechtigung 1871 haben die Gerstles, Götz, Klopfers, Levis und wie sie alle heißen noch lange und dornenreiche Wege zu gehen. Die meisten Fischacher Juden leben vom Handel: mit Pferden, Vieh, Textilien, Spirituosen, Tabak u.a. Nicht wenige sind mit Waren in den Stauden von Haus zu Haus, von Tür zu Tür gezogen. Dann machen sie in Fischach einen Laden auf. Dank ihres Fleißes und ihrer Zuverlässigkeit verdienen viele nicht schlecht. Der Hausbesitz ist ein Gradmesser dafür. 1829 wohnen in 15 der 58 Wohnhäuser Fischachs jüdische Familien. 1861 gehören ihnen von 69 Häusern nicht weniger als 31. Die neuen Gebäude, so heißt es, seien alle recht ansehnlich, größer und großstädtischer gewesen als die der Nichtjuden. Chronist Piller vergisst nicht, anzumerken, dass der zunehmende Wohlstand der Israeliten viele christliche Fischacher mit Neid und Bitternis erfüllt habe. Wie groß mag wohl die Aufregung gewesen sein, als der Kronprinz Alfons 1883 während eines Manövers in Fischach nächtigt – im Haus eines Juden!

ERSTE GEIGE Keine Frage: Die Israeliten spielen mittlerweile wirtschaftlich „die erste Geige" im Dorf. 1861 bezahlen die Juden mehr als ein Viertel der Gewerbesteuer des Landgerichtsbezirks Zusmarshausen, 1888 68 % des gesamten Steueraufkommens der Staudengemeinde. Aber neben reichen Juden gibt es stets auch arme und bedürftige. Damals wird Fischach Einkaufsort der Stauden, vor allem für den bäuerlichen Bedarf. Die Eisenhandlung Gunz ist schon lang weithin bekannt, andere Firmen sind es bald auch. Bedeutendstes Unternehmen wird 1924 die Horn- und Kunsthornfabrik Metzger & Mendle, allgemein nur „die Kammfabrik" genannt. Nicht alltäglich ist, dass der Betrieb selbst heute noch die Namen seiner Gründer führt. Nach dem November-pogrom 1938 arisiert wie alle jüdischen Firmen er-streitet der nach England emigrierte Moritz Mendle das Unternehmen nach dem 2. Weltkrieg zurück. Es produziert nun Haushaltswaren aus Plastik und kommt mit handbemalten Souvenir-artikeln aus dem gleichen Material vor allem in Bayern ganz groß ins Geschäft. Mitte der sech-ziger Jahre verkauft Moritz Mendle die Firma. Der alte Name bleibt. Er bürgt auch heute noch für Qualität. Ältere Fischacher erinnert er immer wieder an die Zeit, als es im Staudenort noch Juden gab.

SCHULE Vorübergehend hat Fischach Mitte des 19. Jahrhunderts sogar mehr jüdische als christ-liche Einwohner.1840 sind von den 542 Bewoh-nern des Dorfs 253 katholisch, 289 jüdisch. Das ergibt eine Zählung des Landgerichts. Möglicher-weise hängt es damit zusammen, dass die Juden ihre Kinder nicht länger in eine katholische Volksschule schicken wollen. Von 1845–1847 je-denfalls lassen sie im Judenhof ein Schul- und Rabbinatsgebäude bauen. Sie stellen einen Lehrer ein und schicken die Buben und Mädchen fortan in die jüdische Schule, um Lesen, Schreiben und Rechnen zu erlernen. In der ersten Stunde aller-dings sei Tag für Tag Hebräisch-Unterricht ge-paukt worden, stöhnt eine ehemalige Schülerin... 1937 verzieht der im Ort sehr populäre Hauptleh-rer Salomon Frank nach Ichenhausen. Obwohl die Verfolgung damals schon schlimm ist wird die Stelle nochmals neu besetzt. Erst als Lehrer Lud-wig Stein 1939 – wie so viele Juden – nach USA auswandert, wird die Schule geschlossen. Die Zeit der Juden in Fischach nähert sich dem Ende...

WEITSICHT Von Erfolg, Wagemut und Weit-sicht seiner Juden profitiert der gesamte Ort. Bald reden jüdische Bürger auch im Gemeinderat mit. Sie drängen, um konkurrenzfähig zu sein, brau-che der Ort ein Postamt. Er erhält es. 1938 wird das Amt zur Agentur zurückgestuft – so sehr sind die Geschäfte der jüdischen Fischacher durch die antisemitischen Maßnahmen des 3. Reichs zu-rückgegangen. Fischach verdankt Juden aber nicht nur das Postamt. Dass die Einwohner ab 1911 mit der Eisenbahn nach Augsburg und in die weite Welt reisen oder Waren expedieren kön-nen, ist ebenfalls in erster Linie vor allem Juden zu danken. Dem Eisenbahnkomitée gehören zwei Christen an und vier Juden. Israeliten engagieren sich auch im Gemeinderat für das öffentliche Wohl, sie treten den Vereinen bei. Besondere An-ziehungskraft übt die Freiwillige Feuerwehr aus. 30 Juden treten ihr bei der Gründung 1872 bei – 32 müssen die Wehr im 3. Reich verlassen. Der Veteranenverein verliert damals 16 Mitglieder. Kaum ein Verein, der keine jüdischen Mitglieder hat und sie ausschließen muß.

GOTTESDIENSTE Fischachs Juden bleiben fromme Leut'. Einer von ihnen, Nathan Maier, hat das religiöse Leben der letzten jüdischen Gemeinde des Orts 1984 so beschrieben: „Die jüdische Bevölkerung Fischachs war mit wenigen Ausnahmen sehr religiös. Es wurden täglich zwei Gottesdienste abgehalten, morgens und abends. Der Samstag sowie alle Feiertage wurden strengs-tens nach den Vorschriften gehalten. Niemand ging an solchen Tagen seinem Geschäft nach. Soweit dies in den Jahren nach 1933 noch mög-lich war, hat jeder einen streng koscheren Haus-

Fotos: Israel-Museum, Jerusalem, (Archiv Römer)

Blick in die Fischacher Laubhütte in Jerusalem (l. n. r.): Der Gutsherr von Elmischwang, Diener und Hund kehren heim von der Jagd; ein Bauernhaus; Jerusalem mit Vignetten, die den Umzug in der Synagoge am Laubhüttenfesttag und eine Opferung durch Hohepries-ter zeigen; Dorfszene aus Fischach, in der Haustür Mutter Deller und links der Deller'sche Obstgarten.

halt geführt. Gesellschaftliches Leben war eigentlich kaum vorhanden, außer dass sich die Verwandten insbesondere am Samstag und an Feiertagen nach dem Gottesdienst gegenseitig besuchten. Für die jüngeren Frauen bestand allerdings ein sogenanntes „Kränzle"; sie kamen öfters abends zusammen. Auch war es, zum mindesten bei den jüngeren Männern üblich, am Samstagnachmittag oder -abend ins Cafe Zott zum Kartenspielen zu gehen".

LAUBHÜTTE „Sieben Tage sollt ihr in Laubhütten wohnen, ... dass eure Nachkommen wissen, wie ich die Kinder Israel habe in Hütten wohnen lassen, als ich sie aus Ägyptenland führte". So heißt es im 3. Buch Moses – und fromme Fischacher Juden hielten sich im Herbst beim Sukkotfest daran. Aus Zweigen, Laub, Stroh, bauten sie Hütten: Unter freiem Himmel und derart, dass durch das Dach die Sterne zu sehen waren. Sie nahmen die Mahlzeiten darin ein, die Familienväter hätten auch in der Sukka schlafen sollen, aber das entfiel. Westeuropas Klima war nicht so warm wie das in Ägypterland. Alte Fischacher erinnern sich heute noch gut an die Laubhütten jüdischer Nachbarn anlässlich des Sukkotfests.

JERUSALEM Eine Fischacher Sukka gibt es sogar noch, wenn auch nicht mehr in Fischach. Das ist die der Familie Deller. Die wohnt damals im Judenhof 5, gegenüber dem jüdischen Schulhaus und ist fromm wie fast alle Fischacher Juden. Mittelpunkt dieser besonderen Laubhütte ist das gemalte Jerusalem. In dessen unmittelbarer Nachbarschaft, an der Seitenwand, befindet sich der Fischacher Judenhof (wenn auch nicht ganz naturgetreu): Die Synagoge, das Dellersche Haus mit der Hausfrau in der Tür. Damit nicht genug vom Staudendorf. Der Häuser mehr sind zu sehen und auch der Gutsherr von Elmischwang samt Leibjäger mit Flinte. Wahrscheinlich kehren die Herren heim von erfolgloser Jagd. Erlegtes Wild tragen sie nicht. Jedoch wirkt der Hund sehr erschöpft.

DORFSCHREINER Hugo Deller (1899 – 1994) erinnerte sich, dass sich sein Ururgroßvater sehr für Altertümer und jüdische Kunst interessiert habe. Er habe die Laubhütte von einem christlichen Dorfschreiner arbeiten lassen, ein auswärtiger Handwerker habe sie ausgemalt. Die Fischacher Szene konnte der nach dem Augenschein malen, für Jerusalem brauchte er eine Vorlage. Es spricht einiges dafür, dass diese von Yehosev Schwartz stammte, der 1833 aus Floß in Bayern ins Heilige Land reiste. 1837 schickte dieser Yehosev nachweislich von ihm gefertigte Zeichnungen der Heiligen Stadt an seinen Bruder Hajum, der Rabbiner in Hürben war. Hat der Deller-Ururgroßvater ein Exemplar bekommen und es dem Maler als Vorlage übergeben?

GERETTET „Seit meiner Kindheit und bis zum Jahr 1933 wurde die Sukka alljährlich aufgestellt und zu Essenszeiten von der ganzen Familie besucht". So erinnerte Ururenkel Hugo Deller sich. Eines Tages sei Dr. Heinrich Feuchtwanger auf der Suche nach Altertümern und jüdischer Kunst ins Haus gekommen. Der Münchner Zahnarzt wollte sich die Sukka ansehen, die auf dem Heuboden lag. Einige Zeit später sei diese dann in einer trüben Frühjahrsnacht heimlich und in die

Einzelteile zerlegt mit einem Lastwagen abtransportiert worden, nach München. Als Auswanderergut wird sie – von den unerbittlichen Augen der braunen Kontrolleure offenbar übersehen – von Dr. Feuchtwanger nach Jerusalem gerettet. Dort befindet sie sich heute im Israel-Museum – ein viel bewundertes Prachtstück jüdischer religiöser Volkskunst. Es erinnert in der den Juden heiligen Stadt an Fischach und an die Deller-Familie; Die Laubhütte gilt als so bedeutend, dass sie sogar schon zweimal „auf Reisen ging", diesmal legal: zu Ausstellungen in Köln und Paris.

GUMMIKNÜPPEL Nochmals Hugo Deller. 1934 ist er zweiter Vorsitzender der Fischacher Jüdischen Gemeinde. SA-Leute kleben antisemitische Plakate an die Tür der Synagoge. Deller geht über die Straße und entfernt dort, wo sich das Schloß des Synagogentores befindet, das Hetzpapier. Er schildert: „Eine Gruppe von SA-Leuten hat mich dann auf den Hauptplatz geschleppt. Ich musste Spießrutenlaufen und wurde dementsprechend mit Gummiknüppeln geschlagen, so dass ich bewusstlos auf der Erde lag, bis meine alte Mutter kam und mich nach Haus schleppte. Der Einspruch des damaligen Bürgermeisters Geiger bewahrte mich vor Schlimmerem. Während der nächsten Tage kamen verschiedene SA-Leute, die mich warnten, irgendeine Nachricht über den Vorgang ins Ausland gelangen zu lassen. Doch zwei Tage später hörten Bekannte im Radio BBC aus London von meiner Misshandlung".

AUSWANDERUNG 1938 verlassen Hugo Deller und Frau Frieda Fischach und Deutschland. Die immer unerträglichere Verfolgung der Juden durch die braunen Machthaber treibt die Dellers in die Emigration. Andere jüdische Fischacher ebenso. Quito, Hauptstadt des südamerikanischen Staates Ecuador, wird die neue Heimat der Dellers. Sie leben zuerst auf einer Farm. Später wird Hugo Deller Hotelier, alleiniger Eigentümer des großen Hotels Colon in Quito. 1967 beschließt er, es gemeinsam mit einigen Reisebüros zu betreiben und baut es zum Hotel Colon Internacional aus. Heute gehört es zur Hilton-Kette. Trotz der Misshandlung, die er dort ertragen musste, besucht Hugo Deller Fischach viele Jahre später mehrmals. Bewunderer seiner Lebensleistung vergleichen ihn gelegentlich mit dem einstmals erfolgreichsten Unternehmer der Welt, John Davison Rockefeller. Sie nennen den Hotelier aus dem kleinen Fischach Rockedeller. Nun, ein Vermögen wie der reichste Mann der Welt hat er nicht angehäuft. Aber sein Lebensweg zeigt,

welche tüchtigen und wertvollen Menschen Deutschland im 3. Reich durch Judenverfolgung und -vernichtung verloren hat. Hugo Deller ist 1994 verstorben, dreizehn Jahre nach seiner ebenfalls aus Fischach stammenden Frau Frieda.

KEINE MORDBRENNER „Wir sind keine Mordbrenner!" Das antwortet Fischachs damaliger Bürgermeister Geiger Augsburger SA-Leuten. Die verlangen zu wissen, warum die Fischacher Synagoge den Befehlen zum Trotz in der sogenannten „Kristallnacht" von 1938 nicht angezündet worden sei. Am 14. November hatten die Juden in dem Gebäude noch gemeinsam gebetet. Am 15. holt das braune Gesindel die Schändung nach. SA-Männer aus Augsburg zwingen die jüdischen Männer, wie bei ihren Gottesdiensten Zylinder aufzusetzen und das Gotteshaus leer zu räumen. Nicht weniger als 21 Thorarollen, Thoraschreinvorhänge aus dem 18. Jahrhundert, Mobiliar, das Archiv, Gemeindeakten und vieles mehr laden die Männer auf das Lastauto. Eine der heiligen Rollen entgeht dem SA-Kommando. Ein Jude, dessen Namen nicht bekannt geworden ist, rettet sie. Er vertraut sie dem Geistlichen Rat Leopold Schwarz in Zusmarshausen an. Sie übersteht das Dritte Reich und wird heute im Fischacher Rathaus aufbewahrt – Erinnerung an die stolze und glaubensstarke Jüdische Gemeinde, die es im Ort gegeben hat.

DAVIDSTERN Nicht nur die Kristallnacht findet in Fischach verspätet statt. Auch den Davidstern müssen die Juden des Orts erst später als Leidensgefährten andernorts an die Kleidung nähen. „Jeder im Ort kennt die Juden doch" hält der Bürgermeister 1941 dem Ortsgruppenleiter der NSDAP entgegen. Und als für die künftige Verwendung des Synagogengebäudes ein Turnsaal ins Gespräch kommt, empören sich Bauern: „Unsere Töchter kommen nicht in die Turnhalle"

KEINE INSEL Dennoch: Fischach ist keine Insel im braunen Meer. Das Zusammenleben von Christen und Juden im Ort hat sich seit der Ankunft des Hitzig Jud verändert und gebessert, insbesondere nach der bürgerlichen Gleichstellung der Israeliten. Aber Vorurteile, Neid, Hass auf die Juden sind nicht ausgerottet. Nach dem Zusammenbruch des 3. Reichs beklagt die aus südamerikanischem Exil zurückgekehrte Bella Eichengrün geborene Bravmann: „Viele Glaubensbrüder und -schwestern haben sich in Fischach wie auf einer Insel geglaubt. Sie fühlten sich vom politischen Wetterleuchten nicht bedroht. Ich habe alles getan, um schon 1935 oder 1936 auszuwandern. Meine Geschichtskenntnisse haben mir Angst gemacht, außerdem las man doch, was anderswo vor sich ging. Man hat mir geantwortet, ich wolle Abenteuer erleben". Ist das der Grund dafür, dass Entrechtung, Existenzverlust, Verarmung, Drohungen zum Trotz noch verhältnismäßig viele Juden in Fischach leben, als die Deportationn beginnen? Im Frühjahr 1942 werden 56 Fischacher Männer, Frauen, Jugendliche ins polnische Piaski, am 10. August 1942 zehn alte Leute nach Theresienstadt im damaligen Protektorat Böhmen und Mähren gebracht. Der älteste, David Gunz, ist 86 Jahre alt. Keiner kehrt zurück.

DER REST IST ERINNERUNG Erinnerung im Gedächtnis alter Fischacher, in Briefen, in Steinen. Josef Hörtensteiner schreibt 1946 an Frau Mendle in England: „...bekam das Besitztum von David Gunz um den Einheitswert von ca. 16000 RM mit einem kleinen Teil vom Garten. Den größeren Teil des Gartens sicherte sich die Partei (Obernazi Seif), und es sollte darauf ein Parteiheim zu stehen kommen. Herr David Gunz wurde an einem Tage vom Mittagessen weg eiligst zum Bürgermeister gerufen, und dort wurde ihm erklärt, dass er sein Anwesen hergeben müsse, dass daran nichts zu ändern sei. Auf Befragen, was er hierfür verlange, wusste er vor Erregung keine Antwort, und so wurde der obige Einheitswert verbrieft. (Der Notar war in solchen Fällen immer schon im Gemeindezimmer anwesend). ...Am gleichen Abend kam dann Herr Gunz zu uns und erzählte unter Tränen diesen Vorgang." Maria Hieber begleitete am 30. März 1942 eine Tante zum Bahnhof. Gegen ihren Willen wurde sie Zeugin der ersten Deportation von Fischacher Juden: „Die Frau Lina Bravmann war noch nicht da. Dann kam sie angerannt, sie war immer so, wenn sie in die Synagoge gegangen ist, immer die letzte, hat es immer brisant gehabt. Der Zug war noch da. Dann hat der Polizist gesagt, sie muss 5 Mark zahlen für's Zuspätkommen. Dann hat sie es ihm gegeben. Ich habe nicht hingeschaut. Mir war das so peinlich. Meine Tante hat gesagt: ,Ja, was soll ich denn machen, was soll ich denn machen? Ich tät doch gleich das Mädele mitnehmen vom Levi Sepp, die Beate. So nett, 15 Jahre, ich kann es doch nicht verschwinden lassen'. Sie hätte sofort das Mädel mitgenommen. Und dann sind sie eingestiegen."

GEDENKTAFEL Am Haus Judenhof 4 erinnert eine Tafel daran, das dieses Gebäude einmal die Synagoge der Fischacher Juden war. Heute befindet sich darin eine Zahnarztpraxis. Das Schulhaus der Juden ist dort auch noch vorhanden. Wo sich die Mikwe befand, in der die Judenfrauen vor der Hochzeit oder nach der Menstruation badeten, stehen Garagen. Diesen gegenüber das einstige Haus der Familie Deller. Ein Gedenkstein in der Blumenstraße/Ecke Triebgasse erinnert an die Deportierten. Auf der Tafel mit den Namen der Fischacher Gefallenen des 1. Weltkriegs beim christlichen Friedhof sind auch die sieben Juden genannt, die damals für das Vaterland starben." →

Eine Thorarolle der ehemaligen Jüdischen Gemeinde Fischach gibt es noch. Ein Unbekannter hat sie bei der Schändung der Synagoge am 15. November 1938 gerettet und dem Zusmarshauser Geistlichen Leopold Schwarz übergeben. Heute wird sie im Fischacher Rathaus aufbewahrt.

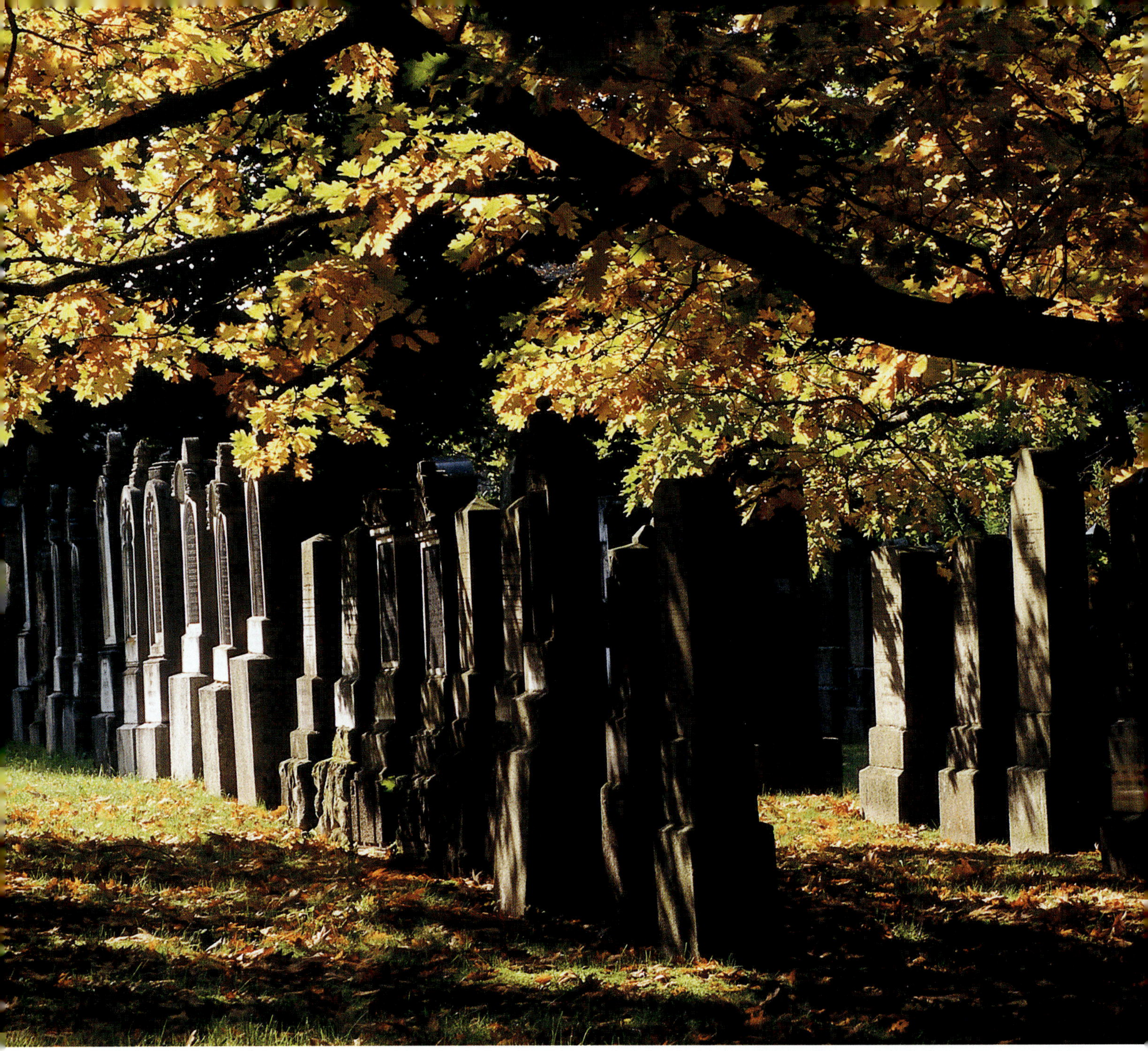

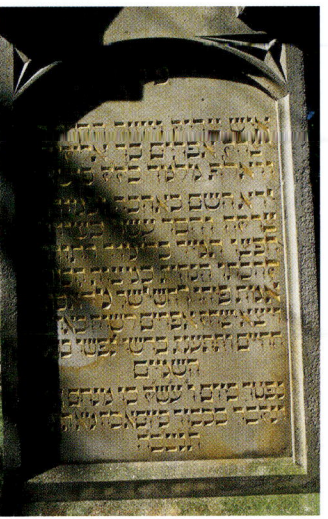

FRIEDHOF Am eindrucksvollsten erinnert an die jüdische Gemeinde der Friedhof, vor, während und nach dem Dritten Reich geschändet. Bis 1774 setzen die Juden ihre Toten in Burgau oder Kriegshaber bei. Dann erwerben sie am Kohlberg einen eigenen Friedhof. 420 Männer, Frauen, Kinder sind dort beigesetzt. 403 Grabmale erinnern noch an sie. Die von Lewi Josef Mosche ben Abraham, gestorben 1815, und dessen Frau Breindel, gestorben 1833, sind aus Holz. Viele Steine sind von jüdischen Symbolen geschmückt: Davidsterne, Ölzweige, Blumen, brennende Kerzen, letztere Frauen vorbehalten. Noch vorhanden ist das hölzerne Taharahaus. Jüdische Männer und Frauen wuschen und kleideten darin die Toten nach den Vorschriften ihres Glaubens. Selbst der alte Leichenwagen befindet sich noch in dem Haus, auch die hölzerne Grabtafel für Berta Eichengrün. Sie verstarb im Januar 1942. Der Deportation entging sie, ein Grabmal erhielt sie nicht mehr. Doch ungezählte Juden haben damals nicht einmal mehr ein Grab bekommen. „Ein Grab in den Lüften – da liegt man nicht eng...", wie Paul Celan gedichtet hat.

Dr. Andreas Angerstorfer (Universität Regensburg) hat den Friedhof von 2000–2004 vorbildlich dokumentiert. Die Arbeit kann im Rathaus Fischach eingesehen werden.

Literatur:

Piller, Michael „Die Juden in Fischach" in Jahresberichte des Heimatvereins für den Landkreis Augsburg 1976 (S. 302–367), 1. Teil „Von der Sesshaftmachung bis zum Beginn des 19. Jahrhunderts), 1977 (S. 295–393); 2. Teil „Übergang zur Emanzipation, 1978/79 (S. 256–317); 3. Teil „Von der bürgerlichen Gleichstellung bis zum Dritten Reich")

Römer, Gernot „Der Leidensweg der Juden in Schwaben", 1983, S. 63–67
  „Die Austreibung der Juden aus Schwaben", 1987, S. 208–218
  „Schwäbische Juden", 1990, S. 32–34

Hörtensteiner, Felicitas, Geiger, Xaver, Fischer, Josef
  „Fischach – Erinnerungen", 1994

Der jüdische Friedhof in Fischach

In Oberschönenfeld begegnen sich Vergangenheit und Gegenwart

Wer von Gessertshausen kommend die Straße nach Fischach verläßt, um links ins Schwarzachtal einzubiegen, kann eine überraschende Entdeckung machen. Für einen Moment taucht über dem sanften Hügelland die Spitze eines Kirchturms auf. Wie eine überdimensionale umgedrehte Zwiebel scheint sie einer Fata morgana gleich majestätisch zwischen sattem Wiesengrün und fetten Ackerböden zu liegen. Ein paar hundert Meter weiter entpuppt sich die geheimnisvolle Erscheinung als die Dominante der beeindruckenden Klosteranlage Oberschönenfeld.

*Zisterzienserinnenabtei
und Volkskundemuseum
Oberschönenfeld im Schwarzachtal, im Hintergrund die
Gemeinden Gessertshausen
und Diedorf im Schmuttertal.
Die Baulichkeiten des 18. Jh.
haben sich als geschlossenes
Ensemble erhalten.*

Ein von Mauern umgebenes Geviert im Talgrund. Kein trotziger, gar protziger Komplex, eher ein heimelig anmutender Hort, der Schutz und Geborgenheit verspricht. Und, wie der Besucher sogleich feststellen wird, eine ganze Menge unterhaltsamer wie lehrreicher Abwechslung. Eventmanager, wie man heutzutage Veranstalter und Organisatoren zu nennen pflegt, würden vermutlich von einem „kulturellen Kompetenzzentrum" sprechen.

Die Schwestern-gemeinschaft beim Gebet im Nonnen-chor.

Klosterkirche mit Blick auf die Altäre und auf das Deckenfresko von Joseph Mages (1728–1769).

Um das im 13. Jahrhundert gegründete Zisterzienserinnenkloster scharen sich die barocken Wirtschaftsgebäude mit mächtigen Giebeldächern, umschließen großzügig eine Art Dorfplatz, der in den Sommermonaten zum beliebten Festgelände und zur gefragten Begegnungsstätte für die Menschen aus der ganzen Region geworden ist. Seit die Abtei schrittweise behutsam renoviert wurde und der Bezirk Schwaben in den Achtziger Jahren des letzten Jahrhunderts unter Leitung des damaligen Bezirksheimatpflegers Dr. Hans Frei hier ein Schwäbisches Volkskundemuseum eingerichtet hat, ist Oberschönenfeld beliebtes und begehrtes Ausflugsziel ebenso wie anspruchsvoller kultureller und religiöser Anziehungspunkt für jährlich Zehntausende von Besuchern.

Nicht nur aus der nahen Großstadt Augsburg, sondern aus ganz Schwaben und weit darüber hinaus kommen die Menschen hierher, wo wie kaum sonstwo in der Region Kirche und Kunst, Kultur und Küche gemeinsam zu geistiger und gastlicher Einkehr laden, frei nach der alten schwäbischen Volksweisheit, daß eine zünftige Brotzeit nach dem Kirchgang Leib und Seele zusammenhält.

Das ist das Schöne an Oberschönenfeld: Dieses vertraute Nebeneinader derer, die Stille und Besinnung in der Klosterkirche suchen oder Erholung beim Wandern im Naturparadies der angren-

zenden Westlichen Wälder finden, und der anderen, denen eine attraktive Museums- und Ausstellungslandschaft vielfältige Abwechslung und neue Anregungen vermittelt. So trifft man sich in Oberschönenfeld. Kommt zum Sonntagsgottesdienst in der barocken Klosterkirche und zu sommerlichen Festen oder auch nur zum begehrten Brotkauf in die Klosterbäckerei. Da werden die krustigen Vierpfünder noch ofenwarm von der Meisterin im Ordenskleid über den Ladentisch

gereicht. Der Familienausflug in die ausgedehnte Waldlandschaft beginnt am strohgedeckten „Staudenhaus", das vor Jahren noch in Döpshofen stand, bevor es hierher umgesetzt wurde; und er klingt aus für die Kinder auf dem ausgedehnten Spielplatz, für die Eltern im Biergarten vom Klosterstüble unter den schattigen Kastanienbäumen.

Man trifft sich mit Freunden und begegnet Gleichgesinnten. Sucht Vertrautes und Bekann-

Kirche und Konventbau von Oberschönenfeld, 1718–1729 errichtet nach Plänen des Architekten Franz Beer von Blaichten.

tes in den Dauerausstellungen im ehemaligen Ochsen- und Pferdestall, begegnet sozusagen seiner eigenen Vergangenheit, nämlich der Geschichte der Eltern und Großeltern. Einer Zeit, von der wir lange angenommen haben, es sei die „gute alte" gewesen. In Wirklichkeit zeigt sie sich den Menschen hier als eine Zeit der bescheidenen Ansprüche, des schmerzlichen Verzichts und schwieriger Lebensbedingungen ohne all die heute als so selbstverständlich geltenden

Errungenschaften technischen Fortschritts. Vielleicht ist das auch einer der Gründe für die fast beispiellose Erfolgsgeschichte von Oberschönenfeld: Mit dem Gefühl der Geborgenheit in einer vergleichsweise überaus bequemen und sicheren Existenz gerät die so anschaulich dokumentierte Erinnerung ans dürftige Dasein der Vorgängergenerationen für den Besucher zum vergnüglich-nachdenklichen Blick durchs Schlüsselloch in eine längst vergangene und leider oft

In den Ökonomiegebäuden des Klosters ist mit der Trägerschaft des Bezirks Schwaben in den letzten 20 Jahren das Schwäbische Volkskundemuseum eingerichtet worden. Es zeigt mit aussagekräftigen Exponaten und didaktischen Erläuterungen die

Alltagsgeschichte des 19. und 20. Jh. mit den Themen Wohnen und Arbeiten auf dem Dorf, Bräuche im Jahreslauf, Feste im Lebenslauf. Sonderausstellungen ergänzen das Angebot. Links unten: Barockes Kontrollzifferblatt der Turmuhr mit Ordenspatronen und Äbtissinenwappen.

schon vergessene Nostalgie-Welt. Im Erdgeschoß ist der Platz für die Vertiefung der Erinnerungen an die Vergangenheit. Hier sind die Räume für wechselnde Sonderausstellungen, in denen vor allem in den Anfangsjahren, heute leider nur noch seltener und in verschlankter Form ausgewählte kultur- und zeitgeschichtliche Besonderheiten der Region thematisch aufgegriffen und an Hand überlieferter Dokumente und Sammelobjekte systematisch und anschaulich präsentiert wurden.

Dabei reichte die Auswahl, jeweils den Jahreszeiten oder heimatlichem Brauchtum angepaßt, von Weihnachtskrippen bis zu Ostereiern und von Rosenkränzen bis zu altem Spielzeug, zu Kaufläden und Puppenküchen oder Zinnfiguren. Ein Blick ins Gästebuch genügt, die Begeisterung der Besucher und ihr Bedürfnis zu erahnen, mehr über die Vergangenheit und die gewachsene Kul-

Im Brotladen bieten die Zisterzienserinnen das berühmte selbstgebackene Klosterbrot an.
Das Klosterstüble und der Biergarten laden Ausflügler und Museumsbesucher zu Rast und Erholung ein.

Der Museumshof mit Bäumen, Wiesen und Klostergarten bietet den idealen Rahmen für ein vielseitiges Begleitprogramm mit Festen, Musikdarbietungen, handwerklichen Arbeiten, Vorträgen und Führungen das ganze Jahr über.

tur der vertrauten Region zu erfahren. Oberschönenfeld ist für viele Menschen ein weit aufgeschlagenes Bilderbuch ihrer eigenen und der Geschichte ihrer schwäbischen Heimat geworden.

Im schräg gegenüberliegenden Naturpark-Haus, in dem früher die stattliche Rinderherde des Klostergutes ihr Zuhause hatte, präsentieren Museumspädagogen die Fauna und Flora des Naturparks Augsburg Westliche Wälder im Kleinformat, zeigen ebenso anschaulich und übersichtlich, was da kreucht und fleucht, was im heimischen Wald und auf heimischer Flur wächst und gedeiht. Regelmäßig führen Schulausflüge die Buben und Mädchen aus Stadt und Land zu einem Stück lebendigen Heimatkundeunterricht nach Oberschönenfeld, wo sie die Entstehungsgeschichte der Heimat kennen- und Natur im wahrsten Sinne des Wortes spielerisch „begreifen" und „be-

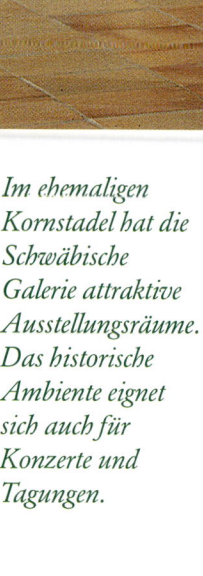

schnuppern" lernen. Eine willkommene Gelegenheit übrigens auch für interessierte Erwachsene, versäumte Lektionen der eigenen Schulzeit auf lehrreiche aber nicht belehrende Weise nachzuholen. Im nahen Museumsgarten, wo heimische Heilkräuter, Gewürz- und Zierpflanzen wachsen, und auf den Naturlehrpfaden im nahen Waldgebiet läßt sich die Thematik „Mensch und Natur" auf ideale und praktische Weise fortführen und ergänzen. Im ehemaligen Schafstall, der das Geviert der stattlichen Wirtschaftsgebäude mit den

typischen schwäbischen Giebeldächern gegen Osten abschirmt, sind eine Vielzahl bäuerlicher Arbeitsgeräte und Maschinen zu finden, mit denen die Bauern ihre Felder bestellt, bearbeitet, die Ernte eingebracht und versorgt haben, bevor in der Mitte des letzten Jahrhunderts im vollen Umfang die Mechanisierung und Technisierung in der Landwirtschaft einsetzte und in einer nur mit der Industruialisierung vergleichbaren Entwicklung die bis dahin übliche Handarbeit auf dem Bauernhof ablöste. Der alte Kornstadel, der das

Im ehemaligen Kornstadel hat die Schwäbische Galerie attraktive Ausstellungsräume. Das historische Ambiente eignet sich auch für Konzerte und Tagungen.

Einzelausstellung des Augsburger Malers Harry Meyer, im Sommer 2006, mit den Themenkreisen Mensch und Natur.

Areal nach Norden hin abschließt und als vorerst letztes Objekt der großzügigen Museumsanlage restauriert wurde, ist unter der zielgerichteten Museumsleitung von Hans Frei zum Mittelpunkt des kulturellen und gesellschaftlichen Lebens in Oberschönenfeld geworden. Hier ist der Raum, der bei offiziellen Anlässen wie Ausstellungseröffnungen, Vorträgen und Konzerten den stimmungsvollen festlichen Rahmen bildet, in dem gewissermaßen der Herzschlag von Oberschönenfeld zu spüren ist. So ist das Volkskundemuseum im Schatten des Klosters und im Einzugsgebiet einer großen Stadt das ganze Jahr über ein beliebtes und lohnendes Ausflugsziel, eine lebendige Erlebniswelt und ein anschauliches Beispiel für einen funktionierenden und florierenden Lebensraum. Oberschönenfeld weckt Bewußtsein und Erinnerungen, hinterläßt bleibende Eindrücke und regt zum Nachdenken an. Das war es, was seine Gründerväter im letzten Jahrzehnt des vergangenen Jahrhunderts gewollt haben. Nicht mehr, aber auch nicht weniger.

AUF DEN SPUREN DER MOZARTS IN DIE STAUDEN

Mozartbegeisterte Musiker und Musikfreunde haben sich oft und unter vielfältigen Aspekten mit der Frage auseinandergesetzt, wo die elementaren Keime für das Musikgenie Amadé liegen. Dabei spielte die hohe Wertschätzung seiner Kreativität ebenso eine Rolle wie die Würdigung familiärer Gene und sozialräumlicher Herkunft der Familie Mozart. Persönliche sozialpsychologische Horizonte wurden ebenso beleuchtet wie umfangreiche Reiseerfahrungen und Kontakterlebnisse durchforscht sowie musikalische Strömungen der Zeit diskutiert. Einen hohen Stellenwert nehmen dabei Schwaben, die Stadt Augsburg und deren Umland ein. Hier lassen sich die Wurzeln des genialen Komponisten über Jahrhunderte zurückverfolgen und anhand der Familienchronik kann man den Weg von den kleinbäuerlichen Seldnern aus den Stauden zu tüchtigen Handwerkern und angesehenen Künstlern in der freien Reichsstadt Augsburg nachvollziehen. Dem „Schwäbischen Mozartwinkel" kommt dabei eine besondere Bedeutung zu.

Die Pfarrkirche St. Adelgundis von Anhausen
errichtete der Augsburger Barockbaumeister
Hans Georg Mozart (1647–1719),
ein Urgroßonkel von Wolfgang Amadeus Mozart.
Kulturinstallation der Fachhochschule Augsburg
gefördert von der Regionalentwicklung Stauden (RES)

Die Mozartstadt Augsburg

Wolfgang Amadeus Mozarts Bezüge zu Augsburg sind unübersehbar. Fünf Mal war er selbst in der Stadt (1763, 1766, 1777, 1781, 1790). Hier vertiefte er Geschäftskontakte und pflegte Familienbande. Fünf Generationen direkter Mozart-Vorfahren lebten seit 1643 in Augsburg. Hier stand auch die Wiege seines Vaters Leopold (1719–1787). Sein Geburtshaus in der Frauentorstraße ist seit 1937 als Gedenkstätte eingerichtet und dokumentiert in der Neugestaltung die schwäbische Herkunft, das musikalische Wirken des Vaters Leopold und das Werk des 1756 in Salzburg geborenen Sohnes Wolfgang Amadeus. Musikwissenschaftler wie Dr. Ernst Fritz Schmid (1904–1956) und nicht zuletzt der Verkehrsdirektor Dr. Ludwig Wegele haben in mühevoller, intensiver Forschung die Wege verfolgt und die Spuren freigelegt. Josef Mancal hat 38 originale Mozartstätten dokumentiert, zu denen alljährlich Mozartfreunde und Mozartliebhaber aus aller Welt pilgern. Dabei sollte der heutige Stadtteil Pfersee als Zwischenstation bei der Zuwanderung vom Augsburger Land in die ehemalige Freie Reichsstadt nicht übersehen werden (Haus Bürgermeister-Bohl-Str. 14/16). Mit Caroline Jacobine Grau, geb. Mozart (1884–1965) endete die Linie der direkten Mozart-Nachfahren in der Stadt.

Die Leitershofener Mozarts

In Leitershofen, heute Ortsteil des Marktes Stadtbergen, pflegt Max Seitz (geb. 1946) zusammen mit seinem Sohn Tobias (geb. 1978) das Mozartsche Erbe. Wie viele von Mozarts Vorfahren verdient er sein Geld im Baugewerbe und spielt auch Geige. Die Nachfahren von Maria Seitz, geb. Mozart, Tochter des Hans Motzhart (von 1504–1564) können als einzig gesicherte Urahnen von Wolfgang Amadeus Mozart gelten. Die ehemalige, 1897 neugebaute Mozartsölde in der Weidenstraße 1 (Gedenktafel) erinnert an drei Generationen. Allen drei Leitershofener Mozart-Vorfahren gemeinsam ist der Beiname „der Heimberger" in Urkunden und Dokumenten. Er wurde von Mozartforscher E. F. Schmid als Herkunftsname gedeutet und als entscheidender Schritt zur Aufdeckung der Wurzeln der Familie Mozart in den Stauden interpretiert.

In einer Urkunde von 1486 verleiht das Klosters Kaisheim „dem bescheid (e)n Ändris Motzhart dem Jüngeren zu Arnoltzriede unser und unsers gotzhuß gut daselbs gen(enn)t der Haymperg mit aller zugehörung zu dorf und veldt".

Die Wurzeln der Mozarts liegen in den Stauden

Mit dem Aufkommen von Familiennamen im Hochmittelalter finden sich in den Stauden verschiedene Schreibweisen des Familiennamens „Mozart". Ob Motzhart, Mutzhart, Mutzert, Motzard u. ä., allesamt verweisen sie in ihrem Ursprung auf das mittelhochdeutsche Wort für „Morast" oder moorige, dunkle Erde. Andere Namensdeutungen beziehen sich auf „Muothardishoven", das heutige Muttershofen bei Ziemetshausen als Herkunftsort der Mozarts, wo sich allerdings außer einer jungen Gedenk-Linde kein Mozart belegen lässt.

Ganz anders in den Staudendörfern. In mehr als 30 Orten in und um die Stauden taucht der Name Mozart auf, erstmals 1331 im Urkundenbuch des Klosters Oberschönenfeld für ein Anwesen bei Fischach („Heinrich Motzhart"), 1345 ist es dort „der Motzhart", 1440 ein Mozart in Schönebach, 1441 in Aretsried, 1481 wieder in Fischach, usw. Insgesamt sind mehr als 600 Mozarts in den Stauden und deren näherer Umgebung urkundlich nachweisbar. Auffallend ist die Häufung des Familiennamens rund um Fischach, und die öftere Nennung in Verbindung mit dem Kloster Oberschönenfeld.

Der Mozart-Hof in Heimberg

Der Weiler Heimberg am Rande des Schmuttertales (oben) war also die Heimat der bäuerlichen Vorfahren von Wolfgang Amadeus Mozart. Das Anwesen besteht bis heute und ist das Ziel vieler Mozartfreunde.

Hier liegt der Schlüssel für den Mozartforscher E. F. Schmid. Er spürte dem Beinamen der Leitershofener Familie nach, durchforschte Dokumente des kleinen Weilers Heimberg bei Fischach und wurde fündig: Da wird in einer Urkunde vom 13. Februar 1486 des Zisterzienserklosters Kaisheim, das in enger Verbindung mit dem Frauenkloster Oberschönenfeld stand, ein Ändris (Andreas) Motzhart der Jüngere als Söldner auf dem Anwesen „Haymperg" zu Arnolzried (heute Aretsried) bestätigt. Dieses bäuerliche Anwesen, das durch Interpretation als Mozart-Ahnenhaus erschlossen wurde, existiert bis heute in dem idyllisch gelegenen Weiler Heimberg am Rande des Schmuttertales, wenn auch in einem anderen baulichen Erscheinungsbild.

Die Anfänge des Hofes könnten auf einen Meierhof für die ehemalige Burganlage auf dem nahen Buschelberg zurückgehen. Urkundlich erstmals erwähnt wird „Haginberg", so die alte Schreibweise, als Präbende (= Pfründe) des Bistums Augsburg. Später kam Heimberg in den

Besitz des Klosters Kaisheim, wo es bis 1539 verblieb. In der Folge wechselten die Eigentümer. 1895 erwarb die Familie Nachtrub den Hof.

Heute hat die jüngste Generation in dem auf moderne Milchwirtschaft ausgerichteten Betrieb das Sagen. Die Senior-Bäuerin hütet das Gästebuch des „Mozart-Hofes" wie einen Schatz und erklärt Mozart-Freunden aus vielen Ländern die Bedeutung Heimbergs für die Wurzeln der Mozarts und des herausragenden Komponisten Wolfgang Amadeus.

Weitere Mozartstätten in den Stauden

Die schwäbischen Mozarts waren neben der Bewirtschaftung der Selden häufig im Bauhandwerk tätig. Der bekannteste Baumeister war Wolfgang Amadeus' Urgroßonkel Hans Georg Mozart (1647–1719), dessen Zeugnisse als bischöflicher Barock-Baumeister in Augsburg und Umgebung bis heute erhalten sind, so auch in Anhausen. Dort hat er 1708–1716 am Dorfrand und Zugang zum idyllischen Anhauser Tal, dessen grüntöniges Landschaftsbild Gottes Schöpfungskraft in besonderer Weise offenbart, eine herrliche Dorfkirche mit einem typisch schwäbisch-bayerischen Zwiebelturm geschaffen. Dimension, Ausstattung und Gestaltung der Kirche St. Adelgundis bringen den volksfrommen Glauben ebenso zum Ausdruck wie die symbolische Rolle als christliches Orientierungszeichen. Den schönsten Blick auf dieses barocke Bauwerk hat man von den Talwiesen beim südlichen Parkplatz (siehe Seite 108).

Zisterzienserinnenkloster Oberschönenfeld

Seit 1211 wohnen, beten und arbeiten hier Frauen in einer klösterlichen Gemeinschaft. Die beherrschte, ausdrucksstarke Architektur der Baulichkeiten und die wunderbare künstlerische Ausstattung der Kirche dokumentieren den Geist zisterziensischer Ordnung und kontemplativer Lebensführung. Musikpflege spielte im Klosterleben über Jahrhunderte eine wichtige Rolle. Im Archiv ist ein umfangreicher Bestand von 150 Musikhandschriften, hauptsächlich aus der zweiten Hälfte des 18. Jahrhunderts, also aus der Mozart-Zeit vorhanden und belegt das hohe Niveau des Musiklebens. Heute werden die Schwestern im geistlichen Gesang ausgebildet, Konzerte mit auswärtigen Ensembles finden regelmäßig in der Kirche statt. Dabei nehmen die Werke von Wolfgang Amadeus Mozart einen wichtigen Platz ein.

Kloster Oberschönenfeld spielte in der barocken Musikpflege eine wichtige Rolle.

Die Augsburger Philharmoniker zu Gast in der Fischacher Staudenlandhalle zum Auftakt der „Mozartiade" 2006.

Der Mozartweg – Barocke Blickwinkel

1 Augsburg
Mozart: Geburtsort des Vaters
Augsburg–Leitershofen: 6 km

2 Leitershofen
Mozart: Vorfahren in Leitershofen
Leitershofen–Anhausen: 7 km

3 Anhausen
Mozart: Architektur im Barock
Anhausen–Oberschönenfeld: 6 km

4 Oberschönenfeld
Mozart: Leben im Barock
Oberschönenfeld–Fischach: 10 km

5 Fischach
Mozart: Vater Leopold
Fischach–Heimberg: 2 km

6 Heimberg
Mozart: Vorfahren in den Stauden
Heimberg–Augsburg: 25 km

— Schwäbischer Mozartwinkel –
Radwanderweg in den Stauden

Schmutter

Augsburg

Wertach

Auf Rad- und Wanderwegen kann man die Geschichte der Vorfahren von W. A. Mozart erkunden und nachvollziehen.

Ein Mozartdouble begleitet die Gäste.

Schautafeln und eine Mozartsil-houette informieren über die Familie und die Barockzeit.

Der Schwäbische Mozartwinkel

Schon früh haben Mozartfreunde den Begriff „Schwäbischer Mozartwinkel" für die Staudenlandschaft mit den Eckpunkten Anhausen – Oberschönenfeld – Fischach geprägt. Hier kann man Natur und Kultur mit allen Sinnen erleben, die Strahlkraft der Landschaft, die ruhige Atmosphäre und die vielfältigen Angebote der Kultur und Kunst machen diese Gegend zu einem lohnenden, beliebten Ausflugsziel. Ein Konzert in Oberschönenfeld oder die Musik bei einem traditionellen „Hoigarda" im Wirtshaus machen eine Landpartie in den Schwäbischen Mozartwinkel zu einer wahren Lustpartie von der Mozartstadt Augsburg aus.

Touristische Angebote mit Rad- und Wanderwegen, Mozart-Erlebnistage mit Staudenbahn und Kutsche, Mozartcafé, Konzerte und Serenaden und das Programm der „Mozartiade" finden zunehmend Aufmerksamkeit. Es wäre ein wichtiges und lohnendes Unternehmen für die Regio Augsburg, neben den Augsburger, Salzburger und Wiener Mozartangeboten gezielt eine ganzheitlich erlebbare Musiklandschaft in Verbindung mit dem Namen Mozart in den Stauden zu etablieren.

Literatur:

Kluger, Martin: Die Mozarts – Die deutsche Mozartstadt Augsburg und die Mozartstätten in der Region, Augsburg 2005

Mancal, Josef: Die Mozarts in Augsburg und Schwaben, Augsburg 1991

Schmid, Ernst Fritz: Ein schwäbisches Mozartbuch, Augsburg 1998 (2. Auflage)

Volkmann, Hermann: Die schönsten Radtouren rund um Augsburg, Bielefeld 1997

„Mittelschwaben ist ein Land der heiteren, ruhig hingelagerten Dörfer." Diese poetische Aussage des in Mindelheim geborenen Lehrers und Dichters Arthur Maximilian Miller (1901–1992) gilt in besonderer Weise für die Siedlungslandschaft der Stauden, in der sich Dörfer, Weiler und Einödhöfe ziemlich ungezwungen am Rande der breiten Täler, auf flachen Hängen oder auf den Hochflächen ausbreiten können. Entscheidend für ihr Erscheinungsbild ist vor allem die Führung der Wege, die Anordnung der Gebäude, die Verteilung der Gärten und Grünflächen. Jedes Dorf ist im Laufe der Jahrhunderte gewachsen oder geschrumpft und hat Veränderungen im Baubestand und in der Bauweise erfahren.

In dieser Entwicklung spiegeln sich natürliche Grundlagen wie Klima, Boden, Gewässer, ökonomische Gegebenheiten wie Betriebsgröße und Wirtschaftsweise sowie technische und rechtliche Bedingungen bis hin zu den gesetzlich geregelten Bauvorschriften oder den städtisch orientierten Wohnwünschen der letzten Jahrzehnte. Typisch für die bäuerlichen Siedlungen ist noch immer die Einbindung in die Landschaft mit Bäumen, Gärten und Hecken, die den Übergang der Ortschaften zu den Fluren kennzeichnen. Ländliche Siedlung und landschaftlicher Freiraum sollen in wechselseitiger Beziehung stehen, wenn man von „Kulturlandschaft" sprechen will.

Grimoldsried, das Dorf auf dem Höhenrücken zwischen Neufnach und Schweinbach, ist vorbildlich in die Landschaft eingebettet.

DÖRFER
HÄUSER
FLUREN

Dorfbilder und Hausformen

Die vorherrschende Siedlungsform bildet in den Stauden das Straßen- oder Wegedorf mit der ziemlich regelmäßigen Aneinanderreihung der Häuser entlang einer oder mehrerer gerader oder leicht geschwungenen Leitlinien, wobei die Giebel in der Regel zur Straße hin ausgerichtet sind. Gut erkennbar ist die Struktur des Straßendorfes beispielsweise noch in Mickhausen, Wollmetshofen oder Tronetshofen, während vielerorts die Bautätigkeit der letzten Jahre die Grundrisse überformt und verändert hat. Die Grundform der

herangewachsen. Ein Sonderfall ist das planmäßig angelegte Angerdorf mit einem rechteckigen oder ovalen Straßenanger und den beiderseits aufgereihten Anwesen, wie er in Döpshofen oder Immelstetten noch ablesbar ist. Neben den geschlossenen Ortschaften gehören locker bebaute Weiler wie Froschbach, Gumpenweiler, Oberrothan, Traunried und Einödhöfe wie Bucherhof, Laiber oder Schweinbachhof zum charakteristischen Siedlungsbild. Als kleinere Siedlungseinheiten haben sie mit ihren zugehörigen Fluren Platz auf Höhenrücken oder an den oberen Hängen der schmalen Täler gefunden.

Habertsweiler über dem Neufnachtal – mit Heinzen zum Heutrocknen.

Unten: Konradshofen im breiten Muldental der Schmutter.

Doppelreihe zu beiden Seiten einer feuchten Talmulde ist im Neufnach- und Zusamtal verbreitet, z. B. Mittel- und Langenneufnach oder Memmenhausen. Im Werdegang dieser Dörfer lassen sich oft zwei Ortskerne beiderseits der Flüsse ausmachen. Seltener war ursprünglich die Form des Haufen- oder Haufenwegedorfes mit verwinkelter Straßenführung und regelloser Verteilung der Gehöfte wie in Grimoldsried oder Siebnach. Inzwischen sind viele Siedlungen mit den neuen Baugebieten zu ungegliederten Haufendörfern

Ziemetshausen im Zusamtal – historischer Marktort mit der Pfarrkirche St. Peter und Paul am Westrand der Stauden.

Unten: Dorfhandwerker sorgten für Gerät, Geschirr und Mobiliar.

Baulicher Mittelpunkt ist nahezu in allen Dörfern seit Jahrhunderten die Pfarrkirche, zu dem einstmals auch der Pfarrhof gehörte, und in deren Umfeld in jüngerer Zeit das Schulhaus, das Rathaus, manchmal auch das Feuerwehrhaus entstanden sind. Das jeweilige Dorfbild wurde jahrhundertelang vom Baustoffangebot der umgebenden Natur geprägt und von der Größe der bäuerlichen Höfe bestimmt. Die Landwirtschaft war das dominierende Element, von ihr lebte die überwiegende Mehrheit der Bewohner. Es gab wenig große und viele kleine Bauern, dazu kamen für die örtliche Versorgung zahlreiche Handwerker wie Maurer und Zimmerleute, Hafner und Wagner, Schneider und Schuster, Bäcker und Metzger, die ihren Beruf neben einer kleinen Landwirtschaft ausübten und für eine weitgehend unabhängige Wirtschaft tätig waren. In den größeren Dörfern gab es dazu die sog. „Ehaften" wie Schmiede, Wirte, Bierbrauer und Müller.

Das Baumaterial war jahrhundertelang das Holz aus der nächsten Umgebung für die Wände und das Roggenstroh für die Dachhaut. Die traditionellen Konstruktionen der Ständerbohlen- und der Fachwerkbauweise löste im 19. Jahrhundert

die Massivbauweise mit Ziegeln ab, die durch die reichen Lehmvorkommen und die Gewerbefreiheit der Ziegler begünstigt wurde. Ebenso ersetzte man das Strohdach mit feuersicheren Ziegeln. Entsprechend dem Zeitgeschmack wurden die verputzten Fassaden meist weiß gekalkt, selten farbig getüncht. Einfache Zierelemente wie Gesimse oder Putzbänder, vor allem die ausgewogene Verteilung der Fenster mit den grünen Holzläden sorgten für ein abwechslungsreiches Erscheinungsbild der Dörfer.

HANS FREI | 117

In den Staudendörfern gab es wenige große und viele kleine Anwesen. Weit verbreitet war das Bauernhaus mit Wohnteil, Stall und Scheune unter einem Dach – ein typisches Beispiel mit Strohdach ist als Bauernmuseum in Oberschönenfeld eingerichtet. Das stattliche Wohnhaus eines Bauernhofs steht in Reichertshofen.

*Oben: Oberneufnach, Kapelle St. Josef,
mit schindelgedeckter Zwiebelhaube, 18 Jh.*

*Links: Wasserrad an der Zusam –
das fließende Wasser treibt
Mühlen und Maschinen.*

Die Größe und Wirtschaftsweise der Betriebe bestimmte die Gestaltung der Höfe mit einem oder mehreren Gebäuden. Zwei- und mehrfirstige Hofanlagen mit Wohnhaus, Stall und Scheune besaßen die großen Bauern mit 10–30 ha Grund (30–100 Tagwerk) und 10–20 Stück Rindvieh. Vorherrschend war das bescheidene Mehrzweckhaus der Kleinbauern mit Wohnteil, Stall und Scheune unter einem Dach. Dabei hat sich in dem Raum zwischen Wertach und Mindel eine Hausform entwickelt und ziemlich lang erhalten, die man in der Hausforschung als „Staudenhaus" bezeichnet. Ein markantes Beispiel ist in der

noch in zahlreichen Staudendörfern anzutreffen war. Eine Besonderheit dieser Hausformen ist die „einhüftige" Bauweise mit einem Oberstock auf der Sonnenseite und einem weit heruntergezogenen Dach als Wetterschutz auf der Nordseite, so dass der First außerhalb der Mitte liegt.

Die innere Gliederung der „Einfirsthäuser" war einfach und zweckmäßig. Man betritt das Haus auf der Traufseite über den Hausgang, auf der Giebelseite liegen die Stube, die Küche und die Speise. In den oberen Gang führt eine Treppe, über Stube und Küche liegen zwei oder drei

Immelstetten im Zusamtal – flachgeneigte Westhänge eignen sich gut für die Landwirtschaft.

Nachbarschaft des Klosters Oberschönenfeld am Ufer der Schwarzach als Bauernmuseum zugänglich. Das Gebäude stand ursprünglich in ähnlicher topografischer Situation im benachbarten Dorf Döpshofen und wurde im Rahmen einer Rettungsaktion versetzt. Neben der Bauweise mit einem massiven Erdgeschoss und einem offenen Fachwerk im Obergeschoss sind die verbretterten Giebel und das steil geneigte Strohdach wichtige Merkmale dieses alten Haustyps, der in Mittel- und Nordschwaben weit verbreitet und bis 1970

Oberneufnach – Bauernhaus mit einem markanten Gesimsgiebel, 18. Jh.

*Immelstetten –
Pfarrkirche
St. Vitus, Pfarr-
haus und ehema-
liges Schulhaus
(links im Bild)
bilden ein seltenes
dörfliches Ensemble.*

Schlafkammern. Auf der anderen Seite des Haus-gangs folgen der Stall, die Tenne und die Lager-räume für das Heu als Winterfutter und das Ge-treide. Die Verarbeitung der Ernte mit dem Dreschflegel unter dem Dach erforderte eine Ten-nenhöhe von mindestens 3 m, damit der Flegel frei nach oben schwingen konnte. Der Besitz mit 3 – 10 ha (10 – 30 Tagwerk) Grund und Boden er-laubte nur einen Viehstand mit zwei oder drei Rindern, einigen Schweinen und Federvieh. Da diese Ernährungsbasis für die ganze Familie nicht ausreichte, waren die Besitzer solcher „Sölden" auf Nebenerwerb als Taglöhner, Waldarbeiter oder im Heimgewerbe als Weber angewiesen. In Notzeiten mussten sie ihre Kinder zum Betteln schicken. Klein- und Kleinstbauern machten in vielen Staudendörfern die Mehrheit der Anwesen aus, die durch das Bevölkerungswachstum im 17. und 18. Jahrhundert mit Hofteilung und Bebau-ung kleinster Grundstücke erheblich zunahmen. So verdoppelte sich beispielsweise die Häuserzahl in Klimmach, Mickhausen, Straßberg und Wald-berg in dieser Zeit um das Mehrfache.

*Häuser und Höfe,
mit Bäumen
und Gehölzen in
die Landschaft
eingebettet
(Erkhausen und
Habertsweiler).*

Scherstetten –
Werdegang eines typischen Staudendorfes

Die Anfänge sind unsicher. Der Ortsname spricht für eine frühmittelalterliche Rodesiedlung an einer Durchgangsstraße zwischen Schwabmünchen, Münster und Ziemetshausen. Der Ortskern liegt auf einer hochwassersicheren Terrasse westlich der Schmutter, die Häuser scharen sich rund um die Pfarrkirche St. Peter und Paul.

Im 13. Jahrhundert ist ein Dienstmannen-Geschlecht des Hochstiftes Augsburg nachgewiesen. Sitz der Ritter war bis 1370 eine kleine Burg auf einem Turmhügel 50 m über dem Schmuttertal. Auf der kegelförmigen Erhebung mit umlaufendem Halsgraben steht seit einigen Jahrzehnten ein neues Wohngebäude. 1259 erwirbt das Heilig-Geist-Spital in Augsburg von Ritter Berthold von Scherstetten dessen Güter. Weitere Anwesen kauft das Spital im Laufe der folgenden Jahrhunderte. Als zweiter Grundherr ist die Herrschaft Schwabegg begütert, die durch Güterteilungen und Rodung die Zahl der Anwesen vermehrt und ihre rechtliche Stellung verstärkt. Um die Landesherrschaft streiten sich jahrhundertelang die Markgrafschaft Burgau, die für den Besitz der Hospitalstiftung der Stadt Augsburg zuständig war und das Kurfürstentum Bayern, zu dem die Grafschaft Schwabegg gehörte.

Aus Ortsplänen und -beschreibungen lässt sich die Siedlungsentwicklung vom 15. Jahrhundert bis zum heutigen Stand gut verfolgen. Um 1500 zählte man (ohne Erkhausen) 20 Anwesen, überwiegend Kleinbauern (Sölden). Deren Zahl nahm im 16. und 17. Jahrhundert deutlich zu, vor allem die Herrschaft Schwabegg betrieb zur Stärkung ihres Einflusses eine expansive Siedlungspolitik. Um 1000, vor der Auflösung der alten Herrschaftsstrukturen, gab es in Scherstetten (ohne Erkhau

sen und Einzelhöfe) neben dem Pfarrhof und dem Maierhof drei Viertelhöfe, 32 Sölden, zwei Halbsölden und zwei Leerhäuser (Haus ohne Grundbesitz). Viele Hausnamen weisen auf Berufe der Kleinbauern hin: beim Angerschuster, beim Bader, beim Schäffler, beim Schneider, beim Wanger.

Eine wichtige Quelle für das Wirtschaftsleben des 18. Jahrhunderts ist die Beschreibung des Obristwachtmeisters Johann Lambert Kolleffel, die er um 1750 für sämtliche Orte und Weiler in der Markgrafschaft Burgau fertigte: *„Ein Dorff von 22 Feuerstätten, welches halben Theils dem Hospithal zum Hl. Geist und halb der Herrschafft Schwabeck zugethan, hat ziml großen und guten Feldbau, Wießwachs und Viehzucht, Stein- und Kern-Obst, auch aigene Waldung, und bauen als spinnen die Bauern viel Flachs... Die Preystatt allhier gehöret dem Hospithal...“*

In Scherstetten haben sich einige typische Bauten der historischen Dorfstruktur erhalten.

In den folgenden 150 Jahren vergrößerte sich der Ort stärker als in den 300 Jahren zuvor. Die Anzahl der Häuser wuchs auf mehr als 100 an, nicht zuletzt durch Hofteilung und innere Verdichtung. Umgrenzt von zwei parallelen Straßen entstand ein doppelzeiliges Straßendorf mit Schule, zwei Wirtshäusern, zwei Läden, einer Molkerei und zahlreichen Handwerksbetrieben. Ein rasanter Wandel vollzog sich in den letzten Jahrzehnten. Die Zahl der Häuser nahm noch einmal um das Doppelte zu. Dabei handelte es sich vorwiegend um Wohngebäude in den randlichen Neu-

baugebieten, so dass allmählich der Charakter eines Haufendorfes entstand. Gleichzeitig mit der baulichen Entwicklung verändert sich die Bevölkerungsstruktur. Am Erscheinungsbild und an der Nutzung der einzelnen Gebäude lässt sich der Wandel vom Bauerndorf zur Pendlergemeinde deutlich ablesen. Es gibt in Scherstetten, abgesehen von den Einzelhöfen und Weilern, heute nur noch zwei Vollerwerbsbetriebe und vier Nebenerwerbslandwirte, Milchvieh halten nur noch zwei innerörtliche Anwesen. Die kleinen Besitzgrößen, die wenig ertragreichen Böden und vor allem die Nähe zu industriellen Arbeitsplätzen waren die Gründe für den starken Rückgang der Landwirtschaft. Das Handwerk ist mit Ausnahme von zwei Schreinereien ebenfalls verschwunden. Die Läden haben längst geschlossen. Die 1806 gegründete zweiklassige Schule bestand bis 1974 und ist seitdem nach Schwabmünchen verlegt. Die Pfarrei wird von Hiltenfingen aus vikariert. Glücklicherweise gibt es noch einen Bürgermeister, die selbständige Gemeinde gehört mit den Ortsteilen Erkhausen, Konradshofen, drei Weilern und Einzelhöfen zur Verwaltungsgemeinschaft Stauden mit Sitz in Langenneufnach. Aktive Vereine (Musik, Theater, Schützen) sorgen für ein lebendiges Kulturleben durch das ganze Jahr.

Flurformen und Bodennutzung

Prägend für das Bild der Kulturlandschaft war und ist noch immer die Flur, die gesamte Wirtschaftsfläche des Dorfes. Sie war bis zur Mitte des 19. Jahrhunderts streng aufgeteilt in Acker, Wiesenland und Brache. Die Nutzung richtete sich nach den naturräumlichen Gegebenheiten, z. B. Wiesen in den feuchten Talauen, Äcker auf den hochwassersicheren Hängen, Weideland oder Wald an steilen Hangpartien. Gelegentlich legte man an den Steilhängen Terrassen für den Feldbau an, solche Stufenäcker sind in manchen Staudengemeinden, z. B. bei Döpshofen und Walkertshofen, als Relikte der früheren Wirtschaftsweise reizvolle Elemente in der heutigen Kulturlandschaft. Über die unterschiedliche Qualität der bewirtschafteten Flächen geben die Beschreibungen von Johann Lambert Kolleffel für die Zeit um 1750 interessante Auskünfte. Insgesamt wird der Feldbau in den Stauden schlecht beurteilt. So heißt es von Langenneufnach: *„Der Feldbau ist zwar groß, aber an einigen Plätzen so schlecht, dass die Bauern von selbigen Feldern kaum die Saath wider erlangen, auch mangelt es ihnen an Wießwachs und Viehzucht ..."* Von Waldberg wird berichtet: *„Die Bauern allda haben weder guten Feldbau, Wießwachs und Viehzucht, hingegen eigene Waldung, woraus sie das Holz nach Augsburg verkaufen."* Der Wald bildete für die Staudendörfer eine wirtschaftliche Ergänzung und er diente bis 1800 vielerorts sogar als Weide, da die Erträge der einmähdigen Wiesen sehr bescheiden waren. Häufig gab es Klagen und Streitigkeiten über die vom Vieh angerichteten Schäden. Jedes Dorf verfügte über gemeinschaftlichen Besitz, die Allmende. Dazu gehörten Weiden, Wald und Wasser.

Kulturlandschaft mit historischer Prägung im Neufnachtal: Langenneufnach (unten), Walkertshofen (Mitte), bei Habertsweiler (rechts).

80 März 08

http://www.hanke4you.de/images/ww20020509/Karte.gif

März 08

Die Gliederung und innere Aufteilung der Fluren haben sich im Laufe der Dorfentwicklung immer wieder verändert, z. B. durch Erbteilung, Rodung oder Ausweitung des Ackerlandes, um die wachsende Bevölkerung zu ernähren. Die Flurformen aus langen und kurzen, breiten und schmalen Streifen oder kleinen und großen Blöcken sind in der Regel das Ergebnis einer langen Entwicklung, bei der Eigentumsrechte, Nutzungsart und Erbsitte ebenso eine Rolle spielten wie Geländeformen und Bodenbedingungen. Im Überblick lassen sich in den Stauden zwei grundverschiedene Flureinteilungen unterscheiden. Wo Hof und Flur eine in sich geschlossene Einheit bilden, spricht man von Einödflur. Wenn der Besitz der einzelnen Betriebe parzelliert und auf mehrere Standorte verteilt ist, handelt es sich um eine Gemengeflur. Befinden sich mehrere blockförmige Besitzeinheiten in enger Nachbarschaft des Betriebes, so gilt die Bezeichnung Kleinblockflur, die in den Stauden wie im voralpinen Hügelland ziemlich verbreitet ist. Den Gegensatz bildet die Gewannflur, die sich aus mehreren Komplexen gleichlaufender Ackerparzellen der einzelnen Bauern zusammensetzt. Jede Parzelle besteht aus Streifen von 20–60 m Breite und 300–400 m Länge. 15–20 parallel verlaufende Ackerstreifen bilden ein sog. Gewann. Da sich der Besitz jedes Bauern auf die einzelnen Gewanne verteilte, ergab sich eine starke Besitzzersplitterung und Kleingliederung der Flur. In manchen Gemarkungen der Staudendörfer lag die durchschnittliche Flurstücksgröße vor der Neuordnung und Zusammenlegung zwischen 0,3 bis 0,5 ha (1–2 Tagwerk), so dass ein mittelgroßer Betrieb 15–20 Parzellen in verstreuter Lage bewirtschaften musste.

Zur Gewannflur des Ackerlandes gehörte jahrhundertelang die Dreifelderwirtschaft. Dabei wurden die Äcker eines Gewannes in einem dreijährigen Turnus mit Winterfrucht (Weizen, Roggen), im nächsten Jahr mit Sommerfrucht (Hafer, Gerste) bebaut. Im dritten Jahr lagen sie brach und gehörten zur Gemeindeweide. Ab 1800 setzte sich allmählich die verbesserte Dreifelderwirtschaft mit Hackfrüchten (Kartoffel, Rüben) oder mit Futterpflanzen (Klee, Luzerne) auf dem Brachfeld durch. Üblich war in den Stauden wie im übrigen schwäbischem Gebiet eine gemischte Wirtschaft, d. h. Ackerbau und Viehhaltung wurden in enger räumlicher Mischung betrieben. Jeder produzierte alles, was man für die Familie im Rahmen der Selbstversorgung brauchte. In den Stauden war auch der Dinkel weit verbreitet, der als Brotfrucht der kleinen und auf ungünstigen Böden wirtschaftenden Bauern naturbedingt angebaut wurde. Um 1850 machte der Dinkel fast 50 % des Brotgetreides aus. Hackfrüchte und Futterpflanzen waren insbesondere für eine ertragreiche Viehhaltung notwendig, die im Laufe des 19. Jahrhunderts durch Züchtung neuer Rinderrassen stark zunahm. Die Ausbringung des Stalldüngers und der Einsatz des künstlichen Düngers verbesserten nach und nach die Ernteerträge.

Eine wichtige Rolle spielte in vielen Staudendörfern bis zum Beginn des 20. Jahrhunderts der Anbau von Flachs, der von den Frauen zu Fasern und Fäden versponnen und am Webstuhl zu Leinen verarbeitet wurde. Diese Tätigkeit bildete im Winter den wichtigsten Verdienst für Söldner und Leerhäusler. Die Leinwand wurde über Händler meist nach Augsburg verkauft. Sie war für manche Familie die Haupteinnahmequelle. Obwohl die Hausweberei im Rahmen der Industrialisierung und der Einführung des mechanischen Webstuhls auch in den Stauden zurückging, wurde sie in manchen Orten noch bis um 1930 betrieben. Ölmühlen zur Verarbeitung der Flachssamen gab es in mehreren Ortschaften.

Dörfer und Fluren im Wandel

Seit mehr als 100 Jahren befinden sich die traditionellen Siedlungsformen, die historischen Flureinteilungen und die herkömmlichen Bodennutzungen in starker Veränderung. Im Staudengebiet vollzog sich der Strukturwandel im Rahmen der ökonomischen und sozialen Entwicklung langsamer aber nicht weniger nachhaltig als in anderen Landesteilen. Dabei lassen sich zwei Abschnitte deutlich unterscheiden. Die erste Stufe betrifft den Zeitraum von 1880 bis zum Ende des Zweiten Weltkrieges. Mit der Industrialisierung in den Städten wanderten viele Arbeitskräfte aus der Landwirtschaft ab, die Einwohnerzahl der Gemeinden ging zurück, das Heimgewerbe und zahlreiche Handwerker verschwanden aus dem wirtschaftlichen Dorfleben. Ausnahmen bildeten die Randgemeinden der Staudenlandschaft wie Anhausen, Margertshausen oder Schwabegg mit günstigen Straßenverbindungen zu den Gewerbezentren sowie die Dörfer entlang der Staudenbahn im Neufnachtal.

Die zwischen 1910 und 1912 ausgebaute Eisenbahnlinie verband die Stauden durchgängig mit Augsburg und Türkheim, von dort hatte man Anschluss an die überregionalen Verbindungen. Jetzt siedelten sich auch kleine und mittlere Gewerbebetriebe in den Stauden an, verschiedene Branchen in Fischach, eine Möbelfabrik in Walkertshofen, eine mechanische Weberei in Langenneufnach, eine größere Brauerei in Mickhausen, ein Sägewerk in Oberneufnach. Mit der Eisenbahn konnten die Pendler in die Fabriken nach Augsburg fahren, täglich verkehrten fünf Züge in beide Richtungen. Fischach war der erste Ort mit Elektrizitätsversorgung und Wasserleitung.

In der Zeit zwischen den beiden Weltkriegen herrschte fast überall Stagnation. Nach 1945 brachte der Zustrom von Heimatvertriebenen einen erheblichen Bevölkerungszuwachs, in zahlreichen Gemeinden sogar mehr als 50 %, z. B. in Mickhausen oder Wollmetshofen. Insgesamt stieg die Einwohnerzahl der Stauden um etwa 30 % in kürzester Zeit an. Im ersten Nachkriegsjahrzehnt wanderte ein Teil der Heimatvertriebenen in die Gewerbe- und Industrieorte ab. Erst seit 1950 ließ sich in zahlreichen Orten wieder eine Zunahme verzeichnen, vor allem in den Randgemeinden mit günstigen Verbindungen zu den nachbarlichen Wirtschaftszentren. Die größten Orte haben sich deshalb am Rande der Stauden und im Neufnachtal entwickelt.

Parallel dazu ergab sich ein deutlicher Wandel in der Erwerbstätigkeit der Bevölkerung. Während 1950 nahezu in allen Staudenorten die Beschäftigten in der Land- und Forstwirtschaft einen Anteil von mehr als der Hälfte ausmachte, nahm dieser Prozentsatz in größeren Gemeinden rasch, in den kleineren langsam ab. Der technische Fortschritt, vor allem der Einsatz des Schleppers und des Elektromotors erleichterten die Arbeit und reduzierten die landwirtschaftlichen Arbeitskräfte. Gleichzeitig wuchs die Viehhaltung deutlich an. Waren um 1900 im Durchschnitt nur drei bis vier Rinder auf einem kleinen Bauernhof, so

Traditionelle Siedlungsformen: Weiler (Habertsweiler), Angerdorf (Döpshofen), Straßendorf mit zwei Zeilen (Langenneufnach)

Siedlungsformen sind die „Urkunden" für die Dorfentwicklung im Laufe der Jahrhunderte. Typische Ortsgrundrisse mit linien- oder flächenhafter Bebauung haben sich in manchen Dörfern trotz reger Neubautätigkeit erhalten. Einen starken Wandel erlebte die historische Flureinteilung.

Mittelneufnach: der Ortskern westlich der Neufnach hat sich zu einem Haufendorf entwickelt.

nahm die Zahl der Rinder und die Haltung von Schweinen in Abhängigkeit von der Betriebsgröße ständig zu. Dabei spielte auch die Züchtung neuer Tierrassen und Getreidesorten eine wichtige Rolle. So verdoppelte sich die Zahl der Milchkühe beispielsweise in Eppishausen, Konradshofen, Scherstetten, Anhofen und Mittelneufnach von 1900 bis 1960, ebenso steigerte sich die Milchleistung.

Der Pferdebestand und die Schafhaltung gingen dafür stark zurück. Im Zuge dieser Veränderung nahm der Anteil des Grünlandes und der Anbau von Futterpflanzen bis hin zum Grünmais ständig zu. Die Kartoffel, die seit 1800 neben dem Getreide das wichtigste Grundnahrungsmittel war, nahm hingegen stark ab. Seit Aufhebung des Flurzwangs und mit dem Ausbau der Feldwege setzte sich die Fruchtwechselwirtschaft durch, bei der jeder Bauer anbauen kann, was er selber braucht oder verkaufen kann. Dabei spielen natürlich die subventionierten Fruchtfolgen der EU eine wichtige Rolle. Zur rentablen Bewirtschaftung entstanden im Rahmen der Flurbereinigung zahlreiche Aussiedlerhöfe inmitten des arrondierten Besitzes, sie bilden ähnlich wie die

Einödhöfe neue sichtbare Elemente in der Kulturlandschaft.

Das Gewicht der Wirtschaftsbereiche änderte sich allmählich zugunsten des produzierenden Gewerbes und der Dienstleistungen, vor allem in den größeren Orten wie Fischach, Langenneufnach, Markt Wald und Mittelneufnach. In vielen Gemeinden machen die Auspendler mehr als 50 % der Erwerbstätigen aus, zu typischen Pendlergemeinden haben sich nach den Randorten inzwischen nahezu alle Staudenorte entwickelt. Ihre Ziele sind in erster Linie der Wirtschaftsraum Augsburg und die Nachbarstädte Bobingen, Schwabmünchen, Mindelheim, Türkheim, Thannhausen. Einpendlerzentrum innerhalb der Stauden ist eigentlich nur der Markt Fischach. Im Ortsteil Aretsried hat die Firma Müller-Milch als bedeutender Arbeitgeber ihren Sitz. Wichtige Gewerbe- und Dienstleistungsstandorte sind auch Langenneufnach und Markt Wald.

Günstig auf die Pendelwanderung hat sich im Zuge der Motorisierung auch der Ausbau der Straßen ausgewirkt. Nach der Stilllegung der Staudenbahn (1991) ist der Busverkehr und die Benützung des PkW die einzige Möglichkeit, zu außerhalb liegenden Arbeitsplätzen zu kommen. Neben den wenigen Staatsstraßen, die das Staudengebiet berühren, spielen dabei die Kreisstraßen eine wichtige Rolle. Mit der Verbindungsstraße von Bobingen über Straßberg nach Mickhausen wurde auch das Kerngebiet der Stauden an den Industriebereich angeschlossen. In den letzten Jahren lief der Ausbau der Ortsverbindungsstraßen auf vollen Touren. Seitdem sind sogar die einstmals versteckten Dörfer oder Weiler wie Itzlishofen oder Hellersberg ganzjährig gut erreichbar. Viele bevorzugen das eigene Auto, da Buslinien nur selten verkehren.

Die Veränderungen im Wirtschaftsleben und die Neuerungen im Verkehrsbereich haben sich in der Siedlungsentwicklung und im Orts- und Landschaftsbild erheblich ausgewirkt. In vielen Orten hat der Häuserbestand deutlich zugenommen, dabei fanden längst neue Bauformen und ortsfremde Baustoffe Eingang in das Dorfbild. Fabrikähnliche Stallungen und Maschinenhallen entstanden zwischen den Höfen. Auf die Gemischtwarenläden und die Dorfwirtshäuser war man nicht mehr angewiesen. Viele Dörfer haben längst keinen Pfarrer und keine Schule mehr, oft haben sie ihre Selbständigkeit im Rahmen der Gebietsreform verloren.

*Die Erhaltung einer intakten Kulturlandschaft ist nur durch die bäuerliche
Landnutzung mit Ackerbau, Viehhaltung, Mäh- und Streuobstwiesen möglich.
Oben: Mickhausen, Rielhofen, Konradshofen
Unten: bei Reichertshofen, Walkertshofen, bei Gumpenweiler*

Probleme und Ziele ländlicher Entwicklung

Ein Hauptproblem ist neben den Verlusten an Infrastruktur der rasante Rückgang der landwirtschaftlichen Betriebe im letzten Jahrzehnt. Aus der Tatsache, dass es in manchen Dörfern nur noch fünf oder sechs Bauern im Haupterwerb gibt, kann man sich den Wandel im Dorfbild und die Folgen für die Landschaftsgestaltung vorstellen. Die geringe Flächenausstattung der meisten Betriebe, ungünstige Standortverhältnisse und vor allem die starke Besitzzersplitterung sind neben dem ökonomischen und gesellschaftlichen Wandel verantwortlich für diese Entwicklung. Ebenfalls ungünstig ist die Altersstruktur der Betriebsinhaber, so dass mit dem Generationswechsel oft Veränderungen einhergehen. Ein Folgeproblem bilden mittlerweile die leerstehenden Gebäude in den Ortskernen, die zunehmend verfallen oder mit städtisch geprägter Wohnnutzung überformt werden. Dabei besteht die Gefahr, dass die Siedlungen ihre charakteristische Prägung verlieren.

Um so notwendiger sind neben nachhaltigen Förderprogrammen ganzheitliche Entwicklungskonzepte, die mit den Belangen der Landwirtschaft auch die Bedürfnisse für Wohnen und Gewerbe im ländlichen Raum verbinden und Rücksicht nehmen auf Naturschutz, Dorfbildpflege und kulturelles Leben. Die verantwortlichen Behörden und die beteiligten Landbesitzer sind bemüht, einen Ausgleich zwischen den ökologischen Anforderungen und der Funktionsfähigkeit der Landschaft zu finden. Dazu gehören auch Regelungen für den ökologischen Landbau und die Landschaftspflege. In keiner schwäbischen Gegend gibt es zur Zeit so viele Verfahren für Bodenordnung, Wegebau, Hochwasserschutz und Dorferneuerung wie in den Stauden. Dabei wird besonderer Wert auf die Anpassung an das hügelige Gelände gelegt. Bei der Ausweisung der Baugebiete sind ebenfalls die naturräumlichen und topografischen Gegebenheiten zu berücksichtigen. Bei der Aufstellung des Wege- und Gewässerplanes werden gezielt die Kleinstrukturen wie Ackerterrassen, Baumgruppen, Gehölze und Hohlwege erhalten. Neue Pflanzungen mit Streuobstwiesen und Hecken bereichern das Landschaftsbild. Eine besondere Bedeutung kommt dem Erhalt der Grünlandnutzung in den Bachtälern und der Wasserrückhaltung durch Anlage von Gräben und Abflussmulden zu. Die Vernetzung ökologisch wertvoller Landschaftsteile ist dabei ein besonderes Anliegen. Das Umlegungsverfahren beim Kloster Oberschönenfeld, das zur

Kulturlandschaft im Wandel: Neubaugebiet in Walkertshofen (oben); verlassener Bauernhof in Langenneufnach; stillgelegte Schmiede in Traunried; Bahnhof in Reichertshofen; Flurbereinigung und sanfter Wegebau in Mittelneufnach; ehemalige Feuchtwiesen bei Dietkirch im Schmuttertal.

Sicherung einer standortgerechten Bodennutzung und zur Wiederherstellung der historisch geprägten Klosterlandschaft wesentlich beigetragen hat, verdient hierbei besondere Erwähnung. Eine hohe Anerkennung erhielt die Flurneuordnung von Mittelneufnach, die mit dem Ziel umgesetzt wurde, die wertvolle Kulturlandschaft zu erhalten und eine wettbewerbsfähige Landbewirtschaftung zu ermöglichen. Die Auszeichnung mit einem Staatspreis begründete die Jury folgendermaßen: *„Mit einer starken Zusammenlegung der Wirtschaftsflächen bei Beachtung des historischen Wegenetzes und dessen gleichzeitigem naturnahen Ausbau, Sicherung der Grünlandnutzung in sensiblen Gewässerbereichen und bewundernswerten ökologischen und kulturhistorischen Beiträgen schufen sie (die Landwirte) die Voraussetzung für sinnvolle einzelbetriebliche Investitionen. Darüber hinaus unterstützen sie die kommunale Planung und die Flächenangebote, um die Strukturen für einen sanften Landtourismus und damit für ein weiteres wirtschaftliches Standbein zu verbessern."*

Die Kulturlandschaft der Stauden ist durch mühevolle bäuerliche Arbeit im Laufe von Jahrhunderten entstanden. Die Landbewirtschaftung im Einklang mit der Natur, die angemessene agrarstrukturelle Förderung und die damit verbundene Erhaltung des attraktiven Landschaftsbildes mit zahlreichen Kleinstrukturen sind wesentliche Aufgaben für die Zukunft. Der regionale Wirtschaftskreislauf, die räumliche Nähe von Arbeit und Wohnen, die Belebung der Staudenbahn sind weitere Ziele, die im Rahmen der Regionalentwicklung Stauden intensiv verfolgt werden. All diese Forderungen könnten in den Stauden hervorragend erfüllt werden und damit ein Leitbild abgeben für die sanfte und umweltverträgliche Nutzung eines Raumes, in dem die Kulturlandschaft weiterhin die Grundlage der ökonomischen Existenz und kulturellen Entfaltung bildet.

Literatur:

Drössler, Dieter: Das Staudengebiet als Siedlungs- und Wirtschaftsraum. Ungedr. Zulassungsarbeit, München 1970.

Ellenberg, Heinz: Bauernhaus und Landschaft aus ökologischer und historischer Sicht, Stuttgart 1990.

Frei, Hans: Landschaft und Siedlung in Schwaben. In: Bauernhäuser in Bayern, Band 7: Schwaben. Hg. von Helmut Gebhard und Hans Frei, München 1999, S. 19–52.

Frei, Hans: Das Dorf zwischen Tradition und Fortschritt in: Für Schwaben. Erforschen, Bewahren, Fortführen. Gesammelte Beiträge zu Landschaft, Geschichte und Kultur in Schwaben. Gessertshausen 1997, S. 191–198.

Magel, Holger und Haury, Siegfried: Dorferneuerung vor neuen Herausforderungen, München 2000.

Neu, Wilhelm: Hauslandschaften in Bayern. In: Zeitschrift der Bayer. Staatsbauverwaltung 7, München 1973.

Pötzl, Walter und Gutmann, Horst: Das Staudenhaus aus Döpshofen. Augsburg 1985.

Volkmann, Hermann: Die Stauden. Fremdenverkehrsgeographische Überlegungen zur Förderung eines strukturschwachen Raumes, Augsburg 1980.

„Hier lässt sich's leben ...". Bei dieser Aussage über ihre Heimat denken die Bewohner der Stauden weniger an die alltägliche Versorgung mit Essen und Trinken oder an das Wohnen im eigenen Häusle inmitten einer idyllischen Landschaft. Sie meinen damit das reiche Angebot an Freizeitmöglichkeiten, die Vielfalt an kulturellen, sozialen und sportlichen Aktivitäten, die das ganze Jahr über auf den Dörfern stattfinden und jedermann Gelegenheit geben zum aktiven Mitmachen oder zum passiven Erleben. Die Bandbreite ländlich-dörflicher Kultur ist groß, hier mischen sich kirchliches Brauchtum mit langer Tradition und zeitgemäße Anlässe und Feste zu einem bunten Gemenge. In den Stauden sind neben der Kirche und den Gemeinden vor allem Vereine und engagierte Bürger für einen abwechslungsreichen Veranstaltungskalender zuständig.

Die Blaskapelle Fischach spielt zum Empfang der Staudenbahn .

BRAUCHTUM UND DORFKULTUR

Vereine prägen das Dorfleben

Das Schlagwort von der „Dorfkultur für alle" hängt eng mit der Überschaubarkeit und den vielfältigen zwischenmenschlichen Beziehungen des ländlichen Raumes zusammen. Wo man sich kennt und auskennt, wo man versteht und verstanden wird, ist man auch bereit einen Beitrag für das dörfliche Leben und für die Gemeinschaft zu leisten. Maßgebliche Träger der dörflichen Kultur sind die Vereine. Hier kann man sich je nach Neigung und Begabung betätigen, in der Blasmusik oder beim Theaterspiel, in der Feuerwehr, beim Sport oder in einem Schützenverein, in der Landjugend oder im Seniorenclub. Nahezu 300 Vereine gibt es nach Angaben der Gemeinden innerhalb der Stauden, allein in Fischach und den fünf Ortsteilen sind es 40. Der Anteil von Vereinsmitgliedern an der Einwohnerzahl ist in kleinen Dörfern besonders hoch.

Was mit der Feuerwehr als Solidaritäts- und Schutzgemeinschaft vor mehr als 100 Jahren begonnen hatte und in dem Veteranenverein und der Schützengesellschaft als Kameradschaftspflege fortgesetzt wurde, hat im 20. Jahrhundert mit den Musikvereinen, Theatergruppen, Gartenbauvereinen, Brauchtums- und Heimatvereinen und schließlich in Sportvereinen und Freizeitorganisationen einen besonderen Stellenwert bekommen: die Vereine gestalten aktiv das Gemeinschaftsleben, sie stärken das Zusammengehörigkeitsgefühl innerhalb des Dorfes und sie fördern bei überörtlicher Zusammenarbeit die ganzheitliche Identität einer Region.

Am Beispiel von Markt Wald lässt sich die Vielfalt und die lange Tradition der Vereine überschauen: Musikverein (1797), Veteranenverein (1872), Feuerwehr (1876), Theaterverein (1891), Männerchor (1900), Radfahrverein (1905), Schützengesellschaft (1908), Turn- und Sportverein (1932), Verkehrs- und Verschönerungsverein (1952), Volksmusikgruppe (1965), Frauenchor (1968), Junge Mannschaft (1977), Obst- und Gartenbauverein (1982), Modellflieger (1991), Marktfestverein (2003). Die Namen der Vereine zeigen deren vielfältige Funktionen im Dorfleben auf und kennzeichnen den gesellschaftlichen und kulturellen Wandel des Dorfes. Mit den Sparten Fußball, Turnen, Gymnastik, Eisstock, Tanz und Tennis spielt heute der Sportverein mit etwa 700 Mitgliedern eine dominierende Rolle. Auch die dazugehörigen Dörfer und Weiler zeichnet ein beachtliches Vereinsleben aus. Über die örtlichen Grenzen hinaus hat der Brauchtumsverein Oberneufnach mit dem „Fest des offenen Dorfes" breite Aufmerksamkeit gefunden. Mit einer beispielhaften Gemeinschaftsleistung haben die Vereine im Ortsteil Siebnach

Feuerwehr, Blaskapellen und Schützen sind oft die ältesten Vereine im Dorf: Jugendfeuerwehr bei der Ausbildung, Schützenjubiläum in Mickhausen. Musikkapelle Walkertshofen beim Festzug; in der Tuba spiegelt sich der alte Pfarrhof von Siegertshofen; D' Schmuttertaler Musikanten Mickhausen beim Schlosshoffest.

unter Mithilfe der Gemeinde Ettringen das ehemalige Gasthaus „Zum Kreuz" renoviert und ein gemütliches Vereinshaus geschaffen. Ein großer Festsaal steht für Hochzeiten, Faschingsfeiern und Konzerte zur Verfügung. Auch in Grimoldsried ist mit tatkräftiger Eigenleistung der Dorfgemeinschaft ein „Haus für Alle" einschl. Saal und Schießstand der Schützen entstanden. Dabei wurde auch der Dorfplatz als Treffpunkt und Veranstaltungsort neu gestaltet. Im Rahmen der Gemeindereform haben sich die Ortsteile erfolgreich für das Fortbestehen und das Eigenleben der Vereine eingesetzt. „Wenn wir schon keine Schule, keinen Bürgermeister und keinen Pfarrer mehr haben, so wollen wir wenigstens Feuerwehrkommandant, Schützenkönig und Dirigenten der Blasmusik behalten." Diese Aussage eines Vorstandes fasst die Bedeutung der Vereine für die einzelnen Ortsteile und deren kulturelle Identität überzeugend zusammen.

Wie es klingt und singt

Einen Schwerpunkt in der Dorfkultur bildet vielerorts die Musik. Blaskapelle und Kirchenchor gibt es fast in jedem Staudendorf. Oft blicken sie auf eine lange Tradition zurück, als Lehrer und Pfarrer richtungsweisend für das Musikleben in ihrer Gemeinde tätig waren. Der älteste Beleg für die Stauden stammt aus einer Kirchenrechnung von Markt Wald, die das Trompetenblasen und Pauken für die Rosenkranzbruderschaft vermerkt. Einige Blaskapellen haben eine mehr als 100jährige Geschichte, Markt Wald, Immelstetten und Walkertshofen wurden für ihre Verdienste mit der Pro-Musica-Plakette des Bundespräsidenten ausgezeichnet. Manchmal haben verabschiedete Militärmusiker, die nach Beendigung ihrer Dienstzeit in den Heimatort zurückgekehrt sind oder heimatvertriebene Berufsmusiker, die nach 1945 auf dem Dorf ansässig geworden sind, Musikkapellen gegründet und wesentlich gefördert. Ähnliches gilt für die Chöre und die Gesangsvereine, die neben der Kirchenmusik auch das Volkslied pflegten und die lokalen Feste oder Jubiläen musikalisch umrahmten.

Heute sind die Blaskapellen und die Chöre aus dem Dorfleben nicht mehr wegzudenken. Ohne musikalische Begleitung fehlt den kirchlichen Bräuchen der Glanz und den weltlichen Festen die Stimmung. Vom Neujahranblasen über die Frühjahrskonzerte bis zum Aufspielen beim Maibaum, bei der Kirchweih und zur Weihnachtsfeier übernehmen sie vielfältige Aufgaben. Die Blaskapellen, die alle dem Allgäu-Schwäbischen Musikbund angeschlossen sind, beteiligen sich regelmäßig bei den Bezirksmusikfesten, dabei liegt ein Schwerpunkt auf den Wertungsspielen verschiedener Leistungsstufen. Eine Besonderheit in den Stauden ist die landkreisübergreifende Musikvereinigung Immelstetten/Mittelneufnach. Als Träger der erneuerten schwäbischen Tracht leisten die Musikkapellen einen wichtigen Beitrag für die Erhaltung der historischen Kleiderkultur, die in anderen Gegenden von Trachtenvereinen hochgehalten wird.

Für die Ausbildung junger Musiker engagieren sich die Musikvereine und mancherorts auch eigene Förderkreise. Gemeindeübergreifend kümmert sich die 1988 gegründete Jugendkapelle Stauden intensiv um den musikalischen Nachwuchs und übernimmt dabei Aufgaben, die sonst den kommunalen und privaten Musikschulen zukommen. Für die öffentlichen Veranstaltungen im eigenen Dorf stehen nur selten geeignete Räumlichkeiten zur Verfügung. Für große überörtliche Ereignisse bieten das Gemeindezentrum Mittelneufnach, die Staudenlandhalle Fischach, die Schwarzachhalle in Gessertshausen, die Singoldhalle in Bobingen oder die Stadthalle in Schwabmünchen den passenden Rahmen. Je nach Termin und Programm öffnen auch Kirchenräume ihre Pforten für anspruchsvolle Musik. In der Klosterkirche Oberschönenfeld gibt es rund ums Jahr ein vielfältiges Musikangebot.

Eine regionale Ausstrahlung geht von dem Chor „Jericho" aus, dessen Mitglieder aus verschiedenen Pfarreien kommen und der mit kirchlichen Programmen und gelegentlichen Musicalaufführungen viel Beachtung findet. Damit können sich neue Musikformen und künstlerische Impulse auf dem Land entfalten. Im Zeitalter der Medien und der Mobilität haben sich neben Blasmusik und Chorgesang längst Rock-Parties, Popmusik und Open-Air-Festivals etabliert.

Eine große Bereicherung für das Musikleben in den Stauden ist seit mehr als 10 Jahren die Klangwerkstatt in Markt Wald. Mit dem Erwerb und der Renovierung eines denkmalgeschützten Gasthauses und seines Umfeldes haben der Instrumentenbauer Christoph Löcherbach und die Musiklehrerin Theresia Hörl ein offenes Kulturzentrum geschaffen, das weit über den Ort ausstrahlt. Einheimische und Gäste, Jung und Alt kommen regelmäßig zu Sing- und Tanzabenden und zu kleinen Konzerten zusammen. Hier wird Musik gelehrt, gelernt und gespielt, und es wird vor allem lebhaftes Interesse geweckt zum aktiven Singen, Musizieren und Tanzen. Musikantentreffen und Musikantenstammtische haben Markt Wald weit über die Stauden hinaus bekannt gemacht. Die Offenheit der Einheimischen für Neues, die Bereitschaft zur Zusammenarbeit und das Engagement der Akteure ergänzen sich in hervorragender Weise.

Die Volksmusik kommt in der kleinen Gruppe zu ihrem Recht. Das Aufspielen beim Wirt findet ebenso Gefallen wie die Darbietungen in der Kirche oder beim Fest. Neben den traditionellen Blasinstrumenten wie Trompete, Klarinette oder Flöte ist die klassische Stubenmusik mit Hackbrett, Zither, Gitarre oder sogar Harfe in den Stauden sehr beliebt. Das überlieferte Liedgut pflegen kleine Gesangsgruppen.

Jugendkapelle Stauden und Kinder der Musikalischen Früherziehung beim Weihnachtskonzert; Musikantenstammtisch in der Klangwerkstatt Markt Wald; Grimoldsrieder Dreigesang; Theaterfreunde Siegertshofen; Schlossbergbühne Scherstetten.

Theaterspiel und Dialekt

Lebhaftes Interesse findet in den Staudendörfern das Theaterspiel. Zahlreiche Theatergruppen spielen regelmäßig und bereichern mit ihren Aufführungen das kulturelle und gesellschaftliche Leben, vor allem in der ruhigen Winter- und Frühjahrszeit ziehen sie ein breites Publikum an, auch aus den umliegenden Städten. Neben Spielen mit historischem Inhalt erfreuen sich vor allem die Dialektstücke besonderer Beliebtheit. Hier kann man „schwätzen, wie einem der Schnabel gewachsen ist", hier kann jeder Spieler eine Rolle aus seinem eigenen Lebenskreis finden, von der Bäuerin bis zum Gastwirt, vom Kulissenmaler bis zum Beleuchtungstechniker. Die aktive Spielgruppe wird häufig von den dörflichen Vereinen (Musik, Sport) unterstützt. Für das Mundarttheater hat der in Willmatshofen tätige Lehrer und Geschichtsforscher Wilhelm Wörle (1886-1959) zahlreiche Hörspiele und Volksstücke verfasst. In der Gegenwart finden heitere Spiele und Sketche aus der Feder von Jürgen Schuster, derzeit Leiter der Waldberger Theatergruppe, rege Nachfrage, sogar weit über die Stauden hinaus.

Viel Begeisterung haben in den 30er Jahren des letzten Jahrhunderts die Freilichtspiele auf einer Waldbühne über dem Neufnachtal bei Fischach ausgelöst. Bei einer Aufführung des Tiroler Volksstückes „Andreas Hofer" 1936 wurde sogar ein Sonderzug der Staudenbahn eingesetzt. Die Spielstätten in den Dorfgasthäusern sind inzwischen selten geworden, in Markt Wald gibt es noch einen prächtigen Theatersaal, in Scherstetten hat man den historischen Pfarrstadel zur „Theaterscheune" umgebaut.

Großer Beliebtheit erfreuen sich auf dem Dorf auch Lesungen und Gedichte im Dialekt, vor allem beim Hoigarta mit Musikbegleitung. Mundart ist immer noch ein wesentliches Merkmal des ländlichen Raumes und eine Art Visitenkarte der Heimat. Sie hat Klänge, Laute und Worte, die es in keiner anderen Sprache gibt. Man ist eben Augsburger oder Allgäuer, Rieser oder Staudeler durch die Sprache. Neben Wilhelm Wörle (1856–1959) haben Hyazinth Wäckerle (1836–1896), Georg Mader (1874–1921), Max Gropp alias Treutwein (1878–1950), Isidor Höld (1922–2000), Luitpold Schuhwerk (1922–2004) die Landschaft und die Jahreszeiten, die Geschichte und das Brauchtum, das dörfliche Leben und Arbeiten, die verschiedensten Typen und Gestalten in den Stauden, mit heiteren, feinsinnig-ironischen Gedichten und Geschichten in der mittelschwäbischen Mundart festgehalten. Wortschatz und Bilderreichtum sind das geeignete Mittel, um Erinnerung und Erbauung, Besinnung und Unterhaltung zu vermitteln. Heute fassen die Autoren Leonore Scherieble, Katharina Trometer und Karl Borromäus Thoma mit ihren Veröffentlichungen wie „Schtaudableamla" und „Schtaudablättr" ihre Beobachtungen und Empfindungen in literarischer Form zusammen und liefern uns damit ein bleibendes Spiegelbild der Staudenheimat.

Häufig stand in den letzten 20 Jahren das Dorf Walkertshofen im Mittelpunkt künstlerischer Theaterarbeit. Hier haben sich junge Schauspieler zu einem „Spielwerk" zusammengeschlossen, das mit bekannten Werken der Theaterliteratur, mit zahlreichen eigenen Stücken und nicht zuletzt mit einem ideenreichen „Mitmachprogramm" an vielen Standorten aufgetreten ist. In Schulen, Kindergärten und anderen Bildungseinrichtungen haben sie Kinder und Jugendliche für das Theater begeistert. Mit der Organisation von Festivals und Open-Air-Veranstaltungen haben sie im Kulturleben der Stauden kräftige Akzente gesetzt. Auf ihren Tourneen durch Deutschland und zahlreiche europäische und außereuropäische Länder haben sie den Namen der Stauden hinausgetragen. Mit ihrem Umzug nach Diedorf am Staudenrand entsteht dort ein europäisches Theaterhaus, die persönliche und künstlerische Verbindung der Akteure mit den Stauden wird weiterhin lebendig sein.

Seit geraumer Zeit hat ein Figurentheater seine künstlerische Heimat in den Stauden, in einem ehemaligen Bauernhaus in Grimoldsried. „Theater Ypsilon" und „Potz Blitz" spielen mit lebensgroßen Sprechpuppen in Kindergärten und Grundschulen und beziehen die jungen Zuschauer in das Programm ein. Die Akteure Birke Lindner und Walter Brunner haben 2005 den Kulturpreis des Landkreises Augsburg erhalten.

Kunst auf dem Dorf

Jahrhundertelang war es die vornehmste Aufgabe der Kunst, religiöse Themen und Motive darzustellen und die christliche Botschaft zu vermitteln. Den Aufträgen der Kirche haben wir auch im ländlichen Raum eine Fülle von bewundernswerten Kirchenräumen und Kirchenausstattungen zu verdanken. Kunstwerke im Freien blieben vor allem den Städten und größeren Orten vorbehalten, auf dem Dorf sind sie auf Friedhöfe und wenige Standorte beschränkt. Dies hat sich in den letzten Jahren wesentlich geändert. Über die Gestaltung von Dorfplätzen und Straßenräumen wird oft diskutiert. Häufig bestimmen immer noch Straßenlampen, Plakatständer, Müllcontainer und unschönes Zubehör das dörfliche Erscheinungsbild. Da ist es erfreulich und erstaunlich zugleich, dass sich Künstler und Bürger gemeinsam um anspruchsvolle Gestaltung und angemessene, von der Bevölkerung auch angenommene Kunstwerke bemühen und sich mit Material, Form, Farbe auseinandersetzen. Dabei geht es weniger um die Gebrauchskunst, die in Höfen und Gärten längst Einzug gehalten hat sondern um anspre-

Kunst auf dem Dorf ist vielfältig: Konzert in der Filialkirche in Münster; Künstlerwerkstatt in Mittelneufnach; Objektkünstler Bernd Rummert in Konradshofen; Unten: Dorfbrunnen von F. Höchstötter in Grimoldsried; Steindenkmal von Christiane Hellmich zum Abschluss der Flurbereinigung in Mittelneufnach.

chende Schöpfungen, sei es abstrakte Kompositionen oder naturalistische Figuren, die eine ästhetische Wirkung oder symbolhafte Aussage vermitteln.

Auf dem neugestalteten Dorfplatz in Grimoldsried setzen zwei Kunstobjekte des Unterallgäuer Bildhauers Franz Höchstötter einen markanten Akzent. Den Dorfbrunnen bilden zwei mächtige Steinblöcke, eine Taube auf dem Quellstein erinnert an die Zugehörigkeit des Dorfes zum Heilig-Geist-Spital in Augsburg. Eine 2,5 m hohe Granitsäule zeigt auf Bronzetafeln Darstellungen aus dem Leben des Kirchenpatrons St. Stefan. In Konradshofen gestaltet Bernd Rummert originelle Installationen aus Holz und Draht, die u.a. aus „Heinzen", den Holzgestellen zum Heutrocknen, entstehen.

Zu einem Künstlertreffen in Mittelneufnach hatte die Steinmetzmeisterin und Bildhauerin Christiane Hellmich sechs Kollegen und einen Maler für eine Arbeitswoche in ihr großzügiges Freiluftatelier eingeladen. Zu dem vorgegebenen Thema „Verwandlung" entstanden zahlreiche Werke aus Stein, Holz und Metall, die abschließend im Künstlergarten präsentiert wurden. Die Exponate sind vorübergehend als Leihgabe am „Weg der Besinnung" aufgestellt und fordern die Bewohner und Gäste des Dorfes zum Nachdenken heraus. Christiane Hellmich ist die Schöpferin des Brunnens vor dem Gasthof Zott (S. 207) und der ausdrucksstarken Steinsäulen an einem aussichtsreichen Standort über dem Dorf. Dieses Kunstwerk ist zum Abschluss der Flurbereinigung nahe bei der Pietà-Kapelle aufgestellt worden und trägt die Inschrift: „Der Weg in die Zukunft wird sichtbar im Licht unseres Respektes gegenüber der Schöpfung." Dieser Leitspruch bringt das Verständnis der Bevölkerung für Natur und Kultur und das Verantwortungsbewusstsein für die Zukunft unserer Lebensgrundlagen positiv zum Ausdruck.

Wie es in den Stauden der Brauch ist

Kulturelles Leben ist auf dem Dorf eingebettet in Bräuche und Feste im Jahreslauf. Dabei verknüpft sich das bäuerliche Arbeitsjahr, das sich nach dem Sonnenstand und den Bedingungen der Natur richtet, mit dem Kirchenjahr, das von den Stationen im Leben Jesu und von zahlreichen Heiligenfesten geprägt ist. Pfarrgemeinden, Vereine und Jugendgruppen haben in den letzten Jahren überliefertes Brauchtum neu belebt und neues Brauchtum begründet.

Im Advent, zur Zeit des tiefsten Sonnenstandes, beginnt das Kirchenjahr. Adventskranz, Adventssingen, Christkindlesmärkte und Weihnachtsfeiern dienen der Vorfreude und der Vorbereitung auf das Weihnachtsfest. Als Vorbote erscheint der Hl. Nikolaus in Begleitung von Knecht Rupprecht, um gute Taten zu belohnen und böse zu tadeln. Vielerorts hat der weltliche Weihnachtsmann als beliebter Werbeträger die Heiligengestalt im Bischofsornat abgelöst.

Das Weihnachtsgeschehen von Bethlehem haben in den letzten Jahren Geschäfte und Geschenke immer stärker überwuchert. Mit dem Krippenbrauchtum ist noch echte Besinnung auf den religiösen Kern des Festes lebendig. Ausgehend von den Kirchen- und Klosterkrippen hat sich in Mittelschwaben eine besondere Ausprägung der Volkskrippe entwickelt, die von den Schnitzern und Krippenbauern bis in die Gegenwart gepflegt wird. Die Krippe unter dem Weihnachtsbaum wird oft in liebevoller Kleinarbeit aufgestellt. Zum allgemeinen Brauch gehört das „Krippleschauen" zwischen Weihnachten und Lichtmess. Regelmäßige Krippenausstellungen im Volkskundemuseum Oberschönenfeld und im Grimoldsrieder Schulhaus haben früher viele Krippenfreunde angezogen. Inzwischen wird in Langenneufnach die Tradition fortgeführt.

Wenn das Neue Jahr kräftig angeschossen ist und die heilige Zeit mit dem Umzug der Sternsinger ausklingt, dann bildet die Fasnacht den Übergang zum Frühjahr. Statt „Mäschgerla" trifft man heute meistens rheinische und exotische Karnevalsfiguren bei den Umzügen. Mit dem Abbrennen des Funkenfeuers am ersten Fastensonntag verbinden sich elementare Lebenserfahrungen wie die Überwindung der Finsternis durch das Licht und die Abwehr der Kälte durch das Feuer. In den Stauden werden in Langenneufnach und in Reinhartshofen noch Holzstöße aufgeschichtet und mit einer Strohpuppe an der hochragenden Stange entzündet. Das lodernde Feuer und die zügelnden Flammen, die Funkenküchle und der heiße Punsch erfreuen Alt und Jung. Leider hat man das beliebte Spektakel beim Volkskundemuseum ohne Begründung abgeschafft.

In der anschließenden Passions- und Osterzeit stehen die Besinnung auf das Leiden und die Auferstehung Christi im Vordergrund. Zur Erinnerung an den Einzug Jesu in Jerusalem werden am Palmsonntag die blühenden „Kätzchen" der Salweide als Palmzweige und Palmbuschen geweiht. Wenn die Glocken an den Kartagen verstummen, so rufen die Ministranten mit Rätschen und Klappern zum Kirchgang. Am Karfreitag steht das Kreuz als Symbol des Sieges über Sünde und Tod im Mittelpunkt der Verehrung. Für die evangelischen Christen besitzt dieser Tag eine herausgehobene Bedeutung. In der Osternacht erstrahlt das Licht der Osterkerze als Symbol der Auferstehung und die Gläubigen erneuern ihr Taufversprechen. Sinnbild für das siegreiche Gotteslamm ist das gebackene Osterlamm, das im Weihekorb mit Osterschinken, Osterfladen und mit bunt gefärbten Eiern in die Kirche gebracht wird. Einen besonderen Stellenwert unter den österlichen Speisen hat das Ei als Keimzelle des Lebens

Der weihnachtliche Festkreis reicht vom 1. Advent bis Dreikönig. Kinder freuen sich über den Adventskranz; St. Nikolaus im Bischofsornat und Knecht Rupprecht; Kirchenkrippe in Waldberg; Sternsinger in Mickhausen; Funkenfeuer in Langenneufnach; eine Vielfalt an Bräuchen rankt sich um das Osterfest.

und als Sinnbild der Erneuerung. Eier haben stets die Phantasie, den Kunstsinn und das handwerkliche Geschick der Menschen angeregt. Sie werden durch Färben, Bemalen und Kratzen oft als kleine Kostbarkeiten gestaltet und finden auf Osterbazaren besondere Aufmerksamkeit. Als eierlegendes Symboltier hat sich in den letzten Jahrzehnten überall der Osterhase durchgesetzt, das österliche Eiersuchen innerhalb der Familie hat wesentlich dazu beigetragen. Früher vergnügten sich die Kinder mit Spielen wie Eierspicken, Eierkegeln oder Eierwerfen, um möglichst viele Eier für sich zu gewinnen.

Der 1. Mai hat als Frühlingsfest eine lange Tradition, als arbeitsfreien Tag haben ihn die Arbeitnehmer erkämpft. Ein unübersehbares Zeichen des dörflichen Brauchtums ist fast überall der Maibaum. Er wird als Symbol der wiederaufblühenden Natur in nahezu allen Ortsteilen der Stauden unter Mitwirkung der Vereine aufgestellt und geschmückt. Ursprünglich holte man junge Birkenbäumchen, sog. Moiala aus dem Wald und stellte sie einer verdienten oder verehrten Person vor das Haus. Heute bildet der gemeinsam gestaltete Maibaum ein wichtiges, weithin sichtbares Zeichen für die Zusammengehörigkeit und die Eigenständigkeit einer Dorfgemeinschaft. Während in vielen Gegenden Bayerns die geschälten und weiß-blau bemalten Fichtenstämme vorherrschen, gibt es in Schwaben und vor allem in den Stauden noch die Tradition, kunstvolle Muster und Ornamente in die Fichtenrinde zu schnitzen. Ein wichtiger Bestandteil des Maibaums sind die bemalten oder geschnitzten Figuren, die in der Regel die Gewerbe und die Vereine des Ortes versinnbildlichen. Mit dem Aufstellen des Maibaums verbunden sind vielerorts Musik, Gesang und Tanz.

Der Mai ist der bevorzugte Monat der Marienverehrung und der Marienwallfahrten. Gebet und Gesang stehen im Mittelpunkt der Maiandachten. Zahlreiche marianische Gnadenstätten im weiteren Umfeld (Andechs, Ettal, Klosterlechfeld, Wemding) sind Ziele mancher Staudendörfer. In unserer reisefreudigen Zeit hat die Omnibuswallfahrt immer mehr die mühsame Fußwallfahrt abgelöst. Sie ist gleichzeitig eine gesellige Bildungsreise, bei der Gottesdienst, Gebet und Kerzenopfer im Mittelpunkt stehen. Der bedeutendste Marienwallfahrtsort der Diözese Augsburg liegt am Rande der Stauden. Maria Vesperbild zieht während des ganzen Jahres Gläubige zu Lichterprozessionen, Bitt- und Dankandachten oder Fahrzeugsegnungen an. Pilgerstätten zu Ehren Christi wie „Heilig Kreuz" in Klimmach oder „Herrgottsruh" in Mickhausen werden von auswärtigen Pfarreien oder Jugendgruppen besucht. Ein beliebtes Wallfahrtsziel sind die Reliquien der heiligen Radegundis in Waldberg, wo alljährlich in einer prunkvollen Prozession junge Frauen in schwäbischer Tracht die geschmückte Figur der Dienstmagd durch das Dorf und die angrenzenden Wiesen tragen. Anschließend erfreuen sich Einheimische und Gäste an den Genüssen des Marktes und im Wirtshaus.

Flurumgänge und Bittprozessionen für eine gute Ernte finden noch in einzelnen Pfarrgemeinden statt. Kapellen und Feldkreuze bilden oft ein Ziel, Wettersegen und Wettergebete sind liturgisch verankert. Nach Pfingsten, dem Hochfest zur Erinnerung an die Herabkunft des Heiligen Geistes und die Gründung der Kirche, findet das sommerliche Brauchtum seinen Höhepunkt in der Fronleichnamsprozession. Betend und singend begleiten die Gläubigen den Priester mit dem Allerheiligsten auf den mit Gras bestreuten Wegen und vorbei an geschmückten Häusern zu den vier Altären. Dort wird das Evangelium verkündet und der Segen erteilt im Gedenken an die Einsetzung des Altarsakramentes.

In manchen Staudenorten lodert am Johannestag wieder das Sonnwendfeuer, das entsprechend dem höchsten Sonnenstand an die Fülle des Lichts erinnert. Während früher die Zeit der Heu- und Getreideernte im Juni und Juli wenig Spielraum für Feste ließ, wählt man heute für Vereinsjubiläen, Fahnenweihen und Gedenkfeste gerne die warmen und langen Sommertage. Bieranstich und Blasmusik dürfen nicht fehlen, wenn landauf und landab Dorf-, Garten-, Schloss-, Stadel- und Weiherfeste gefeiert werden. Getränkeumsatz und Würstelkonsum übertrumpfen dabei die kulturelle Seite des Festes, doch darf man die demokratische Macht des Bieres nicht unterschätzen, denn hier bietet sich eine gute Gelegenheit, dass alte und junge, einheimische und neue Dorfbewohner zusammenkommen, sich kennenlernen und Kontakte knüpfen. Dies gilt auch für einen Spaziergang durch die Budenstraßen der Jahrmärkte, die in den Stauden und im Umland regelmäßig stattfinden und mit allerlei Gaumenfreuden und Waren die Menschen anlocken.

Tradition sind in den letzten Jahren die Pfarrfeste geworden, wo man nach dem Gottesdienst schnell zum weltlichen Teil übergeht. Dabei erfreut man sich an schwabentypischen Gerichten wie Spätzle, Maultascha, Dampfnudla, Küchle und Datschi ebenso wie an nahrhaften Fleischspeisen. Eine Spezialität der Gasthäuser in der Gegend ist die üppige „Staudenpfanne". Wenn von Esskultur die Rede ist, dann sind damit nicht nur feine Tischsitten und edle Tafelgeschirre gemeint. Die Küche daheim und im Gasthaus ist selbst ein Ort der Kultur, wo tüchtige Hausfrauen und Köche aus natürlichen Produkten wie Fleisch, Mehl und Kartoffeln schmackhafte und hungerstillende Mahlzeiten zubereiten.

An das Fest „Mariä Himmelfahrt" erinnern zahlreiche Deckengemälde und Altarbilder in den Kirchen. Dem Brauchtum kommt am „Frauentag der Kräuterweihe" eine besondere Bedeutung zu. Die Legenden erzählen von einem

Die Dorfgemeinschaft Oberrothan beim Schmücken des Maibaums; der hochaufragende Maibaum von Tussenhausen; Flurumgang an Christi Himmelfahrt; Fronleichnamsprozession in Mickhausen; Radegundisprozession in Waldberg; Blumenteppich bei der Fatimagrotte in Maria Vesperbild.

wundervollen Kräuter- und Blumenduft am Grab Mariens. Die Gläubigen bringen allerlei Kräuter und Blumen zur Weihe in die Kirche. Die Zusammensetzung der Weihbüschel schwankt von Gegend zu Gegend und richtet sich nach der jeweiligen Flora. Unter den sieben (alte heilige Zahl), neun (drei mal drei) oder gar 77 Kräutern sollen auf jeden Fall enthalten sein: Arnika, Hornklee, Johanniskraut, Schafgarbe, Ringelblume, Frauenmantel, Königskerze und die verschiedenen Getreidearten. Die geweihten Kräuter werden in Haus und Stall aufbewahrt, sie sollen gegen verschiedene Krankheiten helfen und bei Gewitter vor Unheil schützen.

Erntedank und Kirchweih bieten im Herbst reichlich Anlass zum Feiern in der Gemeinschaft. Früchte aus Feld und Garten werden kunstvoll vor dem Altar aufgebaut und gesegnet. In einigen Pfarrgemeinden ist der Erntedank-Gottesdienst oft mit einer Solidaraktion zugunsten von Armen und Bedürftigen anderer Länder verbunden. Manche Pfarreien begehen den Weihetag ihrer Kirche am Fest des Kirchenheiligen. Daneben gibt es das allgemeine Kirchweihfest, in der Diözese Augsburg am dritten Sonntag im Oktober, wenn der Zachäus, die Kirchweihfahne am Kirchturm flattert: *Kirweih, Kirweih, lass it noach, bis dia Fahna Löcher hoat!* Kirchweih war früher das ländliche Volksfest schlechthin. Auch heute wird sie mit gehaltvollen Speisen und mit allerlei Vergnügungen gefeiert. Der Fischacher Kirchweihmarkt besitzt eine breite Anziehungskraft, denn Blasmusik, Bierzelt, Karussell und Schiffschaukel sorgen für Abwechslung und Unterhaltung.

Stark belebt wurde in den letzten Jahren das Fest zu Ehren des Bauernheiligen und Viehpatrons St. Leonhard. Kapellen in Fischach, Gessertshausen, Habertsweiler, Langenneufnach, Tronetshofen und Bannacker bei Bergheim sind beliebte Ziele der Reiter, auch wenn die Bauernrösser längst durch die grazilen Pferde des Reitsports ersetzt sind.

Den Übergang zur winterlichen Zeit bilden an Allerheiligen und Allerseelen der Gang zu den geschmückten Gräbern und die Verwandtenbesuche. Seelenzopf oder Seelenbrezg erinnern an die Zuwendungen für Arme und an die Geschenke für die Patenkinder. Die Fruchtleuchten ausgehöhlter Kürbisse und Rüben kennzeichnen das in Mode gekommene Halloweenfest, das als Mischung von Fasching und Freinacht viele Freunde gefunden hat, aber mit schwäbischem Brauchtum nichts zu tun hat.

Am Martinstag stehen auch in den Stauden die Umzüge der Kindergärten mit den selbstgebastelten Lampions im Vordergrund. Früher wurde er zum Abschluss des Bauernjahres mit Essen und Trinken kräftig gefeiert. In Zeiten mit knapper Ernährung waren üppige Mahlzeiten selten und der Spruch „Essen und Trinken halten Leib und Seele zusammen" verständlich. Gut aufgetischt wird auch für die besonderen Höhepunkte im Lebenslauf wie Taufe, Hochzeit oder

Begräbnis, wenn man mit Freunden und Bekannten gemeinsam feiert. Mit diesen Stationen im Lebenszyklus, die den Übergang von einem Status in einen anderen markieren, sind auch religiöse Riten verbunden. Die dargestellten Bräuche und Feste sind mit wenigen Ausnahmen nicht auf die Stauden beschränkt, doch spielen sie für die Orientierung im Jahreslauf, für den Halt in der Gemeinschaft und für die Geborgenheit in der Heimat eine wichtige Rolle.

Aus der Geschichte für die Zukunft lernen

Häufig ist ein Ortsjubiläum Anlass für eine intensive Beschäftigung mit der Heimat- und Ortsgeschichte. Was früher Lehrer und Pfarrer für die Spurensicherung der Vergangenheit geleistet haben, tragen heute engagierte Sammler und Forscher zusammen. Eine beispielhafte Ortschronik hat vor 25 Jahren der Gymnasiallehrer Michael Piller für Fischach vorgelegt. Vor kurzem ist die inhaltsreiche Chronik des Ortsteils Willmatshofen erschienen. Markt Wald ist im Heimatbuch des Landkreises Unterallgäu ausführlich behandelt. Die Bobinger Ortsteile innerhalb der Stauden – Burgwalden, Reinhartshausen, Straßberg und Waldberg – sind in der Stadtgeschichte gut vertreten. Für die Dörfer Ettringen – Siebnach – Traunried gibt es neuerdings die Ortsgeschichte auch in digitaler Form auf CD. In Mittelneufnach ist im Rahmen der Dorferneuerung ein Arbeitskreis entstanden, der die schriftlichen und bildlichen Quellen für eine Dorfchronik sammelt. In Scherstetten fand 2002 eine Ausstellung mit historischen Fotos breites Interesse. Ziel und Aufgabe der Dorfforschung ist es, neben der Siedlungs- und Herrschaftsgeschichte auch den Dorfalltag und die unverwechselbaren Besonderheiten eines Dorfes zu erkunden, zu erfassen und in eine ganzheitliche Entwicklungsplanung einzubeziehen.

Das Wissen um die Vergangenheit interessiert auch die Jugend, so kann Geschichte zum Bindeglied zwischen den Generationen im Dorf werden und Verständnis wecken für die Erhaltung von Bau-, Kunst- und Geschichtsdenkmälern. Gerade die Nähe zu den Objekten und die Vertrautheit mit dem Lebensraum geben vielerlei Möglichkeiten, um den Wert der Baugestaltung, die Belange des Landschaftsschutzes oder die Pflege des traditionellen Brauchtums zu vermitteln. Veröffentlichungen in Zeitungen oder Zeitschriften, Vorträge und Führungen können wesentlich zu einem Dorfbewusstsein beitragen. „Was man kennt, wird auch geschätzt, und was man schätzt wird geschützt."

Im Programm der Volkshochschulen und Bildungswerke gebührt dem Dorf und seinem kulturellen Erbe deshalb ein

Lisa und Anna-Lena mit Weihbüscheln an Maria Himmelfahrt; Waldler-Messe bei der Staudenkapelle mit dem Männerchor Markt Wald/ Oberneufnach; Erntedankaltar in Mickhausen; leuchtende Kinderaugen und Lampions beim Martinsumzug; gemütliche Einkehr im Biergarten von Oberschönenfeld.

angemessener Stellenwert. Dies gilt besonders für den Unterricht in Heimatkunde, Geschichte, Erdkunde und Sozialkunde. Für ein vorbildliches heimatkundliches Projekt erhielt 2005 die Grundschule Walkertshofen mit dem langjährigen Schulleiter Dietrich Schrott die „Staudenähre" als symbolische Auszeichnung, die aus edlem Gold gearbeitete und mit kleinen Diamanten besetzt ist. Die Staudenähre ist ein Ehrenzeichen, das auch in Zukunft für beispielhafte Akzente im kulturellen Bereich vergeben werden soll. Die Idee für diese Auszeichnung ging vom Arbeitskreis „Kultur und Gemeinschaft" im Rahmen der Regionalentwicklung aus.

Nach einer Bestandsaufnahme der kulturellen Situation hat der Arbeitskreis zahlreiche Anregungen vermittelt und Maßnahmen umgesetzt, um die Kultur innerhalb der Förderprogramme nachhaltig zu verankern. Das musikantenfreundliche Wirtshaus und der Künstlerstammtisch, der Stauden-Meditationsweg und ein Skulpturenpark haben sich inzwischen ebenso etabliert wie die kulturorientierte Öffentlichkeitsarbeit in Tageszeitungen, Sonderpublikationen und Veranstaltungskalendern. Diese Aufgabe ist besonders wichtig, wenn man die Gesamtheit der Stauden berücksichtigt, die sonst auf mehrere Lokalausgaben der Augsburger Allgemeinen verteilt sind. Eine gemeinsame Kulturveranstaltung könnte in der Zukunft ein regelmäßiger Staudentag sein, der in Anlehnung an die Schwäbischen Kulturtage von 1996 in gebündelter Form das kulturelle Erbe und die lebendige Kulturszene vor Augen führt. Als Ergänzung zur Wirtschaftsmesse „Stauda" könnte er wesentlich zu einem wachsenden Regionalbewusstsein beitragen.

Dorfkultur in den Stauden ist kein passives Konsumieren von Kunst, Musik oder Theater. Dorfkultur beinhaltet das Engagement der Bürger weit mehr als die reine Angebotskultur in den Städten. Dorfkultur ist kein nostalgisches Erinnern an die gute alte Zeit. Dorfkultur zeichnet sich durch eine bewusste Gestaltung der verschiedenen Lebensbereiche der Menschen im Dorf aus. Dabei verbinden sich brauchintensive Veranstaltungen mit neuen Kulturformen. Die gemeinsamen Aktivitäten und Ziele tragen wesentlich zu einer lebendigen Dorfgemeinschaft bei, sie fördern das Zusammenleben der Generationen und sie verknüpfen die unterschiedlichen Interessen in der gemischten Bevölkerungsstruktur. Mit solchen Überlegungen hat der für die Dorfentwicklung zuständige Bayerische Staatsminister Josef Miller bei den Dorfkulturtagen 2003 den Wert und die Rolle der Kultur auf dem Land besonders betont.

Literatur:
Frei, Hans und Ziegelbauer, Max: Im Bistum ist gut feiern. In: Bayerland, 1978/12, S.78ff.
Jörg, Theodor: Volkskunde (Der Landkreis Krumbach Bd.3), Weißenhorn 1972.
Moser, Dietz-Rüdiger: Bräuche und Feste im christlichen Jahreslauf, Wien-Köln 1993.
Pötzl, Walter: Brauchtum. In: Der Landkreis Augsburg, Bd.7, Augsburg 1999.
Herrn Konrad Endler und Herrn Walter Kleber danke ich für wichtige Informationen.

Die Stauden im Naturpark Augsburg – Westliche Wälder

Mit Pferdestärken durch die Stauden fahren – ein Erlebnistag im Naturpark.

Naturpark ... das Wort erweckt recht unterschiedliche Erwartungen. Viele denken an erholsame Spaziergänge oder erlebnisreiche Kutschfahrten in idyllischer Landschaft, andere verbinden damit den Schutzgedanken für Tiere und Pflanzen und die Pflege der Natur. Beide Meinungen treffen zu.

Der Naturpark Augsburg Westliche Wälder ist geschaffen worden, um die großräumige, ländlich geprägte Kulturlandschaft in Mittelschwaben zu erhalten, zu pflegen und für die Erholung zu nutzen. Dafür spielen die Eigenart und Schönheit der Landschaft ebenso eine Rolle wie die Möglichkeiten zur naturnahen Freizeitgestaltung. Der Gesetzgeber fordert für die Naturparke eine enge Verknüpfung des Schutzes der artenreichen Natur mit einer landschaftsgerechten Nutzung für Land- und Forstwirtschaft. Leitidee ist es, den Menschen eine erlebnisreiche Begegnung mit einer intakten und vielfältigen Landschaft zu ermöglichen. In diesem Sinne erfüllen die Stauden als ökologisch, ästhetisch und touristisch hochwertiger Naturraum innerhalb des Naturparks Augsburg – Westliche Wälder eine wichtige Aufgabe.

Schwabens einziger Naturpark stellt sich vor

Geographisch wird der Naturpark umgrenzt von den Talräumen der Flüsse Donau, Wertach und Mindel. Er umfasst ein Gebiet von ca. 117.500 Hektar und gliedert sich in vier naturräumliche Einheiten. Im Süden nimmt die Staudenlandschaft etwa zwischen der Bundesstraße 300, der Wertachleite im Osten und dem Mindeltal im Westen ca. 40 % der Naturparkfläche ein. Dieses Gebiet lässt sich landschaftsökologisch unterteilen in das Neufnacher Hügelland im Westen und den Rauhen Forst mit seinen Waldtälern und Rodungsinseln im Osten. Im Mittelpunkt des Naturparks liegt die großflächige Ebene der Reischenau, ein Ausräumbecken des eiszeitlichen Vorläufers der Zusam, bevor dieser Fluss bei Dinkelscherben seinen Lauf nach Norden verlagerte. Die Nordhälfte des Naturparks prägen ausgedehnte Waldgebiete mit schmalen Bachtälern und waldfreien Becken, die zusammenfassend als „Holzwinkel" bezeichnet werden. Hier bildet der Staufenberg (Standort des Fernsehturms) die höchste Erhebung. Im Nord-Westen breiten sich zwischen Zusam und Mindel die Hochflächen der stark zertalten Zusamplatte aus, deren Ränder die offenen Hangleiten von Mindel, Zusam und Donau bilden.

In diesem Gebiet am Rande des Ballungsraumes Augsburg wohnen weniger Menschen als im Bayerischen Wald. In Folge seiner natürlichen Ausstattung mit zusammenhängenden Waldgebieten, mit abwechslungsreichen Kleinstrukturen, mit einem fein verästelten Gewässernetz und mit ansprechenden Landschaft- und Siedlungsbildern ist der Naturpark in idealer Weise für die Erholung geeignet. Hier sind mehr als 2.000 km markierte Wander- und Radwanderwege angelegt, die alljährlich ca. 500.000 Menschen anlocken.

Schon im 19. Jahrhundert wurden die westlichen Wälder, wie die Augsburger sie nannten, als Erholungsraum genutzt. Wochenendsitze sind entstanden, an Sonn- und Feiertagen waren Ausflüge in die Natur sehr beliebt. In den 50er Jahren des letzten Jahrhunderts, als nach den Schrecken des Krieges allmählich wieder an Freizeitgestaltung in der freien Natur zu denken war, haben Wander- und Naturfreunde, wie der legendäre Eugen Rauner, Routen markiert und Wandervorschläge veröffentlicht, die begeistert angenommen wurden. Für das südliche Gebiet spielte die Staudenbahn eine wichtige Zubringerrolle. Anfang der 70er Jahre haben die Oberforstdirektion Augs-

burg, die Landkreise Augsburg, Unterallgäu, Günzburg und Dillingen, die Stadt Augsburg und der Bezirk Schwaben die Gründung eines Naturparks als sinnvollen Weg zur Lenkung der Besucherströme und zur schonenden Entwicklung dieser Kulturlandschaft in die Wege geleitet. 1974 wurde zunächst der Verein „Naturpark Augsburg – Westliche Wälder" mit Sitz im Landratsamt Augsburg ins Leben gerufen. Er sollte für die Naturpark-Idee werben und die Bedingungen für eine rechtliche Anerkennung des Naturparks schaffen. Landrat Dr. Franz Xaver Frey war der 1. Vorsitzende, sein Stellvertreter Augsburgs Oberbürgermeister Hans Breuer. Seit 1988 leitet der Augsburger Landrat Dr. Karl Vogele ehrenamtlich den Verein, unterstützt vom Oberbürgermeister der Stadt Augsburg, Dr. Paul Wengert.

Naturpark Augsburg – Westliche Wälder, Übersichtskarte.

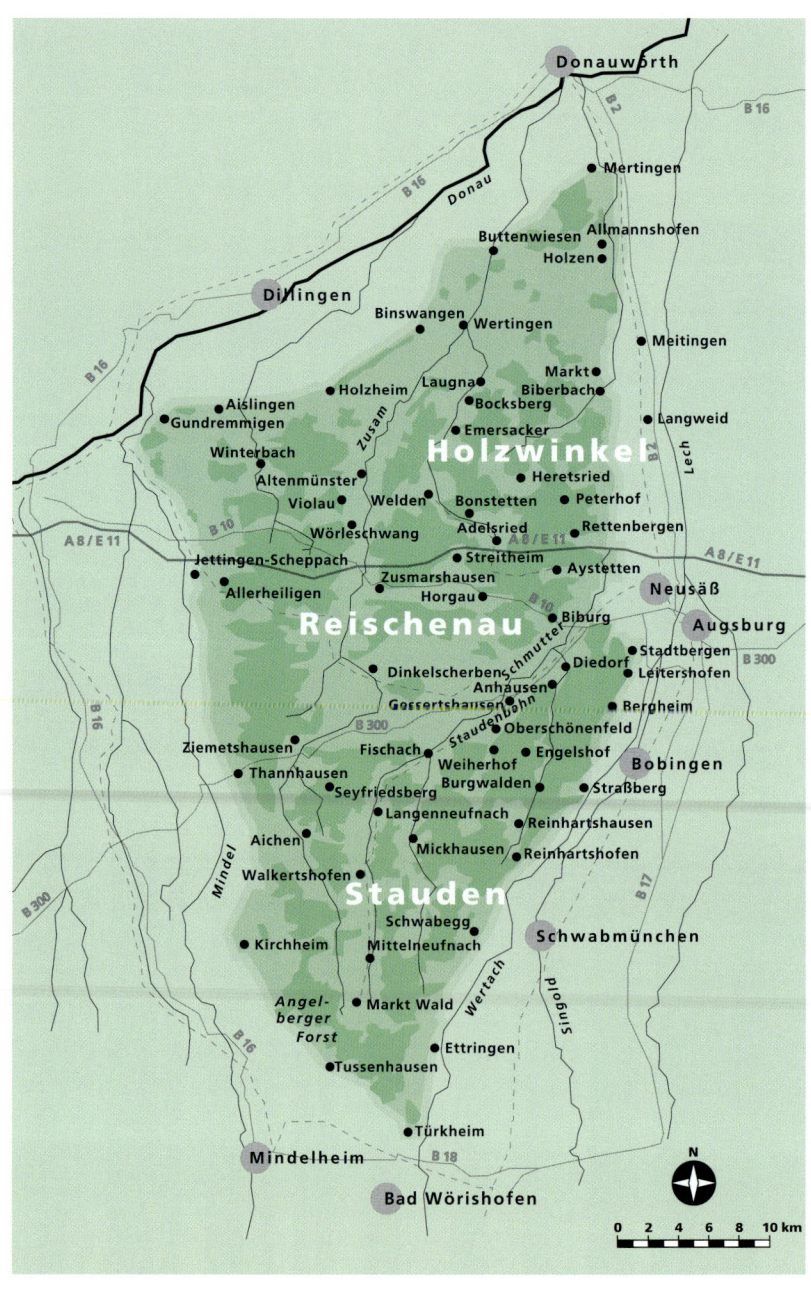

Ziele und Aufgaben des Naturpark-Vereins

Die Kulturlandschaften, die aus dem jahrhundertelangen Wirken der Menschen in und mit der Natur hervorgegangen sind, besitzen ökologische Qualitäten und weisen zahlreiche historische Relikte auf. Da es für die Erhaltung und den Schutz der Kulturlandschaft keine klaren Schutzkategorien gibt, bilden die Naturparke eine ausgezeichnete Möglichkeit, solche Vorbildlandschaften zu erhalten und umweltgerecht zu entwickeln. Ziel und Aufgabe der Naturparke ist es, im Konfliktfall zwischen Naturschutz und Veränderungsmaßnahmen sinnvolle Lösungen zu finden, bei denen sich der Schutz von Natur und Landschaft mit wirtschaftlichen Zielen und Wünschen nach Erholung vereinbaren lässt. In der Praxis bedeutet dies beispielsweise, die Lebensräume wildwachsender Pflanzen im Biotopverbund zu sichern, aber Erholungsangebote nicht auszuschließen. Dafür ist mehr denn je die Zusammenarbeit der verantwortlichen Behörden und Gemeinden mit den in der Landschaft tätigen Verbänden und Institutionen notwendig. Der Naturpark-Verein arbeitet deshalb seit vielen Jahren mit der Regio Augsburg Tourismus GmbH, der Regionalentwicklung Stauden e. V., mit dem Bayerischen Bauernverband und dem Bund Naturschutz sowie mit Archäologen, Geographen, Biologen und mit vielen weiteren Fachgruppen zusammen.

Die Aufgabenfelder des Naturpark-Vereins als Träger haben im Laufe der Jahrzehnte eine Gewichtsverlagerung und Erweiterung erfahren.

Bis 1991 war die Staudenbahn ein wichtiger Zubringer für die Ausflügler.

Freizeit in der Natur erleben:
als Wanderer, Walker oder Radfahrer, als Golfer oder Reiter, beim Baden
oder auf dem Spielplatz – in den Stauden gibt es viele Möglichkeiten.

Standen zunächst die Ausweisung der Landschaftsschutzgebiete sowie die Erarbeitung eines Gesamtplanes mit attraktiven Erholungsangeboten im Vordergrund, so konnten nach der 1988 vom Bayer. Umweltministerium ausgesprochenen Anerkennung als Naturpark gemäß Art. 11 des Bayer. Naturschutzgesetzes weitere Projekte in Angriff genommen werden.

Das Naturpark-Haus in Oberschönenfeld

Von Anbeginn unterstützten und förderten die Forstbehörden die Entstehung und die Entwicklung des Naturparks. Sie übernahmen auch bei der Konzeption und der Realisierung des Naturpark-Hauses eine wichtige Rolle. Weitere Umstände begünstigten das Projekt: Wie bei der Entstehung des Naturparks, als der Bezirk Schwaben dank des großen Einsatzes von Bezirkstagspräsident Dr. Georg Simnacher die notwendige Naturpark-Verordnung erließ, bot das großartige Engagement des Bezirks im Zisterzienserinnenkloster Oberschönenfeld die Möglichkeit, ein Naturpark-Zentrum in das Gesamtensemble zu integrieren.

Das seit 1984 aufgebaute Schwäbische Volkskundemuseum mit Museumsleiter Dr. Hans Frei und die in Oberschönenfeld inzwischen durchgeführte ökologisch orientierte Flurbereinigung boten in Verbindung mit den angrenzenden Staatswäldern das ideale Umfeld für Umweltbildung und für fachbezogene Informationen über den Naturpark. 1992 wurde das Naturpark-Haus eröffnet. Heute sind Ausstellungen, sowie ein umfangreiches Führungsprogramm der Kern der Bildungsarbeit des Naturpark-Vereins.

Die Dauerausstellung „Natur und Mensch im Naturpark" präsentiert die naturnahe Kulturlandschaft informativ und unterhaltsam. Dioramen, in denen die für unser Gebiet typischen Landschaftselemente Bach, Wiese, Hecke, Wald und Weiher mit vielen Tieren nachgestaltet sind. Rätsel und „Fühlkästen", Vogelstimmen und ein Naturpark-Film machen den Besuch zu einem kurzweiligen Vergnügen für alle Sinne. Zusätzlich werden Einzelthemen der Dauerausstellung in Form von Zusatzausstellungen vertieft oder eigenständige Sonderausstellungen gezeigt. Mehr als 20.000 Besucher im Jahr unterstreichen das breite Interesse. Die Anerkennung des Naturpark-Hauses als Walderlebniszentrum bestätigt die positive Entwicklung bis hin zum Bildungsprogramm „Natur erleben im Naturpark".

Oberschönenfeld ist über das ganze Jahr ein lohnendes Ausflugsziel im Naturpark.

Schulklassen können im Naturparkhaus oder im Gelände Entdeckungen machen.

Landschaftspflege – wichtig für Natur und Landwirtschaft

Die Vielfalt und Schönheit unserer Naturparklandschaft sind wichtige Anziehungspunkte für die Erholung und den Tourismus und sie tragen wesentlich zur Heimatverbundheit unserer Bürger bei. Um die gewachsene Kulturlandschaft zu erhalten, engagiert sich der Naturpark-Verein seit 1994 im Zusammenwirken mit Kommunen, Verbänden und Privatleuten verstärkt in der Landschaftspflege und bei der Gestaltung und Erhaltung von Biotopen (siehe Kapitel „Natur und Landschaft").

So werden seit langem im Schmuttertal und an der Zusam große Feuchtwiesenkomplexe als Lebensräume für seltene Tier- und Pflanzenarten, wie Bekassine, Storch, Mehlprimel und Orchideen gepflegt. Charakteristische Elemente an Hanglagen wie Hecken und Gehölze werden durch regelmäßigen Rückschnitt verjüngt und lebensfähig erhalten. Entbuschung von Trockenstandorten und die Anlage von Amphibiengewässern sind weitere Maßnahmen, um die natürliche Vielfalt des Naturparks zu sichern. Die notwendigen Arbeiten erledigen überwiegend Landwirte, die damit ein Zusatzeinkommen erzielen.

Freizeit und Erholung in den Stauden

Die landschaftlichen Qualitäten und die kulturellen Sehenswürdigkeiten im Umfeld der Schwabenmetropole Augsburg üben auf Ausflügler jeden Alters eine starke Anziehungskraft aus. Wo sich attraktive Landschaftsbilder mit beachtenswerten Bauwerken und kulturellen Zeugnissen verbinden, sind Ausflugsschwerpunkte entstanden. Da und dort ergeben sich enge Bezüge von Natur und Kultur wie im Schlosspark von Seifriedsberg, der um 1850 als forstbotanischer Garten angelegt wurde, oder im Exotenwald bei Diedorf mit über 50 fremdländischen Waldbaumarten, der maßgeblich auf Franz Ganghofer, den Onkel des berühmten Dichters Ludwig Ganghofer zurückgeht.

Der Naturpark-Verein bemüht sich in vielfältiger Weise, die Landschafts- und Kulturgeschichte entlang von markierten Rad- und Wanderrouten oder mit spezifischen Themenwegen zu vermitteln. So führt ein Radweg vom archäologischen Museum in Gablingen zum Volkskundemuseum nach Oberschönenfeld. Geländedenkmäler wie Burgställe und Viereckschanzen, Trichtergruben und Grabhügel werden auf Info-Tafeln den Interessenten erläutert. Die Waldlehrpfade bei Oberschönenfeld, Schwabegg und Straßberg werden gern von Schulklassen besucht. Beliebte Ausflugsziele mit besonderem Charakter sind innerhalb des dichten Rad- und Wanderwegenetzes die Staudenkapelle in Holzbauweise bei Grimoldsried, die an den maßgeblichen Gründer des Naturparks Landrat Dr. Franz-Xaver Frey erinnert, sowie der Christoph-Scheiner-Aussichtsturm bei Markt Wald, der nach einem berühmten, dort geborenen Astronomen benannt ist.

Der Schwäbisch-Allgäuer-Weitwanderweg führt auf zwei Etappen vom Rande der Stadt Augsburg bis Tussenhausen mitten durch die Stauden. Herrliche Wegabschnitte mit Wald- und Wiesenflä-

Die abwechslungsreiche Kulturlandschaft bei Döpshofen (unten) erfreut Wanderer, Radfahrer und Naturliebhaber.

Herbststimmung im Naturpark
Augsburg – Westliche Wälder

Dies ist ein Herbsttag wie ich keinen sah!
Die Luft ist still, als atmete man kaum,
Und dennoch fallen raschelnd, fern und nah,
Die schönsten Früchte ab von jedem Baum.
(Friedrich Hebbel)

chen, Waldränder und markante Aussichtspunkte wechseln sich ab, gelegentlich kommt bei entsprechender Wetterlage auch die Kulisse der Allgäuer Berge ins Blickfeld. Auch der Weitwanderweg „Lueg ins Land" zwischen Türkheim und Wertingen durchquert von Markt Wald über Mittelneufnach, Walkertshofen bis Seifriedsberg die Stauden und bietet stille Waldpartien und herrliche Ausblicke auf idyllische Dörfer und Täler.

Ein abwechslungsreicher Ausflug rund um den Naturpark und die Stauden ist die „7-Schwaben-Tour" mit dem Fahrrad auf fünf Streckenabschnitten mit mehr als 200 km. Sie erinnert an den Marsch der originellen Landsleute quer durch Schwaben, die Ludwig Aurbacher humorvoll beschrieben hat. Der Zusam-Rad-Wanderweg führt entlang eines reizvollen Fließgewässers am westlichen Staudenrand. Beliebt ist auch der Radweg zu den Waldidyllen in den Stauden. Mit der wiederbelebten Staudenbahn nutzen viele Fahrgäste das Angebot „Staudenbahn fährt Rad", nehmen ihr Fahrrad in einer Richtung mit und radeln über die Stauden wieder zurück.

Ein Wandervorschlag, der Besinnung und sportliche Betätigung in einer ruhigen Wald- und Wiesenlandschaft verbindet, ist der gut ausgeschilderte Stauden-Meditations-Weg, der auf Anregung eines Arbeitskreises der Regionalentwicklung Stauden konzipiert worden ist. Er führt von Fischach über Markt Wald bis nach Kirch-Siebnach entlang des westlichen Höhenrückens über dem Neufnachtal. Neun Stationen mit Hinweistafeln laden zu meditativen Übungen nach den traditionellen Formen der großen Weltreligionen

ein. Dabei kommt es weniger auf die Kilometerleistung als vielmehr auf das In-sich-gehen an.

Besinnung und Herausforderung signalisieren zugleich die Jakobus-Pilgerwege, die auf vielen Routen durch mehrere Länder zu einer der berühmtesten Pilgerstätten des Christentums nach Santiago de Compostella führen. Unter den verschiedenen Wegvarianten durch Bayern verläuft die Strecke von Augsburg über Grönenbach zum Bodensee zunächst entlang des östlichen Staudenrandes und berührt die Orte Reinhartshofen, Klimmach und Kirchsiebnach. Eine Abzweigung führt quer durch die Stauden, vom Fuggerschloss bei Wellenburg durch eine stille Waldlandschaft über das Anhauser Tal, vorbei am Kloster Oberschönenfeld, über das Schmuttertal bis zur Jakobs-Kapelle in Hinterschellenbach und zur Wallfahrtskirche Maria Vesperbild.

Aus dem großen Interesse für geführte Kräuterwanderungen ist die Anregung für einen Kräuterwanderweg hervorgegangen. Geographiestudenten der Universität Augsburg haben im Rahmen eines Projektseminars mit Förderung der Regionalentwicklung Stauden konkrete Vorschläge für die Inwertsetzung der Kräuter entwickelt: ein Kräuterweg zwischen Konradshofen und Scherstetten, ein Kräuterfeld zum Selberpflücken, „Einkehr bei Kräuterwirten". Das Projekt soll in Zusammenarbeit mit Landwirten, Gastronomen und Kräuterkennern umgesetzt werden.

Zum Training von Muskelkraft und Kondition erfreuen sich neuerdings die Rundstrecken für Nordic-Walker besonderer Beliebtheit. Stütz-

Freundliche Gasthäuser – überwiegend Familienbetriebe – bieten allerhand Spezialitäten.

Oben: Mittelneufnach; Mitte: Kartoffelwirte; Unten: Reinhartshofen.

In Reinhartshofen kreuzen sich viele markierte Wege.

Lohnend ist ein Besuch in der Jakobus-Kapelle.

Hl. Jakobus, umrahmt von den Pestheiligen Rochus und Sebastian (17./18. Jh.).

punkte für die Staudenrouten liegen bei Anhausen und Fischach/Willmatshofen. Besonders erlebnisreich kann ein schöner Wintertag in den Stauden sein für Wanderer auf verschneiten Waldwegen oder durch Raureif überzogenes Gehölz. Langläufer können auf gespurten Loipen oder querfeldein dem Wintersport nachgehen und Skifahrer finden an sanften Wiesenhängen oder gar bei einem Skilift (wie bei Aretsried) das geeignete Übungsgelände, unter der Voraussetzung, dass die Schneehöhen dafür ausreichen.

Natürlich dürfen die Einkehrmöglichkeiten in Landgasthäuser, Brotzeitstuben oder Cafés nicht vergessen werden. Die Stauden haben dafür allerhand zu bieten. Leider gibt es eine warme Küche meistens nur am Wochenende. Freunde von Kartoffelgerichten kommen bei den Kartoffelwirten in Fischach, Mittelneufnach, Kirchheim und Ziemetshausen auf ihre Rechnung. Im Laufe des Jahres laden manche Wirtshäuser und Ferienhöfe zu besonderen Anlässen wie Apfelblütenfest, Reiterfest, Hoffest ein. Gelegentlich kommen Musikanten zum Aufspielen und Singen bei der Wirtin in Reinhartshofen zusammen. Man kann die Staudenlandschaft auch von der Kutsche aus genießen, um anschließend im Reiterstüble bei Fischach oder in Oberneufnach einzukehren.

Den Naturpark selber erleben

Die Angebote zum Wandern und Radfahren, zum Reiten und Golfen, zum Besuch von Sehenswürdigkeiten der Geschichte, Kunst und Volkskunde, oder gar zur Stärkung von Leib und Seele sind zahlreich und vielseitig, sie können im Rahmen dieses Buches nicht erschöpfend dargestellt werden. Viele empfehlenswerte Ausflugsziele, Routen und Beschreibungen sind in einschlägigen Wander- und Radwanderführern sowie in Infoblättern der Regionalentwicklung Stauden enthalten. Fast unentbehrlich ist die Wanderkarte des Naturparks 1:50.000 mit den wichtigsten Routen. Der Besuch der Internetseiten des Naturpark-Vereins unter www.naturpark-augsburg.de und der Regionalentwicklung Stauden www.dieStauden.de vermittelt viele weitere Informationen. Am meisten lohnt sich natürlich ein Besuch vor Ort, ein persönliches Kennenlernen, ein Ausflug in die Landschaft, ein Gang in die Natur, eine Besichtigung einer Kirche oder gar eine zünftige Brotzeit.

Gelegentlich spielen Musikanten im Wirtshaus auf – z.B. die „Schmuttertaler" in vielseitiger Besetzung.

Schilift bei Aretsried

In den Stauden können Wintertage sehr erlebnisreich sein, wie hier in Burgwalden.

VERFLECHTUNGEN DER STAUDEN MIT DEM UMLAND

„Stadt und Land üben eine stete, nie ruhende Wechselwirkung aufeinander aus, beide sind innig miteinander verflochten…"

Die Aussage eines berühmten Agrar-Ökonomen vor 150 Jahren lässt sich am Beispiel der Stauden und ihres Umlandes gut nachvollziehen. Sie gilt für die geschichtlichen Verbindungen ebenso wie für die aktuellen Beziehungen. Die Stauden waren und sind als bäuerlich geprägte Landschaft, als dünn besiedelte waldreiche Gegend, als Ziel für Erholung und Tourismus vor allem für die umliegenden Städte und Märkte stets ein beliebtes und begehrtes Interessengebiet.

Umgekehrt haben die Bewohner der Stauden vielfältige und oft langanhaltende Verbindungen zu ihrem Umland aufgebaut und gepflegt. Die Bewohner der Stauden mussten sich zwangsläufig auf mehrere Orte in ihrem Umland ausrichten. Augsburg als zentraler Ort für Verwaltung, Kultur und Wirtschaft hatte dabei stets eine herausgehobene Bedeutung. Für die Versorgung mit Waren und Dienstleistungen werden neben den größeren Orten innerhalb der Stauden insbesondere die Marktorte bzw. Kleinstädte in nächster Umgebung, nämlich Bobingen, Schwabmünchen, Türkheim, Kirchheim oder Ziemetshausen in Anspruch genommen. Die Verteilung der Behörden, die Möglichkeiten zum Einkaufen, die Erreichbarkeit des Arbeitsplatzes und nicht zuletzt der Schulort bestimmen heute die Stadt-Land-Beziehungen.

Der Kupferstecher Martin Will hat 1790 Augsburger Kleinhändler mit ihren Waren und Kaufrufen lebensnah dargestellt. Die Staudenbauern lieferten vor allem Brennholz, Besen, Körbe, Reisig (Borza), Stangen, Holzkohle, Stein- und Kernobst.

Das Umland hatte Güter und Rechte in den Stauden

Viele Staudenorte wurden erstmals in Urkunden erwähnt, wenn es um Besitzerwechsel ging. Verkauft, verschenkt, verpfändet oder gestiftet wurden Äcker und Wiesen, Zehentanteile und Gilten, Höfe, Weiler und ganze Dörfer. Kirchliche Rechte, wie das Patronatsrecht oder herrschaftliche Rechte, wie das Jagd- und Fischereirecht oder die Niedergerichtsbarkeit, wechselten ihre Inhaber. Die Herrschaftsträger hatten überwiegend ihren Wohn- oder Verwaltungssitz im Umland der Stauden. Es waren der Bischof und das Domkapitel Augsburg, Klöster, Stiftungen, Augsburger Patrizier und Handelsherren. Seit dem ausgehenden 13. Jahrhundert erwarben Augsburger Kaufleute bevorzugt Grundbesitz in den Stauden. Verkäufer waren meist Adelige, die in der Krise des Spätmittelalters verarmt waren und in der Augsburger Bürgerschaft kapitalkräftige Käufer fanden. Güterbesitz war eine relativ sichere Anlage von flüssigem Kapital.

Ab Mitte des 15. Jahrhunderts strebten Augsburger Patrizier die Abrundung des Grundbesitzes und den Erwerb herrschaftlicher Rechte in den Stauden an, um Mitglied der Reichsritterschaft oder gar Reichsgraf zu werden. Es war offensichtlich ein wichtiges Ziel der Augsburger Oberschicht, zu Standesherren aufzusteigen und die neue Stellung im Bau von Herrensitzen sichtbar zu machen. So ließ sich der Augsburger Patrizier Martin Horngacher in Fischach einen Ansitz bauen, der Ratsherr Heinrich Dachs gab den Auftrag für die Errichtung eines Schlösschens in Hardt und Raymund Fugger baute den Herrensitz derer von Freyberg in Mickhausen, wo Kaiser Maximilian gerne zur Jagd weilte, in ein Schloss um (siehe Kapitel „Die Fugger in den Stauden"). Um 1800 hatten in Fischach die Markgrafschaft Burgau, das Domkapitel Augsburg, das Reichsstift St. Ulrich und Afra in Augsburg, die Augsburger Chorherrenstifte Hl. Kreuz und St. Georg, das Kollegiatstift in Dillingen, das Zisterzienserinnenkloster Oberschönenfeld, Besitzungen und Rechte.

Welche Beziehungen zwischen den Stauden und ihrem Umland sind dabei entstanden? Einerseits flossen aus Grund und Boden in den Stauden Abgaben an die Besitzer im Umland. So konnte das Heilig-Geist-Spital Augsburg nicht zuletzt durch die Einnahmen in den Stauden seine karitativen Aufgaben für Kranke, Alte und Pilger finanzieren und Kapital bilden. Das Geld nahm jedoch auch den umgekehrten Weg und kehrte in die Stauden zurück. Benötigten Bauern oder Handwerker in den Stauden Kapital, so traten die Begüterten im Umland als Kreditgeber auf. Dieses Kapital floss in die Landwirtschaft und diente der Wirtschaftsförderung. Das Heilig-Geist-Spital Augsburg bezog über 20%

Mittelneufnach – der spätgotischer Kirchturm und der barocke Dachreiter auf dem ehemaligen Amtshaus sind Zeugnisse für die Ortsherrschaft des Heilig-Geist-Spitals Augsburg in den Stauden.

seiner Geldeinnahmen aus solchen Kreditgeschäften. Die Türkheimer Bruderschaften haben noch im 19. Jahrhundert Gelder in verschiedene Staudenorte verliehen.

Bei Baumaßnahmen für Kirchen, Herren- oder Amtshäuser floss Geld wieder in die Stauden zurück. Der Besitz eines Kirchensatzes bedeutete, dass man für die Instandsetzung von Kirche und Pfarrhof, später auch von Mesnerhaus und Schule aufkommen musste. So finanzierte z. B. die bayerische Herrschaft Schwabegg den Neubau der Wallfahrtskirche Klimmach überwiegend mit Geldern, die außerhalb der Stauden erwirtschaftet wurden. Die Baumeister, Stukkatoren und Kunsthandwerker kamen zwar vom Umland, doch waren auch heimische Handwerker als Maurer, Zimmerleute, Schreiner und Schmiede beschäftigt, Landwirte und Taglöhner leisteten Hand- und Spanndienste. Dies war in den Wintermonaten, wenn es in der Landwirtschaft weniger Arbeit gab, ein willkommener Nebenerwerb. Zur Verwaltung der Güter und zur Durchsetzung der Rechte war Personal notwendig, welches die Besitzer bzw. Inhaber finanzieren mussten. Die Bediensteten waren nicht nur ein Kostenfaktor, sie hatten auch Einfluss auf das Leben und Handeln der Untertanen. An den Gerichtstagen kamen die Vögte und Verwalter mit Männern der jeweiligen Dorfgemeinschaft in Kontakt und regelten alltägliche Probleme wie Ausschank, Schlachttermine oder den Streit um Flurgrenzen. Da z. B. der Pfleger des Heilig-Geist-Spitals aus dem Augsburger Bürgertum kam, hatte die Stadt einen deutlichen Einfluss bis weit in die Stauden hinein, wo sie Rechte besaß.

Wallfahrt und wirtschaftliches Leben

Regelmäßige Beziehungen zwischen den Stauden und ihrem Umland ergaben sich aus den Wallfahrten. Die religiös motivierten Wanderungen bzw. die Pilgerwege zu Gnadenstätten spielten vor allem in der Barockzeit eine wichtige Rolle. In dem dichten Netz von Kultstätten im Augsburger Umland übten insbesondere das Prager Jesulein in Oberschönenfeld, die Loretokapellen auf dem Kobel und beim Scheppacher Hof, der Kreuzpartikel in Klimmach auf die Gläubigen eine starke Anziehungskraft aus. Mirakelbücher und Votivtafeln geben oft Zeugnis von der Herkunft und dem Anlass der Pilgerfahrt. Umgekehrt pilgerten die Staudenbewohner zu wichtigen Wallfahrtstätten in Augsburg (St. Ulrich und Afra, Heilig Kreuz), zum „Herrgottle" nach Biberbach und besonders zahlreich nach „Maria Hilf" auf dem Lechfeld. Die dortigen handgeschriebenen Mirakelbücher verzeichnen unter den gelesenen Messen und Prozessionen sehr viele Staudengemeinden wie Fischach, Döpshofen, Grimoldsried, Konradshofen, Mittelneufnach, Reinhartshausen, Siegertshofen und Walkertshofen. Zu einer starken Wallfahrt am Rande der Stauden entwickelte

Wallfahrtskirche Maria Vesperbild – Anziehungspunkt vieler Pilger aus dem näheren und weiteren Umland.

sich das Gnadenbild der Schmerzensmutter mit dem toten Heiland in Maria Vesperbild. Die Marienverehrung hat mit der Aufstellung einer Fatima-Figur in einer Grotte 1957 einen riesigen Aufschwung genommen. Mit jährlich etwa 500.000 Besuchern ist Maria Vesperbild heute der meistbesuchte Wallfahrtsort in der Diözese Augsburg. In Verbindung mit Wallfahrten und Heiligenfesten finden vielerorts Märkte statt, die zur Belebung der Wirtschaft beitragen.

Vielfältige Beziehungen zwischen den Stauden und dem Umland gab es im Bereich der Handwerkerzünfte, die ihren Sitz meist in den umliegenden Marktorten hatten. Die verschiedenen Herrschaften erließen Handwerksordnungen, und die Zünfte erstellten Regeln für Herstellung, Menge und Preis der Waren und die Zahl der Mitglieder. Damit übten sie einen erheblichen Einfluss auf das Wirtschaftsleben in den Stauden aus. 1868 wurde der Zunftzwang aufgehoben, an die Stelle der Zünfte traten die Innungen, die nach den Verwaltungsgrenzen der Behörden organisiert wurden.

Die politischen, wirtschaftlichen und sozialen Verflechtungen des Umlandes mit den Stauden endeten mit der Auflösung des Alten Reiches. Rechte und zahlreiche Besitzungen gingen jetzt an das Königreich Bayern über. Mit der Neuorganisation von Verwaltung und Justiz entstanden neue öffentliche Ämter in verschiedenen Orten des Umlandes. Aus Standesherren wurden Großgrundbesitzer in den Stauden.

Aus den Stauden für Augsburg und das Umland

Für die Versorgung der Städte mit Lebensmitteln oder Rohstoffen spielten die Klosterhöfe eine wichtige Rolle. Die Abtei Oberschönenfeld unterhielt seit dem 13. Jahrhundert in Augsburg ein stattliches Gebäude, den Schönefelder Hof, als Herberge und Wirtschaftsbetrieb. Hier kehrten die Äbtissin und die Chorfrauen ein, wenn sie zur Erledigung von Amtsgeschäften in Augsburg weilten. In Notzeiten war der Stadthof Zufluchtstätte und Verwahrort für Hab und Gut. Dazu gehörte auch ein Getreidekasten, bei dem die Untertanen die Abgaben anliefern konnten, die nach Augsburg bessere Straßenverbindungen als nach Oberschönenfeld hatten. Der Kastner, dem der Hof unterstand, sorgte für die Aufbewahrung der Vorräte und für den Verkauf. Der ehemalige Schönefelder Hof in der Johannisgasse beherbergt heute Wohnungen, Kanzleien und die Gaststätte „König von Bayern" (früher „Andechser").

Die ländlichen Gebiete rund um die Stauden konnten sich mit Lebensmitteln im Wesentlichen selbst versorgen. Die Bewohner in der staudennahen Stadt Augsburg waren auf die Versorgung aus dem Umland angewiesen. Zwar hatten viele Staudendörfer, wie Lambert Kolleffel um 1750 schreibt, *schlechten Feldbau, Wießwachs und Viehzucht*, doch gab es in den Stauden *viel Kern- und Stein-Obst, das sie* [die Staudenbewohner] *in der Stadt Augspurg verkauffen*. Dazu

kamen noch Fische aus den Flüssen und Weihern, Beeren, Pilze oder Vögel aus den Wäldern.

Vor allem benötigte man in Augsburg eine Unmenge an Brennholz, das über Lech und Wertach in die Stadt geflößt wurden. Teils kam es aus dem Holzwinkel nordwestlich von Augsburg, teils auch von waldbesitzenden Staudenbauern, vor allem von großen Einödhöfen. So berichtet Kolleffel öfters, dass die Bauern *allda aigene Waldungen haben, woraus sie das Holtz in Augspurg verkauffen*. Die Bauern verdienten am Holzverkauf und am Holztransport. In Augsburg benötigten Schmiede, Gießereien und Pulvermühlen zur Erzeugung hoher Temperaturen viel Holzkohle. Hierfür waren die Stauden, besonders das Gebiet um Fischach und Walkertshofen, bis ins 17. Jahrhundert das bevorzugte Liefergebiet. Für den hohen Holzbedarf wurden die Wälder stark abgeholzt, so dass hier nur noch „Buschwerk und Gesträuch", eben „Stauden", wuchsen. Im 18. Jahrhundert dürfte in den Stauden die Holzkohlegewinnung keine große Rolle mehr gespielt haben, jedenfalls erwähnt sie Kolleffel für keinen Staudenort, wohl aber für Adelsried, Geratsried (heute Heretsried) und Lauterbrunn. Erst der Ausbau der Eisenbahn ab 1840 und die damit verbundene Lieferung von „echter" Kohle nach Augsburg, löste den Verbrauch an Holzkohle allmählich ab.

Der ökonomische Aufstieg Augsburgs im 16. Jahrhundert beruhte wesentlich auf der intensiven Textilproduktion. Deshalb bestand in den umliegenden Dörfern eine große Nachfrage nach Rohgarn für die Leinenweberei. So ergriffen in vielen Staudendörfern die Kleinbauern das Handwerk der Weber, um die Erträge aus der Landwirtschaft durch gewerbliche Einkünfte aufzubessern und ihre Familien zu ernähren. Außerdem eigneten sich in den Stauden Klima und Boden recht gut zum Anbau von Hanf und Flachs, besser als zum Getreideanbau. Manche Ortsherren siedelten gezielt solche Söldner an, z. B. das Augsburger Heilig-Geist-Spital in Grimoldsried und Scherstetten. So schreibt Kolleffel bei vielen Staudenorten: *Die bauern spinnen allhier vielen Flachs ...* oder *... dahero die Bauren von Flachsspinnen sich ernehren*. Das Zentrum der Leineweberei in den Stauden lag um 1700 in Langenneufnach, wo fast 100 Sölden ansässig waren. Kolleffel bemerkt: „*In dem Dorff befinden sich sehr viele Leinweber, welche wochentlich gegen 400 Stück Leinwand zum färben würcken, wovon sie die schlechten nach Memmingen und Kaufbeuren, die beßere aber nach Augspurg verschicken.*"

Nach dem Dreißigjährigen Krieg war bis in die Mitte des 19. Jahrhunderts in Schwabmünchen das Exportgewerbe der Strumpfstrickerei stark vertreten. Schwabmüncher Händler versorgten die Heimarbeiter in den Stauden mit Baumwolle und übernahmen den Vertrieb der fertigen Waren. Kolleffel berichtet von Klimmach und Konradshofen, dass „*die Bauern viel Baumwoll spinnen und derley Strümpfe stricken, welche sie in Schwabmünchingen verkauffen*".

Die Stauden und ihr Umland im 20. Jahrhundert

Die Beziehungen der Stauden zu ihrem Umland in den letzten 100 Jahren lassen sich am besten durch die Daseinsgrundfunktionen Wohnen, Arbeiten, Versorgung, Bildung und Erholung gliedern und darstellen. Die Grundlage für die Entfaltung und wechselseitige Verbindung dieser Funktionen ist die Mobilität von Personen, Gütern und Nachrichten durch Verkehr und Kommunikation. Mit dem Bau der Staudenbahn 1911/12 als Nord-Südstrecke zwischen Gessertshausen und Türkheim erhielt das Wirtschaftsleben einen kräftigen Aufschwung. Jetzt waren die Stauden an die Eisenbahnlinien München – Augsburg – Ulm bzw. München – Memmingen – Bodensee angeschlossen. Das Pendeln in die Augsburger Industriebetriebe, der Weg zu Ämtern oder zum Einkaufen, insbesondere der Transport des Holzes wurden wesentlich erleichtert. Etwa zur gleichen Zeit wurde die Erschließung der Stauden durch Postbuslinien verbessert. Seit 1914 gab es Busverbindungen von Fischach über Mickhausen und von Langenneufnach nach Schwabmünchen. Weitere Linien verkehrten von Norden und von Westen in die Stauden. Nach 1960 stieg der PkW-Verkehr rasch an. Mit der Motorisierung und dem Ausbau der Straßen nahm die Bedeutung des Bahnverkehrs deutlich ab, so dass die Staudenbahn 1991 stillgelegt wurde. Seit 2003 verkehrt sie wieder am 1. und 3. Sonntag im Monat von Mai bis Oktober zwischen Augsburg und Markt Wald.

Früher nahmen Klein- und Kleinstlandwirte oft einen mehrstündigen Fußmarsch zur Arbeit in Kauf, um den Unterhalt ihrer Familien zu sichern. Der technische Fortschritt und die zivilisatorische Entwicklung veränderten im 20. Jahrhundert rasant alle Arbeits- und Lebensverhältnisse, dabei vollzog sich eine räumliche Trennung von Wohnen und Arbeiten. Da in der Landwirtschaft die Arbeitsplätze zurückgingen und im nahen Umland der Stauden gewerbliche und industrielle Arbeitsmöglichkeiten entstanden, mussten die Staudenbewohner zunehmend zur Arbeit ins Umland pendeln und zum Wohnen wieder in die Stauden zurückkehren. Der Ausbau der Straßen ermöglichte eine Ausweitung des Pendlerradius auf 50–100 km/Tag. Wegen der relativ günstigen Baulandpreise zogen viele Familien aus dem Umland in die Stauden und erfüllten sich in den Neubaugebieten am Ortsrand den Traum vom Eigenheim. Aus Bauerndörfern wurden allmählich Wohnorte. Heute wirbt die Homepage der Gemeinde Mickhausen: *„... in ca. einer halben Stunde ... sind die Städte Augsburg, Landsberg, Mindelheim und Krumbach zu erreichen .... Wohnen und Leben im dörflichen Charakter ... Die Gemeinde hat ein Wohnbaugebiet ausgewiesen, in denen noch Bauplätze auch für auswärtige Interessenten zur Verfügung stehen."*

Mit einem vielfältigen und künstlerischen Angebot ziehen Jahrmärkte und der Töpfermarkt in Oberschönenfeld das Publikum aus nah und fern in die Stauden.

In den größeren Staudenorten lässt sich der tägliche Bedarf decken. Da und dort gibt es noch einen Dorfladen, evtl. eine Metzgerei oder eine Bäckerei. Für Bekleidung oder Textilien, gar für Haushalts- oder Elektrowaren muss man meist Entfernungen zurücklegen, entweder nach Fischach und Markt Wald oder ins weitere Umland. Dort steht neben Fachgeschäften ein reichhaltiges Angebot, vor allem in den Discount-Märkten auf der „grünen Wiese" zur Verfügung. Arbeiten und Einkaufen lassen sich dabei oft gut verbinden.

In bescheidenem Maße nehmen wiederum die Produkte vom Land den umgekehrten Weg in die umliegenden Städte. Viktualien aus den Stauden werden auf manchen Wochenmärkten angeboten und ganzjährig in einem Stauden-Bauernladen in Augsburg-Pfersee verkauft. Von Öko- Rindfleisch über ausgewählte Wurstwaren bis zu Milchprodukten, Nudeln und Gemüse reicht die Palette des Angebotes. Eine beliebte Spezialität sind die Fruchtsäfte von den heimischen Streuobst-Wiesen. Darüber hinaus gibt es innerhalb der Stauden mehrere Hofläden mit qualitätvollen Waren regionaler Herkunft. Handwerkliche Dienstleistungen gibt es noch in den meisten Staudenorten. Leistungsfähige Spezialisten haben einen Kundenkreis im weiten Umland. Für die medizinische Versorgung gibt es noch in vier Gemeinden einen praktischen Arzt, in drei Orten Zahnarzt und Apotheke und eine Apotheke. Für Spezialärzte oder zur stationären Behandlung ist man auf die umliegenden Städte angewiesen.

Die Kinder der Staudenbewohner kommen in der Regel in den Krankenhäusern des Umlandes auf die Welt.

Nur in fünf Staudengemeinden gibt es noch eine Grundschule (Fischach, Gessertshausen, Langenneufnach, Markt Wald, Walkertshofen), die einzige Hauptschule befindet sich in Fischach, eine Teilhauptschule in Gessertshausen. Die Schulkinder der Staudendörfer werden bereits im Grundschulalter in umliegende Orte gefahren. Zum Besuch weiterführender Schulen müssen die Kinder die Stauden verlassen, zu den Realschulen nach Augsburg, Bobingen, Schwabmünchen, Thannhausen oder Mindelheim oder in die Gymnasien nach Augsburg, Neusäß, Krumbach, Mindelheim, Schwabmünchen, Türkheim. Wenn die Eltern ihre Kinder von der Schule abholen, so verbinden sie eine solche Fahrt nicht selten mit einem Einkauf am Schulort.

Theater-, Konzert- oder Museumsbesuche lassen sich nur außerhalb der Stauden erfüllen, wenn man von Einzelveranstaltungen besonderer Art absieht. In der Staudenlandhalle in Fischach gibt es regelmäßig kulturelle „Events" von überregionaler Bedeutung. Zu solchen Anlässen kommen auch die Bewohner aus dem weiteren Umkreis in die Stauden.

Dampfzugfahrten am Wochenende oder das alljährliche Bergrennen in Mickhausen mit internationalen Fahrern locken als attraktive Ereignisse Gäste und Einheimische an.

Kindergärten gibt es in vielen Staudendörfern, sie sind oft in den ehemaligen Schulhäusern untergebracht. Neben dem Volkskundemuseum Oberschönenfeld vermitteln mehrere Museen rund um die Stauden mit ihren kulturgeschichtlichen Sammlungen, vom alltäglichen Gebrauchsgerät bis zur religiösen Volkskunst, ein anschauliches Bild von der Wohn- und Arbeitswelt unserer Vorfahren. Dabei werden auch Hinterlassenschaften aus den Stauden präsentiert.

Den Reiz der Staudenlandschaft haben die Augsburger schon um die Jahrhundertwende entdeckt. Wander- und Radfahrvereine unternahmen Tagesausflüge, oft benützten sie die Staudenbahn als Zubringer. Das umfangreiche Standardwerk von Gustav Euringer „Auf nahen Pfaden" enthielt viele Anregungen für Ausflugsziele. Manche Städter machten in den Stauden auch einige Tage Urlaub. Gasthäuser in Fischach, Mickhausen und Langenneufnach boten schon in den 20er Jahren Gästezimmer an. Seitdem sind die Stauden ein beliebtes Ziel für Erholung und Freizeitgestaltung geblieben. Eine erfolgreiche Initiative für den Tourismus auf dem Land vollzog sich um 1960 in Markt Wald, wo günstige Angebote Übernachtungsgäste bis aus dem Ruhrgebiet anlockten. Die Bedeutung für die Naherholung nahm mit der Motorisierung und einer verbesserten Infrastruktur weiter zu. Der Verkehrsverein Stauden (1973) und der Naturpark-Verein Augsburg Westliche Wälder (1974) sorgten für markierte Wander-, Rad- und Reitwege (siehe Beitrag „Naturpark"). An

Wochenenden sind die Stauden ein beliebtes Ausflugsziel. Dabei spielt das dichte Netz von kulturellen Sehenswürdigkeiten ebenso eine Rolle wie die attraktiven Rast- und Spielplätze. Neuerdings finden der Stauden-Meditationsweg und der Mozart-Weg besondere Aufmerksamkeit.

Die vielfältigen Beziehungen der Stauden mit ihrem Umland sollen mit einer Erinnerung an das Wirken der Kapuzinerklöster in Augsburg und Türkheim abgeschlossen werden: Gerne gingen die Leute aus den Stauden bei einem Besuch in Augsburg oder Türkheim bei den Ordensleuten zum Beichten, bevorzugt am Sebastiani-Fest oder an Portiunkula, um Ablässe zu bekommen. Andererseits waren Kapuzinerbrüder oft in den Stauden unterwegs, um Getreide und Schmalz für das Kloster zu betteln, da sie nach den Ordensregeln keinen Besitz haben durften. Es gab und gibt also neben den herrschaftlichen, wirtschaftlichen, sozialen oder kulturellen Beziehungen noch besondere Anlässe für die Verflechtungen der Stauden mit ihrem Umfeld.

Literatur:
Landkreisbücher der Landkreise Krumbach, Unterallgäu, Schwabmünchen.
Euringer, Gustav: Auf nahen Pfaden, Augsburg 1910/14.
Häußler, Franz: Marktstadt Augsburg, Augsburg 1998.
Kolleffel, Johann Lambert: Schwäbische Städte und Dörfer um 1750. Tafelband hg. von Robert Pfaud, Weißenhorn 1974.
Piller, Michael: Fischach, Weißenhorn 1981.
Pötzl, Walter (Hrsg.): Der Landkreis Augsburg, Bd. 3, Herrschaft und Politik, Augsburg 2003; Bd. 4, Bauern, Handwerker, Arbeiter, Augsburg 2001.
Vogel, Rudolf: Historischer Atlas von Bayern – Mindelheim, München 1970.

BEGEGNUNGEN

Wanderer zwischen den Epochen – Maler, Fotograf und Objektkünstler **Alexander von Fäckl ist Experte in Sachen Barock**

Der Eingang zu Alexander von Fäckls Reich ist nicht leicht zu finden. Durch ein verstecktes schmiedeeisernes Tor gelangt der Besucher in einen verwunschenen alten Garten.

Unscheinbar das Schlossportal. Eine grob behauene Treppe aus rohen Ziegeln führt hinauf in die oberen Stockwerke des alten Fuggerschlosses in Markt Wald. Neugierig betritt der Gast die hohen Räume – und stutzt erst einmal. Atelier oder Wohnstube? Arbeitszimmer oder Museum? Küche oder Bibliothek? Die Übergänge sind fließend.

Mitten in den Stauden wähnt sich der Besucher in einer anderen Welt, fühlt sich inmitten des barocken Interieurs zurück versetzt in vergangene Jahrhunderte. Wären da nicht das moderne Fotostudio und der PC-Arbeitsplatz – Bindeglieder in die Gegenwart. Weit schweift der Blick an hellen Tagen von hier oben hinunter ins Neufnachtal. In der Ferne verschwinden die Dörfer im gleißenden Dunst. Vor dieser Kulisse geht Alexander von Fäckl seine Arbeit leicht von der Hand. Er bringt seine vielseitige Tätigkeit mit einem Begriff auf den Punkt: „Barockart" steht auf seiner Visitenkarte und am Türschild des Markt Walder Schlosses. Barockart – die Kunst des Barock. Der vielseitige Künstler hat sich ganz dieser bedeutenden Stilepoche zwischen der Renaissance und der Neuzeit verschrieben.

Alexander von Fäckl, Jahrgang 1957, stammt aus Südtirol. Nach einer Ausbildung zum Diplom-Designer, einem Gaststudium an der Wiener Akademie der Bildenden Künste und einer Mitarbeit als Gemälderestaurator begann er 1986 seine Tätigkeit als freischaffender Künstler. Während eines zweijährigen Aufenthaltes in Venedig setzte er sich intensiv mit venezianischem Glas auseinander. Seit 1997 lebt und arbeitet Alexander von Fäckl in Markt Wald. Er widmet sich altmeisterlicher Malerei, neobarocker Gestaltung und künstlerischer Fotografie.

Sein Spezialgebiet sind die niederländische Malerei des 17. Jahrhunderts und deren altmeisterliche Maltechniken. Als Experte gilt er auf dem Gebiet des Chiaroscuro, also der Hell-Dunkel-Malerei. So wird eine in der Spätrenaissance und im Barock entwickelte Maltechnik bezeichnet, die von starken Kontrasten gekennzeichnet ist. Dieses Spiel von Licht und Schatten, von Caravaggio, Georges de la Tour und natürlich Rembrandt meisterhaft beherrscht, fasziniert ihn.

Durch die intensive Beschäftigung mit der Malerei der Barockzeit wurde Alexander von Fäckl im Lauf der Zeit immer mehr zum Experten für den Barock im Allgemeinen. Sein fachmännischer Rat ist in ganz Europa gefragt. Wenn es um die detailgenaue Ausstattung eines historischen Filmes geht, wenn ein Buchautor wahrheitsgetreu barockes Milieu schildern will, wenn ein Theaterregisseur bei der Inszenierung eines barocken Stückes auf Nummer sicher gehen will: von Fäckl weiß Rat.

Die zweite Seele, die in der Brust des Alexander von Fäckl schlägt, ist die eigene künstlerische Betätigung. Die Lust am Experimentieren treibt ihn um. Malerei, Objektkunst, Kalligrafie und Fotografie – auf jedem Feld ist von Fäckl zu Hause. Mit alten Handwerkstechniken nimmt er sich die Werkstoffe Metall, Holz und Glas vor und verbindet so die alte Malerei mit dem neuzeitlichen Kunstbegriff. Ungewohnte, verblüffende, nur auf den ersten Blick so gar nicht stimmige Arrangements entstehen unter seinen Händen. Als Wanderer zwischen den Zeitepochen versetzt von Fäckl barocke Stilelemente ins 21. Jahrhundert und „komponiert" aus diesen so unterschiedlichen „Zutaten" surreale Installationen und Inszenierungen. Zum Erstaunen des Betrachters fügen sich diese Elemente unter der Regie des Meisters zu farbenprächtigen, phantasievollen Collagen zusammen – meist mit einem Schuss Erotik und einer geheimnisvollen Prise morbider Eleganz. Seine Werke finden sich in Galerien und Ausstellungen vornehmlich in Holland und Italien. Aber auch das Schloss in Markt Wald und dessen weitläufiger Garten werden bisweilen zur Galerie umfunktioniert, wenn Alexander von Fäckl befreundeten Künstlerkollegen ein sommerliches Forum bietet. Infos unter: www.barockart.de.

Walter Kleber

Vorsicht Glas! – **Der schnelle Malermeister Wolfgang Glas hat Benzin im Blut**

Die Leidenschaft für den Rennsport hat Wolfgang Glas schon in der Schulzeit gepackt. „Schuld" an dieser Begeisterung, die ihn ein Leben lang nicht mehr los lassen sollte, war das legendäre Bergrennen in Mickhausen. 1964 erstmals veranstaltet, stand es bis 1985 insgesamt zwanzig Mal im Rennkalender. Einmal im Jahr, im Spätsommer, gastierte der schillernde Renn-„Zirkus", den man ansonsten bestenfalls vom Fernsehen her kannte, in den Stauden. Schon Wochen vorher fieberten nicht nur „g'standene Mannsbilder", sondern natürlich auch die Kinder und Jugendlichen rund um Münster und Mickhausen dem PS-Spektakel entgegen. Nicht anders Wolfgang Glas. Im nahe gelegenen Konradshofen aufgewachsen (und heute im benachbarten Scherstetten zu Hause), war er schon als Bub von den schnellen Boliden, den „tollen Kerlen" und der benzinschwangeren Atmosphäre am Mickhauser Berg fasziniert. Solchermaßen vom Rennbazillus infiziert, reifte in ihm der Entschluss, selber Rennfahrer zu werden. Gesagt, getan: Ab 1990 sammelte er erste Erfahrungen im Automobil-Slalom, ehe er 1993 zum Bergrennsport wechselte. Heuer sind es schon 16 Jahre, in denen der schnelle Maler- und Lackierermeister aktiv im Motorsport mitmischt. 2001 ging für Wolfgang Glas ein lange gehegter Traum in Erfüllung: Da lag eine der traditionsreichsten Bergrennstrecken Deutschlands direkt vor seiner Haustüre. Und er selber musste alle vierzehn Tage kreuz und quer durch die Republik reisen, um seinem Hobby zu frönen. Was lag da näher, als die Wiederbelebung des Mickhauser Bergrennens anzupacken. Beim Automobil Sport Club (ASC) Bobingen stieß er sofort auf offene Ohren. Der Club um Robert Andratzek und Günter Hetzer erklärte sich bereit, die Veranstaltung zu schultern. Und so kam es – nachdem alle bürokratischen Hürden genommen waren – im Herbst 2001 zu einer glanzvollen Renaissance der Bergrennen von Mickhausen. Der Schub hält weiter an: die Motorsport-Großveranstaltung, die alljährlich bis zu 20.000 begeisterte Zuschauer anzieht, steht auch in den kommenden Jahren im Terminkalender.

Nicht nur im Organisationsteam, auch als Fahrer möchte Wolfgang Glas, Jahrgang 1970, dabei stets ein Wörtchen um einen Platz auf dem Siegerpodest mitreden. Mit seinem bayerisch weiß-blau lackierten und 190 PS starken 16-Ventiler VW-Polo I (Baujahr 1979) fährt er im Gruppe-H-Berg-Cup für Tourenwagen ganz vorne mit. Wenn das Glas-Racingteam am Wochenende zum Rennen aufbricht, dann sind, wann immer es geht, auch die treuesten Fans – Ehefrau Barbara und die Kinder Julian, Judith und Elena – mit an Bord. Weitere Infos gibt's im Internet: www.glas-racing.de und www.asc-bobingen.   *Walter Kleber*

Kunstwerke aus Stein für Gärten und Gräber **Steinbildhauermeisterin Christiane Hellmich hat in den Stauden ihr Paradies gefunden**

Christiane Hellmich ist in ihrem Element. Mit Schutzbrille und Ohrenschützer steht sie in ihrer lichtdurchfluteten Werkstatt inmitten einer dicken Staubwolke. Die Steinbildhauermeisterin bearbeitet mit der Flex einen Block Muschelkalk. Fußboden, Tische und Werkstücke sind fingerdick mit feinem Steinpulver bedeckt. Was da unter ihren geschickten Händen entsteht? „Das weiß ich am Anfang manchmal selber noch nicht", lacht die 1964 geborene Künstlerin. Die Ideen kommen ihr ganz spontan bei der Arbeit mit dem harten Werkstoff. Noch während sie den Stein grob bearbeitet und von Ablagerungen befreit, zeichnet sich vor ihrem geistigen Auge schon seine spätere Verwendung ab. Inmitten der

dicken Staubwolke kristallisiert sich in der Phantasie der Meisterin schon frühzeitig die endgültige Form heraus.

Christiane Hellmich fertigt in erster Linie individuelle, ganz auf Leben und Persönlichkeit des Verstorbenen abgestimmte Grabzeichen. Hinzu kommen Auftragsarbeiten – meist Schriftgravuren – von einigen Steinmetzbetrieben aus der Region. Wenn bei all dem dann noch Zeit bleibt, dann lässt sie ihrer eigenen Kreativität freien Lauf. Mit ihren kunstvoll komponierten Steinplastiken nimmt sie auch an Wettbewerben und Ausstellungen teil. Jüngster Erfolg: eine Silber- und eine Bronzemedaille beim Grabzeichen-Wettbewerb auf der Münchner Bundesgartenschau BUGA 2005.

In der Oberpfalz geboren und in München aufgewachsen, kam Christiane Hellmich 1992 durch Zufall nach Mittelneufnach. Zusammen mit Ehemann Anton Mayer war sie auf der Suche nach einem Gartengrundstück auf dem Land. In der Staudengemeinde wurden die beiden fündig. Das gut 6000 Quadratmeter große Gelände der ehemaligen Ziegelei mit seinem renovierungsbedürftigen Häuschen am westlichen Ortsrand war so recht nach ihrem Geschmack. Jahrelang pendelte Christiane Hellmich täglich zwischen München und den Stauden hin und her. In dieser Zeit werkelte das Paar in jeder freien Minute im Garten und später am Haus. Nach und nach verwandelte sich das triste Ziegeleigrundstück in ein wahres Gartenparadies. Im großen Teich quakt eine Froschkolonie um die Wette. Auf verschlungenen Pfaden erreicht man idyllische Winkel, versteckte Bänke laden zum Verweilen inmitten dieser Oase ein.

Nach dem Abitur absolvierte Christiane Hellmich in München eine dreijährige Steinmetzlehre. Eigentlich wäre sie ja lieber Kunsterzieherin geworden. Dann entschied sie sich aber doch für die Praxis und für einen Beruf, der Kreativität und Theorie, Kunst und Handwerk optimal vereint. „Damals galt eben noch der Spruch vom goldenen Boden des Handwerks". Nach lehrreichen Gesellenjahren im Raum München besuchte sie in den Jahren 2001/02 in Freiburg im Breisgau die Meisterschule und schloss mit dem Traumergebnis 1,0 ab. Trotz dieses hervorragenden Abschlusses fand sie jedoch keine Meisterstelle. Da fasste sie spontan den Entschluss, sich selbständig zu machen. Seither betreibt sie in Mittelneufnach ihre eigene Werkstatt.   *Walter Kleber*

Geigenbau- und Klangwerkstatt erfüllen ein altes Gebäude mit neuem Leben

Seit Jahren werden verzweifelte Anstrengungen unternommen, der Agonie der Dörfer entgegen zu wirken. Mit dem

Sterben der Bauernhöfe, der Tante-Emma-Läden, der Wirtshäuser und mit der zunehmenden Verlagerung der Arbeitsplätze in die Städte droht langsam die Vitalität aus den ländlichen Bereichen zu sickern. Private Initiativen, wie die Klangwerkstatt in Markt Wald, beweisen auf ermutigende Weise, dass dagegen ein Kraut gewachsen ist. Als Christoph Löcherbach den leer stehenden, 400 Jahre alten Brauereigasthof in Markt Wald übernahm, ihn vorbildlich nach denkmalschützerischen Gesichtspunkten renovierte und in eine florierende Instrumentenbauwerkstatt verwandelte, war das nicht nur optisch ein Gewinn für das ganze Dorf. Löcherbach werkelte nämlich nicht isoliert vor sich hin, sondern bemühte sich von Anfang an erfolgreich um einen guten Kontakt zu seinen Nachbarn und zum ganzen Dorf.

Gemeinsam mit Theresia Hörl kam der handwerklich vorbelastete Arzt vor 13 Jahren aus dem Schwarzwald, wo er seine Praxis nach dem Tod seiner Frau aufgegeben hatte. Theresia Hörl hatte soeben ihr Musikstudium am Mozarteum in Salzburg beendet. Sie verliebten sich in das alte Gasthaus aus dem 16. Jahrhundert und hauchten ihm neues Leben ein. Und sie sorgten dafür, dass nicht nur sie privat profitierten, sondern die Wirtsstube dem Dorf erhalten blieb. Neben dem Bau einfacher Instrumente, wie Psalter, Leier, Harfe oder Hackbrett, vermittelt Löcherbach seine Kenntnisse europaweit in Kursen.

Aus der Klangwerkstatt wurde ein kulturelles Zentrum, an dem viele teilhaben. Hier ist die Musikschule von Theresia Hörl mit rund 120 Kindern zuhause, und in der urgemütlichen alten Gaststube sowie im Saal unterm Dach finden Musikantenstammtische, Sing- und Tanzabende, musikalische Frühschoppen und kleine Konzerte statt. 1998 wurde der Klangwerkstatt dafür der Bayerische Heimatpreis und die Denkmalschutzmedaille verliehen. Löcherbach erhielt 2006 den Volksmusik-Ehrenpreis der Hanns-Seidl-Stiftung. Das Team um Christoph Löcherbach hat sich auf diesen Lorbeeren nicht ausgeruht. Als sich bei einer Vermessung zufällig heraus stellte, dass der zum Abbruch vorgesehene Stadel nebenan zum Areal der Klangwerkstatt gehörte, stellte man sich von Neuem der Herausforderung.

Inzwischen hatte nämlich Löcherbachs Schwiegersohn Dominik Hufnagl seine Meisterprüfung als Geigenbauer abgelegt. Er arbeitete nun federführend am Umbau mit und richtete sich im Obergeschoß eine Geigenbauwerkstatt ein. Unten zog die Klangwerkstatt ein, und aus deren bisherigem Domizil im alten Sudhaus entstand eine Wohnung für Hufnagl und seine Frau Angela.

So ergänzen sich die Bereiche in idealer Weise: die Klangwerkstatt mit ihren einfachen historischen Saiteninstrumenten und den Instrumentenbaukursen, die Musikschule und der konventionelle Geigen- und Bassbau Hufnagls. Zu seinem 60. Geburtstag hat Löcherbach die Werkstatt ganz

seinem Partner André Schubert übergeben, der mit Frau und zwei Kindern direkt gegenüber wohnt. Löcherbach widmet sich seither verstärkt der Kurstätigkeit und seiner Familie. Er ist nach wie vor die Seele des Ganzen – als „Hausl" oder als Wirt in der urigen Stube mit der niedrigen Decke und dem abgetretenen Holzboden, wo die Zeit stehen geblieben scheint.

Von dem alten Stadel sind nur die Außenmauern und das Dach geblieben. Die Fassade blieb in ihrem Charakter für das Dorfbild erhalten. Ein einfaches, schönes Holztreppenhaus verbindet die drei Ebenen. Nischen mit Skulpturen und blühenden Stiefmütterchen unterbrechen die herkömmlich verputzten, geweißten Wände. Die Fußböden sind mit geöltem Eichen- und Robinienparkett belegt.

Platz ist hier auch für das gemeinsame Holzlager und, unterm Dach, für das Büro und für einen Ausstellungs- und Anspielraum. Von hier aus, wo auch kleinere kammermusikalische Vorträge stattfinden, geht der Blick über die Obstgärten ungehindert hinaus auf die sanften Hügel und Wälder der Staudenlandschaft. Ebenso wie die "alte" Klangwerkstatt, atmet auch dieses Haus ein Klima schlichter, ungekünstelter Harmonie, Ruhe und Beständigkeit. Das sind Eigenschaften, die sich nicht an baulichen Details festmachen lassen. Sie kommen von innen. Und gerade deshalb ist so etwas wie die Klangwerkstatt ein Glücksfall für alle, die mit ihr zu tun haben. Infos: www.klangwerkstatt.de.

Eva-Maria Frieder

Ein Original mit vielfältigen Talenten
Kalligraf und Krippenbauer
Emil Kugelmann ist weit über die
Stauden hinaus bekannt

Arzt oder Pfarrer wollte er in jungen Jahren gerne werden. Doch nach den Wirren des Zweiten Weltkriegs kam alles ganz anders: Emil Kugelmann übernahm zu Hause in Grimoldsried die elterliche Landwirtschaft, blieb aber zeitlebens den schöngeistigen Dingen eng verbunden.

Dem einfachen Landwirt war es nie genug, nur die tägliche Arbeit im Stall und auf dem Feld zu verrichten und das kleine „Bauernsach" umzutreiben. Zeit seines Lebens beschäftigt sich Emil Kugelmann, Jahrgang 1916, mit anspruchsvollen Hobbys, die einen Blick zulassen über den Tellerrand und über die heimische Scholle hinaus. Wenn es schon im Hauptberuf nicht so geklappt hat wie gewünscht, wenn das Schicksal seine Lebenslinien in andere Bahnen gelenkt hat, dann sollte es wenigstens nach Feierabend und in der knapp bemessenen Freizeit noch etwas anderes sein als Ackerbau und Viehzucht. An Talenten dazu hat es Emil Kugelmann nie gemangelt.

Ob Kunst- und Kirchengeschichte, Heimat- und Volkskunde, Krippenbau und Kalligrafie: Emil Kugelmann erweist sich als beschlagener, kompetenter Kenner der Materie, bewandert und belesen. Bekannt geworden im ganzen Landkreis und weit darüber hinaus ist der Mann mit dem verschmitzten Lächeln in zweierlei Hinsicht. Zum einen durch seinen kunstfertigen Umgang mit Feder und Tusche.

Von weither kommen noch immer die „Kunden" – Vereinsvorstände, Bürgermeister und Pfarrer ebenso wie viele Privatpersonen – auf den abgelegenen Bauernhof im Schweinbachtal, um beim Emil, wie er schlicht genannt wird, Urkunden und Haussegen, Chroniken, Wandsprüche und Stammbäume in Auftrag zu geben. Jedes der mit geschwungenen Lettern ebenso kunst- wie liebevoll gefertigten Schriftstücke ist ein Unikat. In der französischen Kriegsgefangenschaft hat sich Emil Kugelmann diese Fertigkeit angeeignet.

Einem großen Publikum bekannt geworden ist Emil Kugelmann auch durch seine insgesamt sechs Krippenausstellungen, die er in den 80er Jahren in der ehemaligen Grimoldsrieder Schule gezeigt hat. Tausende von Besuchern fanden jeweils den Weg in das kleine Staudendörflein und erfreuten sich an den in eine detailgetreue Landschaft eingebetteten kleinen Kunstwerken, die er von Krippenfreunden aus ganz Mittelschwaben zusammen getragen hatte.

44 Jahre lang, von 1947 bis 1991, versah Emil Kugelmann gewissenhaft das Amt des Mesners in der Grimoldsrieder Pfarrkirche St. Stephanus. Insgesamt sechs Pfarrern hat er in dieser langen Zeit ins Messgewand geholfen. Weithin bekannt war der üppige Blumenschmuck, mit dem er das Gotteshaus zu allen bedeutenden Festtagen feierlich herausgeputzt hat. Hier zeigte sich noch eine weitere Leidenschaft, die den über 90-Jährigen noch heute, im hohen Alter, fest im Griff hat: das Garteln und Blumenzüchten. Wenn Emil Kugelmann nicht in seiner Schreibstube am Werk ist, dann ist er in seinem weitläufigen Garten anzutreffen, wo die Arbeit nie ausgeht.

Seit dem Tod seiner Gattin Thekla lebt Emil Kugelmann unter der Woche allein auf dem abgelegenen Hof. Obwohl durch ein schmerzhaftes Hüft- und Knieleiden gehandicapt, versorgt er Haus und Garten noch weitgehend in Eigenregie. An den Wochenenden kommen Tochter Maria und Schwiegersohn Hans, beide beruflich in München tätig, nach Hause. Und seit auf dem „Birkethof" jüngst eine gemütliche Ferienwohnung eingebaut wurde, fehlt es dem Grimoldsrieder Kalligrafen – zumindest in den Urlaubs- und Sommermonaten – ohnehin nicht an Gesellschaft. *Walter Kleber*

Mit dem Golfschläger
die Welt erobert
**Vom Burgwaldener Golfclub aus
startete der Anhauser
Bernhard Langer zu einer einzigartigen Sportler-Karriere**

Dass er einmal aus dem kleinen Diedorfer Ortsteil Anhausen in die weite Welt gehen würde, das wurde Bernhard Langer an der Wiege nicht geweissagt. Und dennoch hat es Langer mit enormem Fleiß und Ehrgeiz geschafft, als Golfprofi die Welt zu erobern.

Geboren wurde Bernhard Langer am 27. August 1957 als drittes Kind von Walburga und Erwin Langer. Liebevoll beschreibt er in seinem Buch „Meine Lebensgeschichte – Höhen und Tiefen meines Lebens" seine glückliche Kindheit, die er zusammen mit seinen älteren Geschwistern Erwin und Maria in Anhausen verlebt hat. Trotz der bescheidenen Verhältnisse hätten es „diese großartigen Eltern" geschafft, ihren Kindern ein schönes Zuhause zu geben. Geld war im Hause Langer immer knapp, ein Auto gab es nicht – und Taschengeld für die Kinder war auch kein Thema. Materiell habe er jedoch nichts vermisst, beschreibt Bernhard Langer seine Kindheit: Er wuchs in einer gläubigen Familie auf und war bereits mit sieben Jahren Messdiener; er konnte mit seinen Freunden spielen, durfte draußen in der Natur sein – das war alles, was er zum Glücklichsein brauchte.

Ausgerechnet das fehlende Taschengeld brachte die entscheidende Wende im Leben des kleinen Bernhard. Die beiden älteren Geschwister hatten herausgefunden, dass sie im Augsburger Golfclub in Burgwalden als Caddies Geld verdienen konnten. Mit achteinhalb Jahren stand auch Bernhard am Caddiestand und wartete, dass ihn ein Golfclub-Mitglied als Caddie verlangte. Der damalige Clubmeister Manfred Seidel war es, der Bernhard schließlich ansprach. Dies war einer dieser glücklichen Wendepunkte im Leben des Bernhard Langer, die sich ergeben, „weil man einfach zur richtigen Zeit am richtigen Ort ist".

Anders als Bruder Erwin, der die Caddie-Dienste als reinen Gelderwerb sah, übte das Golfspiel auf Bernhard eine große Faszination aus. Nach der Schule radelte er die acht Kilometer bis Burgwalden, in den Ferien campierte er manchmal in der Nähe des Golfplatzes, um sich die Hin- und Rückfahrten zu ersparen. Sein Wunsch, selber einmal Golf zu spielen, wurde immer größer. Golfspielen aber war damals der Sport der Reichen – und Langers Berufswunsch, Berufsgolfspieler zu werden, wurde von den Schulkameraden nur mit großem Gelächter quittiert. Auch die Eltern wollten, dass der Bub „etwas Anständiges" lernt. Am Gymnasium schrieb Bernhard Langer absichtlich schlechte Noten und überstand die Probezeit nicht. Mit dem Ende der Schulzeit stand für ihn fest: „Ich will Berufsgolfer werden". Davon ließ er sich auch nicht abbringen, als der Berufsberater meinte, er habe davon noch nie gehört und er empfehle ihm dringend, sich einen anderen Beruf zu suchen.

Aus dem frommen Wunsch des Berufsberaters und der Eltern ist nichts geworden: Bernhard Langer hat mit 15 Jahren als Golflehrling beim Profi Heinz Fehring im Münchener Golf Club angefangen und seinen Weg als Golfprofi gemacht. Zwar waren die ersten Jahre nicht einfach für den Buben aus Anhausen. Doch seine nationalen und internationalen Erfolge und großen Turniersiege machen deutlich, dass man mit Ehrgeiz, Trainingsfleiß und Willenskraft viel erreichen kann.

1981 – Langer war damals offiziell bester Golfspieler Europas – sammelte er erste Turnier-Erfahrungen in den USA. Und in Amerika hat er auch sein persönliches Glück gefunden. Im Januar 1984 heiratete Bernhard Langer seine Frau Vikki in der Anhauser Pfarrkirche, wo er Ministrant gewesen war. Mit seiner Frau Vikki und den vier Kindern Jackie, Stefan, Christina und Jason lebt Bernhard Langer seit einigen Jahren in Florida. Seine weltweiten sportlichen Erfolge haben ihn zu einem wohlhabenden Mann gemacht, doch Geld bedeutet ihm nicht alles. Jahrelang hat er den Anhauser Sportverein, wo er auch als Fußballer aktiv war, sowie örtliche und regionale Vereine und Institutionen unterstützt; der Erlös seines Buches geht an eine gemeinnützige Vereinigung für Sportler, und es gibt eine „Bernhard-Langer-Stiftung". An ein Ende seiner Karriere denkt Bernhard Langer noch lange nicht. Wenn die körperlichen Voraussetzungen gegeben sind, wird er ab Ende des Jahres 2007 auf der Champions Tour, der Seniors Tour, mitspielen.

Monika Hupka-Böttcher

Hobbygärtner sammelt
alte Obst- und Gemüsesorten
**Christian Müller hat mindestens
zwei „grüne Daumen"**

Der Volksmund sagt, dass einer den „grünen Daumen" hat, in dessen Garten scheinbar mühelos und ohne viel Zutun alles wie von selber blüht und gedeiht. Demnach muss Christian Müller in dem kleinen, zu Ettringen gehörenden Weiler Aletshofen mindestens zwei grüne Daumen, wenn nicht gar zwei grüne Hände haben. Das Gärtnern hat ihn schon von Kindesbeinen an gepackt. Fasziniert vom immerwährenden Rhythmus der Natur, vom Säen im Frühjahr und

Ernten im Herbst, war er schon als kleiner Knirps lieber im Gemüsegarten der elterlichen Landwirtschaft anzutreffen als auf Schaukel und Roller. Als es später darum ging, etwas „Richtiges" zu erlernen, hat sich Christian Müller, Jahrgang 1975, dennoch nicht dazu durchgerungen, sein Hobby auch zum Beruf zu machen: „Bei Wind und Wetter im Dreck herumzuwühlen, das sei doch nichts", hat er die Worte seiner Eltern noch im Ohr. Letztlich hat er sich für einen Büroberuf entschieden und eine Ausbildung zum Großhandelskaufmann absolviert. Heute ist er als Berater im Gartencenter eines großen Verbrauchermarktes in Mindelheim tätig und bringt damit den Kaufmann und den Gärtner geschickt unter einen (Stroh-)Hut.

Bekannt geworden ist Christian Müller weit über Aletshofen, die Stauden und das Unterallgäu hinaus wegen seiner Kartoffel-, Obst- und Gemüsezüchtungen. Begonnen hat alles mit dem 75. Gründungsfest des Traunrieder Gartenbauvereins, dessen Vorsitzender er seit Jahren ist. „Zum Vereinsjubiläum haben wir einen kleinen Schaugarten angelegt und dort alte Kartoffel- und Getreidesorten angebaut." Angestachelt vom enormen Besucherinteresse war auf einen Schlag sein „Sammlerinstinkt" geweckt. Immer neue Sorten fanden und finden – über befreundete Hobbygartler und jüngst gar über's Internet – den Weg nach Aletshofen. Inzwischen hat Christian Müllers Sammlung schier unglaubliche Superlativ-Dimensionen erreicht: Rund 200 Kartoffel-, 200 Bohnen-, 150 Tomaten-, 100 Obst- und 100 Kürbissorten wachsen auf seinen Feldern. Hinzu kommen gut 25 verschiedene Arten von Aroma-Erdbeeren und ebenso viele alte Langstroh-Getreidesorten. Nicht zu vergessen seine umfangreiche Artischocken-, Paprika- und Peperonisammlung.

Der „Allgäu-Schwäbische Kulturpflanzengarten" bei Aletshofen ist heute längst ein Geheimtipp für Besuchergruppen und Gartenbauvereine. Christian Müller ist in seinem Element, wenn er – mit botanischen Begriffen, exotischen Sortennamen und lateinischen Bezeichnungen nur so um sich werfend – Hausfrauen und Hobbygärtner ebenso humorvoll wie fachmännisch durch sein grünes Reich führt. Gerne würde der Junggeselle mit dem stattlichen Habitus noch mehr Schulklassen und Kindergärten die Tore seines Pflanzengartens öffnen und die Kinder in die Geheimnisse des Ackerbaus und die Pflege der alten bäuerlichen Kulturlandschaft einweihen: „Viele Kinder kennen heute doch gar nicht mehr die Produktionswege, die erforderlich sind, bis Pommes frites und Frühstücksmüsli auf ihrem Teller landen." Wenn Christian Müller nicht in seinem Garten werkelt, als stellvertretender Kreisvorsitzender auf Vortragstour bei den Obst- und Gartenbauvereinen unterwegs ist oder als Ratsmitglied in der Ettringer Kommunalpolitik mitmischt, dann ist das sympathische Original gerne am heimischen Herd anzutreffen. Das Kochen – und es ist nicht zu übersehen – ist die zweite große Leidenschaft des Aletshofener „Kartoffelpapstes".

Walter Kleber

Von „Schtaudableamla"
und anderen Gewächsen
**Die Heimatdichterin
Leonore Scherieble
ist ein echtes „Schtauda-Mädle"**

Als Dichter(in) fällt man nicht so einfach vom Himmel: Harte und präzise Arbeit, dazu viele schlaflose Nächte und auch der berühmte „Kuss der Muse" machen erst den wahren Dichter aus. Genau so erging es der gebürtigen Walkertshoferin Leonore Scherieble, Jahrgang 1927, die sich als Heimatdichterin weit über die Grenzen der Stauden und des Schwabenlandes hinaus einen Namen gemacht hat.

Ihr erstes Buch „Schtaudableamla" hat sich Leonore Scherieble selbst zum 60. Geburtstag geschenkt. Und dazu hatte ihr der damalige Landrat Dr. Franz Xaver Frey 1987 ein liebevolles Vorwort gewidmet: „Mädle, g'sund bleiba und weitermacha". Beim zweiten Gedichtband – natürlich rechtzeitig zum 70. Geburtstag am 8. Juli – war es dann Bezirkstagspräsident Dr. Georg Simnacher, der den „Nuie Schtaudableamla" eine freundliche und weit verbreitete Aufnahme wünschte.

Inzwischen hat die sie zwar kein Buch mehr veröffentlicht. Aber eine ganze Reihe von Tonkassetten und CDs, zahlreiche Lesungen im Landkreis, ihre vom Publikum heiß ersehnten Auftritte beim Hoigarta, bei Kulturtagen, in der Fuggerei in Augsburg und nicht zuletzt auch die Lesungen beim katholischen Frauenbund in der gesamten Diözese – sie ist auch Ehrenvorsitzende des katholischen Frauenbundes – haben Leonore Scherieble bei einem breiten Publikum bekannt und beliebt gemacht.

Schon als junges Mädchen hat sie kleinere Gedichte in der Schule verfasst. Ihr im Zweiten Weltkrieg gefallener Bruder hat ihr viele und gute Gedichte geschickt und hat sie ermuntert, weiter zu schreiben. Doch nach ihrer Heirat 1951 und der Geburt von sechs Kindern innerhalb von 20 Jahren war es erst Mal vorbei mit der Dichtkunst. Erst Walter Hamm, viele Jahre Sprecher der „Landkreiskünstler", hat sie wieder zum Schreiben animiert. Erst waren es die Lesungen der Hobbydichter bei den Volkshochschulen, die in Leonore Scherieble erneut die Lust am Dichten weckten. Dann hat sie ihre „Blätterwirtschaft" – so nennt sie liebevoll ihre handschriftlichen und mit der Maschine geschriebenen Aufzeichnungen – sortiert. Und so entstand das erste Büchlein zum 60. und der zweite Gedichtband zum 70. Wiegenfest.

Ein drittes Buch wird es wohl nicht mehr geben, glaubt die agile Großmutter von zwölf Enkeln und dreifache Urgroßmutter. Zum einen sei beim Publikum eine gewisse Sättigung erreicht, Mundart-Gedichte seien nicht mehr so gefragt. Zum anderen „kommt bei mir die Muse nicht mehr so oft vorbei", meint sie schmunzelnd und fügt resolut hinzu: „Und dann mag ich auch Mal ohne schlechtes Gewissen faul sein dürfen und auch Dinge tun, die mir auch Freude machen und lange Zeit viel zu kurz gekommen sind".

So ganz will man es ihr nicht glauben, denn sie wirkt alles andere als fantasie- und ideenlos. Zum Brecht-Jahr hatte sie ein Gedicht verfasst: „Jetzt brechtelts aber rum bei uns …", liebe Freunde werden zu Jubiläen mit einem mundartlichen oder in Schriftdeutsch verfassten Gedicht beschenkt. Mit den „Staudendichtern" Katharina Trometer und Pfarrer Karl B. Thoma geht Leonore Scherieble zu Lesungen „auf Tournee".

Mit von der Partie ist sie auch beim „Oldtimer-Autorenkreis", deren Mitglieder sich ein Mal im Monat treffen und sich ihre Geistesblitze vorlesen. Unter dem Motto „Oldtimer blenden auf" werden auch Lesungen in Altenheimen abgehalten. Und manche Begebenheit in und um ihren Wohnort Fischach herum wird von Leonore Scherieble bei Vereinsfesten und Jubiläen in Versform aufs Korn genommen. Besonders freut sich die Staudendichterin, dass eine Enkelin in ihre Fußstapfen tritt und der Oma hin und wieder einen Vers widmet.   *Monika Hupka-Böttcher*

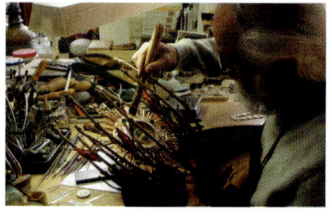

Hier sind Arbeiten
und Leben eins
**Gold- und
Silberschmiedemeister
Gottfried Schwarz**

Eigentlich haben Gottfried Schwarz und seine Frau Irmingard immer in der Stadt, in Augsburg, gelebt. Das kleine Bauernhäuschen am Wald in Kirch-Siebnach diente 20 Jahre lang nur zur Erholung am Wochenende. Dass die Familie mitsamt der Goldschmiede-Werkstatt vor einiger Zeit ganz hierher zog, war ursprünglich gar nicht beabsichtigt. Der Abschied von der auf ihre Tradition so stolzen Gold- und Silberschmiedestadt muss bitter gewesen sein, wie beim Gespräch mit Gottfried Schwarz heraus zu hören ist. Das Haus, in dem die Familie Jahrzehnte gelebt und das sie geliebt hatte, wechselte den Besitzer, und die Schwarz' fanden trotz intensiver Suche in Augsburg nichts Neues, bekamen auch wenig Unterstützung. So taten sie den großen Schritt auf's Land und bauten sich ihren Wohnsitz in Kirch-Siebnach aus. „Das Heimischwerden war nicht leicht," gesteht Gottfried Schwarz, fügt aber gleich hinzu: „Wenn ich die Entwicklung in der Stadt betrachte, bin ich heute froh, dass es so gekommen ist. Naturverbunden waren wir von jeher, und hier ist es immer ein bisschen wie im Urlaub, das beschwingt innerlich sehr."

Die einzigen Nachbarn in der abgelegenen Idylle sind, abgesehen von der Wallfahrtskirche, ein altes Geschwisterpaar, zwei Höfe und oben auf dem Berg eine Familie, die Schafe und Bienen züchtet. Das schlichte, transparent wirkende Haus, am Hang gelegen, hat mehrere Ebenen und ist umgeben von Blumen und Büschen, Wiesen und alten Bäumen. Der Blick geht weit hinaus in die Ebene, überall schaut die Natur zu den Fenstern herein.

Wo in diesem Haus das Arbeiten aufhört und das Wohnen anfängt, lässt sich beim besten Willen nicht sagen, denn Leben und Arbeiten sind, ganz nach altem Vorbild, untrennbar verbunden. Bei jemandem wie Gottfried Schwarz, der seine Tätigkeit nicht als Job, sondern als Traumberuf und Berufung sieht, kein Wunder. Jedes Stück hat hier seine Geschichte und lebt den Alltag mit, vom Klavier und dem Notenpult samt Gitarre bis hin zu den duftigen Pastellkreiden der Hausherrin, der selbst gefundenen Versteinerung oder dem Modell eines meterhohen Leuchters. Angefangen hat Gottfried Schwarz mit der Lehre bei dem Münchner Goldschmied und Bildhauer Max Olofs. Dort blieb er bis zur Meisterprüfung, unterbrochen durch einige Semester an der Kunstakademie München. 1965 machte er sich dann in Augsburg selbständig, und vor elf Jahren entschloss sich die Familie zum Umzug nach Kirch-Siebnach.

In der Werkstatt arbeiten neben dem Meister auch Tochter Heidelind und Sohn Anselm. Beide haben bei ihm gelernt, die Tochter Goldschmiedin, der Sohn Silberschmied. Auch Frau Irmingard ist, obwohl berufsfremd, als begabte Autodidaktin in die Arbeit mit hinein gewachsen. Anselm wohnt den Sommer über im Tipi am Waldrand, Heidelind mit Mann und Tochter Lena in Kirchdorf. Er habe, versichert Schwarz, keinerlei väterlichen Zwang ausgeübt, aber die Kinder seien schon im Krabbelalter „in die Werkstatt gerobbt und wollten hämmern." Sie wuchsen mit vertrauter Arbeit auf und lernten sie lieben.

Derart vielseitige und traditionell orientierte Werkstätten wie diese findet man heute kaum noch. Hier wird mit Liebe, großem Wissen und unendlicher Sorgfalt emailliert und restauriert, hier entsteht die stil- und fantasievolle Anstecknadel ebenso wie die aus einem Stück gehämmerte Silberschale, der Primizkelch, der eine ganze Geschichte erzählt oder das symbolträchtige Evangeliar für die Dillinger Basilika. Auf jeden Kunden gehen die Kunsthandwerker ganz individuell ein. Sie haben eine ganze Reihe von Stammkunden im kirchlichen Bereich, die bei ihnen eine Monstranz bestellen, einen Tabernakel oder einen Leuchter. In der Werkstatt werden wertvolle kirchliche Antiquitäten restauriert, aber auch ganz neue, moderne Ideen, vor allem für die Primiz-Kirche, realisiert.

Wer so arbeitet, verzichtet auf große Umsätze. Dafür lernt er ständig dazu, beruflich wie persönlich, aber das lässt sich

natürlich wieder nicht trennen... „Ob uns jemand einen am Hochzeitstag gefundenen Kieselstein bringt oder einen Einkaräter, das ist eigentlich egal," meint Schwarz.

Zur Präsentation ihrer Arbeiten haben die Schwarz' in Bad Wörishofen beim Kurhaus die Galerie „Kleinod" eröffnet, ein Schatzkästchen voll ausdrucksvoller, „sprechender" Dinge. Angeboten wird hier nichts Industrielles, sondern nur nach alten Techniken hergestellte Handarbeit: die gesamte Bandbreite der Schmuckstücke, vom Amulett bis zum Collier. Viele Entwürfe sind von der Natur inspiriert oder von klassischen und antiken Vorbildern. „Das Verkaufen steht nicht im Vordergrund," sagt Gottfried Schwarz. „Es macht uns auch froh, wenn jemand sich einfach nur an unseren Dingen freut."

Eva-Maria Frieder

Gastfreundschaft für Gruppen als zweites Standbein – „Erlebnisbauer", Kräuterexperte und Heimatkundler **Landwirt Dominikus Wenger ist immer offen für neue Ideen**

Dominikus Wenger, Jahrgang 1955, ist Landwirt aus Leidenschaft. Und doch entspricht er irgendwie so gar nicht dem Klischee eines typischen Stauden-Bauern. Der Vater von fünf Kindern hat sich immer den Blick über den Tellerrand und über den Mittelneufnacher Kirchturm hinaus frei gehalten. Offen für neue, unkonventionelle Ideen und bereit, auch einmal alte Zöpfe abzuschneiden, hat Wenger nach und nach – beharrlich, konsequent und gelegentlich mit einem Augenzwinkern – ein Umdenken im Dorf angestoßen. Als Obmann des Mittelneufnacher Bauernverbandes (BBV) und als örtlich Beauftragter der Flurbereinigung hat er die Chance beim Schopf gepackt, das nunmehr abgeschlossene Flurneuordnungsverfahren von Anfang an – mitunter auch gegen behördliche Widerstände – in eine etwas andere Richtung zu lenken. Rückendeckung bekam er von seinen Berufskollegen und von der Dorfgemeinschaft. In einer so genannten „Flurwerkstatt" erarbeiteten sie gemeinsam das „Mittelneufnach Modell" – ein vereinfachtes, abgespecktes Flurbereinigungsverfahren, das seither viele Nachahmer gefunden und – als Vorzeigeprojekt gerühmt – sogar Preise eingeheimst hat. Natürlich standen auch in Mittelneufnach die Verbesserung der Infrastruktur für die noch verbliebenen landwirtschaftlichen Betriebe mit Flächenzusammenlegung und Neuvermessung im Vordergrund.

Für Dominikus Wenger und seine Mitstreiter waren aber auch und gerade die so genannten „weichen Faktoren" wichtig: der Erhalt der gewachsenen bäuerlichen Strukturen der historischen Kulturlandschaft als unschätzbares Stück Lebensqualität erhielt den Vorzug gegenüber dem kostspieligen Neubau eines umfangreichen Wegenetzes. Je länger das Verfahren dauerte, desto klarer kristallisierte sich das Bekenntnis zu den alten Wegen heraus, die sich historisch entwickelt und die Landschaft rund um die Staudengemeinde über Jahrhunderte geprägt haben. Hinzu kamen die Ehrfurcht vor der Natur, der Respekt vor der Schöpfung und den Traditionen der Vorfahren. Und so ist unter maßgeblicher Mitwirkung von Dominikus Wenger draußen in der Flur der Staudengemeinde ein Besinnungsweg entstanden. Neun Stationen laden zum Verweilen, zu Besinnung, innerer Einkehr und Meditation ein.

Aber auch zu Hause auf seinem eigenen landwirtschaftlichen Betrieb ließ und lässt Dominikus Wenger mit neuem Gedankengut und pfiffigen Ideen seinem ganz individuellen Strukturwandel freien Lauf. Aus ihrem Bauernhof, der seit knapp hundert Jahren im Besitz der Familie ist, haben Dominikus und Rita Wenger in den letzten Jahren ein Begegnungszentrum geschaffen, einen Treffpunkt, ein Gästehaus im besten Sinne. Zusätzlich zur Landwirtschaft setzen sie seit 1998 auf dieses zweite Standbein. 2002 wurde der Hof mit seinen rund 20 Hektar Land auf ökologische Bewirtschaftung mit Mutterkuh-Haltung umgestellt. Die Wengers standen vor der Entscheidung, ihren Betrieb zu vergrößern und sich den unerbittlichen Gesetzen der EU-gesteuerten landwirtschaftlichen Marktordnung zu unterwerfen, oder das enge Korsett abzulegen und eine Form der Betriebsführung zu wählen, die Raum lässt für persönliche Freiheit und individuelle Gestaltungsmöglichkeiten. Sie haben sich für den Ausstieg aus der konventionellen Landwirtschaft entschieden – und bereuen diesen Schritt keine Minute. Unter dem Motto „Gastfreundschaft für Gruppen" haben Rita und Dominikus Wenger das Angebot ihrer beliebten Gästeherberge immer wieder erweitert. Neben Schlaf-, Aufenthalts- und Sanitärräumen für 30 Personen gibt es im ganzen Haus ein ausreichendes Platzangebot für Tagungen und Seminare. Auch die Uni Augsburg ist öfters zu Gast. Im Stadel (mit Fußbodenheizung!) können bis zu 120 Gäste zünftig feiern. Etwa beim jährlichen Wengerhoffest, beim Weihnachtsmarkt oder bei privaten Familienfesten. Viele Arbeitskreise und Projektgruppen der seit 1997 tätigen Regionalentwicklung Stauden haben den Wengerhof zu ihrem (heimlichen) „Hauptquartier" erkoren. So ganz allmählich ist Dominikus Wenger bei der Betreuung seiner Gäste in immer neue Aufgaben und Fähigkeiten hinein gewachsen. Heute ist er Wanderführer, Heimatkundler und Kräuterkenner. Ein besonderes Faible hat er für die Phänomene der Geomantie, also für die Kunde von Kraftfeldern, Energieströmen und der Magie besonderer Orte. Sein jüngster Coup war die Ausbildung zum „Erlebnisbauern": In einem zweijährigen Kurs hat er sich die Befähigung erworben, im Rahmen des bayernweiten Modellprojektes „Lernort Bauernhof" ganzheitliche, naturnahe Lern- und Freizeitangebote an Schulklassen zu vermitteln. Infos: www.wengerhof.de. *Walter Kleber*

Zwei kleine, aber feine Figurentheater in den Stauden: **Birke Lindner und Walter Brunner sind mit ihren Puppen in ganz Süddeutschland unterwegs**

Wie bitte? Ein Theater in Grimoldsried? Kunstpreisträger des Landkreises? – Achselzucken und fragende Blicke waren die ersten Reaktionen vieler Menschen in Grimoldsried und in den Stauden, als die Zeitung kürzlich über die Verleihung des Landkreis-Kunstpreises an die Figurentheater „Ypsilon" und „Potz Blitz" berichtete. Dabei wohnen und arbeiten Birke Lindner und Walter Brunner schon seit 1987 in dem kleinen, versteckten ehemaligen Bauernhaus, ganz oben an der Grimoldsrieder Bergstraße. Das abgelegene Staudendorf, in seiner Beschaulichkeit und Ruhe, ist den beiden Theaterleuten schon lange zur zweiten Heimat geworden. „Hier fühlen wir uns wohl!" Das vormalige Ammersinn-Anwesen ist aber nicht nur Rückzugsraum in die Privatsphäre nach Auftritten und Tourneereisen in ganz Süddeutschland. Es dient dem Zwei-Personen-Kulturbetrieb zugleich als Probenbühne, Theaterbüro und Werkstätte.

Gefunden haben sich die Hanseatin Birke Lindner – eine gebürtige Hamburgerin – und der Freisinger Bayer Walter Brunner im Figurentheater „Blechkiste". Das von Birke Lindner und einer Freundin gegründete Theater war in den 70er Jahren eines der ersten in Bayern, das hinsichtlich Machart und Themenwahl der Stücke neben den traditionellen Kasperltheatern ein „anderes", zeitgemäßes Puppentheater etablieren wollte.

1983 trennte sich die Gruppe – Birke Lindner gründete „Theater Ypsilon" als Soloprojekt, Walter Brunner mit einem Kollegen das „Potz Blitz Theater". Einige Jahre später kam es dann wieder zur Zusammenarbeit; die beiden Theaternamen aus der Anfangszeit wurden beibehalten – bis heute.

Fünf Theaterstücke für Kinder haben die beiden derzeit im Programm. In Kindergärten und Grundschulen, in Büchereien und bei kommunalen Ferienprogrammen sind sie mit ihren lebensgroßen Sprechpuppen gern gesehene Gäste. „Wir sprechen mit unseren Stücken auf lustige Art gesellschaftlich interessante Themen an, ohne dabei den Zeigefinger zu heben. Entscheidend bei unseren Stücken ist die Einbeziehung der Kinder – sie können sich live ins Geschehen einmischen, ihre Meinung ist gefragt!"

Über Langeweile können sich die Birke Lindner, Jahrgang 1953, und Walter Brunner, Jahrgang 1956, nicht beklagen. Die Auftragsbücher sind (noch) gut gefüllt. Gut hundert Gastspiele in ganz Süddeutschland stehen jedes Jahr auf dem Programm. Terminvereinbarungen, Absprachen mit den Veranstaltern, Werbung, Korrespondenz und viele andere organisatorische Arbeiten lassen kaum Spielraum für die Entwicklung neuer Stücke. Welche Themen schwirren ihnen dennoch im Kopf herum? „Ein Stück über Ausgrenzung im weitesten Sinne möchte ich gerne machen", verrät Birke Lindner. Ein Dreivierteljahr – von der ersten Idee bis zur Premiere – müsse für eine neue Produktion eingeplant werden. Und noch etwas haben sich die beiden auch im Kopf jung gebliebenen Theaterleute fest vorgenommen: „Wir treten mit unseren Puppen und Figuren im Rheinland, im Bayerischen Wald, im Fränkischen und in Tirol auf. Nur daheim, in den Stauden und im Augsburger Land, kennt uns fast niemand. Das soll sich ändern!" Mehr Informationen über die beiden Theater gibt's im Internet: www.lachen-und-lernen.de.   *Walter Kleber*

Kultfilm made in den Stauden:
„Xaver und sein außerirdischer Freund"
Erinnerungen an einen turbulenten Sommer

Auch Jahrzehnte nach den Dreharbeiten des Kultfilms „Xaver und sein außerirdischer Freund" sind die Stauden immer wieder mal im „Xaver"-Fieber. Denn bisweilen gibt es ein Wiedersehen mit dem Leinwandhelden und seinen längst legendären Gefährten. So geschehen 2001 bei einem grandiosen Open-Air-Event in Oberschönenfeld und zuletzt 2005 in Mittelneufnach.

Fans und Fanclubs aus dem ganzen deutschsprachigen Raum pilgern dann zu den nostalgischen Kino-Specials, um den Stars von einst ganz nah zu sein: „A Bier, a Musi, hollareidulljö!" Und bei den Laiendarstellern, Statisten und Komparsen aus den beteiligten Staudenorten werden jedes Mal wieder auf's Neue für ein paar Stunden Erinnerungen an die turbulenten Wochen vom Sommer 1985 wach. Wer nicht bis zum nächsten Filmereignis warten möchte – und ein solches kommt in den Stauden bestimmt wieder einmal –, der kann sich auf der Internet-Homepage www.xaverfilm.de die Zeit bis dahin vertreiben und das Rad der Filmgeschichte zurück drehen in die 80er Jahre.

Schon während der Dreharbeiten im Sommer 1985 bewegte und erhitzte der Stauden-Film „Xaver" die Gemüter. Die „intergalaktische Gaudi" (Kinomagazin Cinema) sorgte monatelang für Gesprächsstoff an den Stammtischen, versetzte ein ganzes Dorf einen Sommer lang in hollywoodverdächtiges Film-Fieber und gilt heute als „Kultfilm", den man einfach gesehen haben muss. Mit einer Handvoll professioneller Schauspieler und zahlreichen Komparsen aus Mittel-

neufnach und den umliegenden Orten wurde der Streifen „Xaver und sein außerirdischer Freund" 1985 gedreht.

Gottfried Wenger, der bei den Dreharbeiten kräftig mitgemischt hatte, erinnert sich: „Es war für uns faszinierend, live mitzuerleben, wie ein solcher Film entsteht." Bei Gastwirt Hermann Zott im „Adler" hatte die „Calypso"-Filmcrew um Regisseur Werner Possardt ihr Hauptquartier aufgeschlagen. Das Filmteam wurde in diesen Wochen ein Teil der Dorfgemeinschaft, erinnert sich Gottfried Wenger. „Am Abend nach den Dreharbeiten haben wir am Stammtisch gemeinsam die Szenen des nächsten Tages besprochen und oftmals noch in der Nacht und in aller Eile die dafür benötigten Requisiten und Kostüme zusammengesucht!" Die alte Krachlederne von Landwirt Dominikus Wenger kam dabei ebenso zu neuen, ungeahnten Ehren wie der knatternde Deutz-Bulldog von Adler-Wirt Hermann Zott oder das historische Moped der Marke NSU-Max von Benedikt Henkel.

Noch heute bestehen freundschaftliche Kontakte zu den Protagonisten von damals. Titelheld Rupert Seidl alias „Xaver", Marinus Brand (Hubert), Heinz Josef Braun (Eberhard), Gabi Fischer (Anni), Produzent Uwe Franke, Kameramann Jakob Eger und viele weitere Mitglieder der Calypso-Filmcrew lassen sich meist nicht lange bitten, wenn es in den Stauden bisweilen heißt „Xaver – Film ab!"

Schmerzlich vermisst wird bei diesen Treffen künftig Regisseur und Drehbuchautor Werner Possardt. Der gebürtige Schwabmünchner kam bei der Tsunami-Katastrophe in Phuket (Thailand) an Weihnachten 2004 tragisch ums Leben. Gottfried Wenger: „Werner Possardt war ein guter Freund und ein begnadeter Filmemacher!" Nicht mehr am Leben ist auch Film-Loisl Carlos Pavlidis, Xavers kleinwüchsiger außerirdischer Freund, der mit seinem pinkfarbenen Isetta-Raumschiff damals in den Stauden strandete und mit seiner Bruchlandung („Mei Maschie isch hie!") die skurrile Geschichte um eine außergewöhnliche Freundschaft erst ins Rollen brachte. Übrigens: die Filmmusik für „Xaver" steuerte kein Geringerer als Hans-Georg Buchner alias „Haindling" bei.

Als ein Stück „gelebte Volkskunde" bezeichnet Professor Dr. Hans Frei, der langjährige Bezirksheimatpfleger und schwäbische Museumsdirektor, das „Xaver"-Filmprojekt in den Stauden. Mühelos schlägt Frei den Bogen vom Kino-Klamauk zur heimischen Kultur: „Wichtig ist doch nicht der an allen Ecken und Enden überzeichnete und mit Klischees nur so voll gestopfte Inhalt des Streifens. Wichtig sind der noch Jahre später zu spürende Zusammenhalt während den Dreharbeiten, das Anpacken eines großen Projektes, das Gemeinschaftserlebnis auf fremdem, exotischem Terrain und nicht zuletzt der „unbändige" Spaß, den alle Mitwirkenden – ob Profis oder Stauden-Amateur-Komparsen – damals miteinander hatten!"   *Walter Kleber*

Langenneufnach im Neufnachtal

GEMEINDE-ABC

Die Gemeinden sind geographisch und staatsrechtlich die Grundlagen des Staates. Sie haben das Recht, die örtlichen Angelegenheiten im Rahmen der Gesetze zu ordnen und zu verwalten. Zu ihrem Wirkungsbereich gehören u. a. Ortsplanung, Siedlungswesen, Kulturpflege, Erhaltung der Denkmäler.

Im Gebiet der Stauden haben sich 13 Gemeinden auf der Grundlage einer agrarstrukturellen Entwicklungsplanung im Jahr 2000 zur „Regionalentwicklung Stauden" zusammengeschlossen mit dem Ziel, die Stauden als vielfältigen Lebensraum in einer wertvollen Kulturlandschaft zu erhalten und nachhaltig zu fördern. Die Gemeinden bringen ihre landschaftlichen, historischen und baulichen Qualitäten in die Maßnahmen ein. Das Gemeinde-ABC enthält knappe Informationen zum Werdegang und zur Struktur der Kommunen und ihrer Ortsteile, die der Regionalentwicklung angehören. Die Gemeindewappen weisen auf die geschichtlichen Wurzeln hin. Die Bau- und Geschichtsdenkmäler sind als sichtbare Erkennungszeichen für einen Ort und eine Landschaft aufgenommen.

BOBINGEN

Die Stadt Bobingen gehört mit einem knappen Drittel ihrer Fläche und ca. 2.500 Einwohnern in den Ortsteilen Burgwalden, Kreuzanger, Reinhartshausen, Straßberg und Waldberg zum Staudengebiet. Die Stadt besitzt wesentliche Funktionen für Handel, Gewerbe, Dienstleistungen, Bildung und Kultur und bietet zahlreiche Arbeitsplätze. Als die vorwiegend bäuerlich orientierten Ortsteile 1972-75 eingemeindet wurden, hatte Bobingen bereits einen rasanten Strukturwandel von einem stattlichen Bauerndorf zu einem Siedlungs- und Wirtschaftsschwerpunkt am Großstadtrand hinter sich. Entsprechend der sozio-ökonomischen Struktur wurde Bobingen 1953 zum Markt und 1969 zur Stadt erhoben. Im Wappen weisen die Farben Blau und Weiß auf die Zugehörigkeit zu Bayern seit 1803 hin, das Hufeisen erinnert an die Bedeutung des Ortes in der Landwirtschaft. Eine Beziehung zwischen zahlreichen Hufeisenfunden in den Fluren und der Ungarnschlacht auf dem Lechfeld lässt sich nicht beweisen.

Burgwalden
Als Rodesiedlung „Attenhofen" vermutlich im 10. Jh. entstanden, war der Ort im Besitz der Augsburger Klöster St. Ulrich und Afra und St. Georg. 1503 erwarb der Augsburger Kaufmann Ambrosius Hoechstetter die Güter, errichtete ein stattliches Wasserschloss und die Kirche und gab der Siedlung den Namen „Burckwalden". Den Besitz erwarb 1628 das Haus Fugger für die Herrschaft Wellenburg. Seitdem wuchs eine kleine Siedlung heran, die 1818 der Gemeinde Reinhartshausen zugeordnet wurde. Heute ist Burgwalden ein landschaftlich reizvolles und beliebtes Ausflugsziel im Naturpark Augsburg Westliche Wälder: Rad- und Wanderwege, bekannter Golfplatz in schöner Lage, zahlreiche Fischweiher.

Baudenkmal:
– *Filialkirche Unsere Liebe Frau und St. Franziskus,* 1513 errichtet, 1766 umgestaltet mit Stuck, Ölbildern und Holzfiguren.

Kreuzanger war um 1500 ein Einödhof, der mehrfach den Besitzer wechselte. 1702 kaufte das Wengenkloster in Ulm das Gut, teilte es in zwei Höfe und siedelte 17 Kleinstbauern mit ihren Familien an. 1710 zählte man 82 Einwohner in 16 Wohngebäuden. Aus dem Einzelhof wurde ein kleines Dorf, dessen Bewohner aufgrund der geringen Landausstattung als Taglöhner und Waldarbeiter ihren Lebensunterhalt verdienten. Heute wohnen ca. 170 Personen in Kreuzanger. Im ehemaligen Gemeindewappen versinnbildlichen Kreuz, Nadelbaum und Bodenfläche den Ortsnamen.

Reinhartshausen
Eine Ansiedlung im 7./8. Jh. mit dem Namen „Spettingen" wird vermutet. Der Ortsname Reinhartshausen weist auf eine Rodungssiedlung im 9./10. Jh. hin und erscheint erstmals 1316. In der Folgezeit sind verschiedene Familien begütert, ab 1586 gehörte der Ort zum Besitz der Grafen Fugger. Die Landeshoheit übte die Markgrafschaft Burgau aus. Das Wappen erinnert mit der geteilten Lilie in den Farben Gold und Blau an die Herrschaft der Fugger und versinnbildlicht den Ortsnamen mit einem „heraldischen Haus". Um 1810 zählte man 270 Einwohner, die vorwiegend von der Landwirtschaft und der Waldarbeit lebten. Als Erwerbsquelle spielte das Sammeln und Verarbeiten von Seegras aus den Wäldern eine wichtige Rolle. Heute bilden neben der Landwirtschaft die Arbeitsplätze im Umland, vor allem in Bobingen die Erwerbsgrundlage von ca. 550 Einwohnern.

Baudenkmäler:
– *Pfarrkirche St. Laurentius,* 1739/42 von Joseph Dossenberger aus Wollishausen erbaut und mit Fresken (Johann Georg Lederer), Stuck (Franz Xaver Feichtmayr), Altären (Johann Rist) und Kanzel im Rokokostil prächtig ausgestattet.

– *Ehemaliges Schulhaus:* typisches Beispiel für die dörflichen Schulgebäude mit zwei Schulsälen und Lehrerwohnung, 1912. Im Obergeschoss zeigt eine Ausstellung ausgewählte Werke des Malers und Grafikers Joseph Dilger (1899–1972), der als Lehrer in Reinhartshausen tätig war und ein sehr umfangreiches künstlerisches Werk hinterlassen hat, darunter auch zahlreiche Motive der Staudenlandschaft. Sein Atelier in Holzbauweise ist noch mit originaler Ausstattung erhalten.

Straßberg
Die Anfänge gehen auf eine Burg im Besitz des Augsburger Bischofs Hartmann zurück. 1246 wird ein „Cuonradus de Strazberc" als Zeuge erwähnt. Das mehrfach umgebaute Schloss mit dem zugehörigen Landgut war die meiste Zeit im Besitz von Augsburger Familien. Im Gemeindewappen erinnern die Farben Rot und Silber an das ehemalige Hochstift Augsburg, die Rose an die Patrizierfamilie Menhart und die Zinnen an die Fabrikantenfamilie von Forster als Bauherr der Schlossanlage um 1880. Der Neubau im Neorenaissancestil mit markanten Türmen wurde im 20. Jh. mehrfach verändert und diente verschiedenen Nutzungen.
Im Umfeld des Schlosses entwickelte sich seit 1700 ein Dorf mit Klein- und Kleinstbauern, die als Hausierer, Heimarbeiter und Fabrikarbeiter ihren Erwerb sichern mussten. Aus der kleinen Siedlung am Rande der Stauden entwickelte sich ein stattlicher Ort, als die aufblühende Industrie in Bobingen Arbeitsplätze anbot. Mit derzeit ca. 1.100 Einwohnern und zahlreichen Vereinen ist Straßberg der größte Ortsteil.

Bau- und Geschichtsdenkmäler:
– *Pfarrkirche Heilig Kreuz,* neugotischer Backsteinbau 1872/73, Neubau 1956/58 unter Einbeziehung des Chores.

- *Bronzezeitliche Grabhügel*, nördlich in der Waldabteilung Leitach mit Info-Tafeln.
- *Grabhügel*, südlich des Ortes beim Wegkreuz mit der Bildtafel.
- *Trichtergruben*, 500 m südlich beim Parkplatz „Bauernkopf": ca. 80 kreisrunde, 1 bis 2 Meter tiefe Gruben erinnern an den ehemaligen Eisenerzbergbau der vermutlich auf das frühe Mittelalter zurückgeht.
- *Ortsfriedhof*, Grab des Schlagersängers und Filmstars Roy Black, der als Gerhard Höllerich 1943 in Straßberg geboren wurde.

Waldberg

Die erste Ansiedlung dürfte als Rodungsort im 10. Jh. entstanden sein, sie wird urkundlich unter dem Namen „Wartperch" 1170 erstmals erwähnt. Eine kleine Kirche ist für das 11. Jh. archäologisch nachgewiesen. Im 15. Jh. gehörte der Ort zur Fuggerherrschaft Wellenburg. Die Zahl der Anwesen stieg nach 1700 von 10 auf 34 deutlich an, davon waren 27 Kleinbauern, die neben der Landwirtschaft als Waldarbeiter, Besenbinder oder Korbflechter ihre Familien ernähren mussten. 1812 wurden die Gebeine der Hl. Radegundis nach Waldberg übertragen und Ziel einer Radegundis-Wallfahrt. Im ehemaligen Wappen weisen zwei Nadelbäume und ein grüner Berg auf den Ortsnamen hin, der Wolfskopf erinnert an die Hl. Radegundis, die nach der Legende von Wölfen angefallen wurde. Radegundisfest und Jahrmarkt am vierten Sonntag nach Pfingsten. Aufgrund der verkehrsgünstigen Lage ist Waldberg ein beliebter Wohnort mit derzeit ca. 450 Einwohnern.

Baudenkmal:
- *Pfarrkirche St. Radegundis*, 1817/18 neu gebaut und mit beachtlichen Kunstwerken und Schenkungen der Familie Fugger ausgestattet (Hochaltarblatt von Johann Evangelist Holzer 1735, Gemälde von Johann Joseph Anton Huber 1772, 15 Radegundistafeln Ende 17. Jh., Radegundisschrein mit den gefassten Reliquien).

EPPISHAUSEN

Die Gemeinde Eppishausen (Landkreis Unterallgäu) liegt am Westrand der Stauden im Haselbachtal und hat mit den Ortsteilen Könghausen, Ellenried und Lutzenberg Anteil am landschaftlich reizvollen oberen Zusamtal. Die Geschichte des Kernortes und der Ortsteile ist eng mit der Geschichte der Herrschaft Kirchheim verbunden. Das Gemeindewappen ist identisch mit dem Familienwappen der Herren von Tanneck, die 1470–1540 die Ortsherrschaft innehatten: drei silberne Eimer auf schwarzem Grund. Heute bildet Eppishausen mit dem Markt Kirchheim eine Verwaltungsgemeinschaft.

Der **Ortsteil Könghausen** mit ca. 200 Einwohnern gehört zur Regionalentwicklung Stauden.

Die Überlieferung des Ortsnamens „Chenihusen/Kenginshusen" im 12. Jh. war Anlass, eine Ableitung von „Kuning" (= König) zu vermuten und eine Entstehung der Siedlung im 7./8. Jh. auf Königsgut anzunehmen. Wahrscheinlicher ist, dass der Ortsname auf einen Personennamen Kengin/Kenin zurück geht und als Rodesiedlung im 9./10. Jh. in die Siedlungsentwicklung mit zahlreichen Hausen-Orten im Zusamtal einzureihen ist. Die Weiler Ellenried und Lutzenberg dürften als Ausbauorte von Könghausen an den siedlungsgünstigen Zusamhängen entstanden sein. Ein Ortsadel sowie ein Burgstall sind bis ins 14. Jh. belegt. Nach dem Kauf durch die Inhaber der Herrschaft Kirchheim teilten die Siedlungen deren geschichtliche und wirtschaftliche Entwicklung.

Baudenkmäler:
- *Pfarrkirche St. Johannes Baptista*, gotischer Bau, barock umgestaltet und ausgestattet.
- *Marienkapelle* in Ellenried und *Annakapelle* in Lutzenberg.

ETTRINGEN

Die Einheitsgemeinde Ettringen (Landkreis Unterallgäu) gehört mit der Hälfte ihrer Fläche und einem Viertel von ca. 3.200 Einwohnern in den bis 1978 selbständigen Gemeinden Siebnach und Traunried zur Regionalentwicklung Stauden. Neben Verwaltung und Schule erfüllt die Kerngemeinde alle Funktionen für die Nahversorgung mit Dienstleistungen und Handwerk. Mit ca. 900 Arbeitsplätzen, davon 500 in der Papierfabrik Lang GmbH, ist Ettringen ein wichtiger regionaler Wirtschaftsstandort, der über die Staatsstraße 2015 an die A 96 und über Türkheim an die Bahnlinie angeschlossen ist. Die Landwirtschaft ist noch mit ca. 60 Betrieben, vorwiegend Milchviehhalter, vertreten.

Im Wappen weist der Bischofsstab auf den Kirchenpatron St. Martin hin, das Grabscheit erinnert an die im Ort begüterten Herren von Ostheim und der blaue Wellenbalken versinnbildlicht die Wertach.

Siebnach / Kirchsiebnach

Hallstattzeitliche Grabhügel, ein keltisches Grabinventar, römerzeitliche Bodenfunde und Straßenspuren sowie alemannische Gräber belegen die frühe Siedlungstätigkeit am Rande des Wertachtales auf einer hochwassersicheren Terrasse. Siebnach gehört mit Ettringen zu den frühen Ausbauorten der Alemannen, die von Nord nach Süd entlang der Römerstraßen ihre Siedlungsgebiete ausdehnten.

Der Ortsname taucht erstmals 1083 auf, als die Burg der Herren von Siebenaich zerstört wurde. Als Standort der Burg kommt der Kirchenhügel 2 km nördlich in Betracht, wo auf einer römischen und mittelalterlichen Siedlungsschicht eine Vorläuferkirche der heutigen Pfarr- und Wallfahrtskirche St. Georg 1238 erstmals erwähnt wird.

Bereits im 13. Jh. erwarb das Kloster Steingaden Güter und Rechte und übte bis zur Säkularisation die Grundherrschaft aus. Die Landeshoheit stand der Herrschaft Schwabegg zu. Im Rahmen des Strukturwandels hat die Zahl der landwirtschaftlichen Betriebe auf ca. 25 abgenommen. Für ein aktives Vereinsleben steht das ehemalige Gasthaus „Kreuz" zur Verfügung. Derzeit leben ca. 600 Einwohner in Siebnach.

Bau- und Geschichtsdenkmäler:
– *Pfarr- und Wallfahrtskirche St. Georg,* ca. 2 km nördlich des Ortes. 1238 erstmals erwähnt, mehrfach vergrößert, 1718/19 Neubau nach Plänen des Ettringer Baumeisters Michael Stiller, 1801/02 klassizistische Ausstattung, Gnadenbild des 17. Jh. (S. 81).
– *Kapelle St. Anna,* 1682 als Zentralbau von Johann Schmuzer errichtet und stuckiert.
– *Pfarrhof,* 1708, stattliches Barockgebäude mit gut erhaltener historischer Baustruktur.
– *Gasthof „Zum Mohren",* 18. Jh.
– *Keltisches Grabinventar* (im Rathaus Ettringen ausgestellt).
– *Burgstall Schlossberg,* nordwestlich des Ortes auf einem Bergsporn.

Traunried

Mit den Weilern Aletshofen, Forsthofen, Höfen und Oberhöfen bildete Traunried bis 1978 eine selbständige Gemeinde. Der Ortsname und die lockere Siedlungsform deuten auf eine Rodesiedlung im 10./11. Jh. hin, die erstmals 1182 als „Traunricht" bei der Überlassung eines Hofes an das Kloster Steingaden erwähnt wird. Das Kloster dehnte seinen Besitz neben anderen Grundherren im Lauf der Jahrhunderte aus und erlangte auch die Grundherrschaft in Forsthofen, das ursprünglich zum Hochstift Augsburg gehörte. Der Weiler Aletshofen wird erstmals im Besitz der Herren von Scherstetten gegen Ende des 12. Jh. genannt und kam anschließend in die Hände des Heilig-Geist-Spitals in Augsburg. Bei ca. 250 Einwohnern gibt es noch 15 landwirtschaftliche Betriebe, vorwiegend mit Milchviehhaltung.

Bau- und Geschichtsdenkmäler:
– *Kapelle St. Wendelin,* erbaut und ausgestattet im frühen 18. Jh.
– *Kapelle St. Joseph in Forsthofen,* 18. Jh., spätgotische Pietà.
– *Ehemalige Schmiede,* um 1850.

FISCHACH

Die Marktgemeinde ist mit sechs Ortsteilen und ca. 4.800 Einwohnern der mit Abstand größte Ort in den Stauden. Der 1952 verliehene Titel „Markt" kennzeichnet die zentrale Bedeutung für das Umland in wirtschaftlicher, sozialer und kultureller Beziehung. Fischach besitzt alle notwendigen Einrichtungen für eine qualifizierte Grundversorgung der Bevölkerung wie Einzelhandels- und Fachgeschäfte, Kindergarten, Grund- und Hauptschule (mit M-Zug für Mittlere Reife), Bücherei, Volkshochschule, Post, Geldinstitute, Ärzte, Apotheke, Gasthöfe, Sport- und Freizeitanlagen, Hallenbad, Altenheim. Mit der Staudenlandhalle gibt es eine vielseitig verwendbare Veranstaltungsstätte für Kultur, Feste und Sport. Ca. 50 Vereine sorgen für ein abwechslungsreiches gesellschaftliches, kulturelles und sportliches Angebot rund um das Jahr.

Im Rahmen der Landesplanung ist Fischach als Kleinzentrum eingestuft. In enger Verbindung mit der bedarfsgerechten Infrastruktur steht die Rolle Fischachs als Industriestandort mit rund 2.000 Arbeitsplätzen, die den Ort zu einem Einpendlerzentrum in den Stauden machen. Fischach besitzt die höchste Steuereinnahmekraft der Staudengemeinden. Der größte Arbeitgeber ist die Fa. Müller-Milch im Ortsteil Aretsried, dazu kommen acht weitere Betriebe mit mehr als 100 Beschäftigten und zahlreiche mittelständische Gewerbe- und Dienstleistungseinrichtungen. Als Folge des ländlichen Struk-

turwandels ist die Zahl der landwirtschaftlichen Betriebe auf ca. 60 zurückgegangen. Die Mehrzahl der Bauern ist in den Ortsteilen angesiedelt. Entsprechend der innerörtlichen Entwicklung und der regionalen Bedeutung hat Fischach sein Erscheinungsbild erheblich verändert und ein starkes räumliches Wachstum erlebt. Rings um den historischen, ländlich geprägten Ortskern sind neue Wohn- und Gewerbegebiete entstanden. Für die zukünftige Entwicklung des Marktes Fischach und des gesamten Staudengebietes spielt neben der Versorgungsstruktur die Verkehrsanbindung durch die Staudenbahn eine wichtige Rolle.

Einzelfunde der Vor- und Frühgeschichte, insbesondere auf dem Buschelberg, weisen auf die Anwesenheit von Menschen seit der Jungsteinzeit hin. Für die Ansiedlung in römischer und alemannischer Zeit gibt es bislang keine gesicherten Zeugnisse. Die topographische Lage und das Michaels-Patrozinium lassen auf einen frühen Kirchenort um 750 schließen, von dem aus entlang der Flüsse Schmutter und Neufnach die Rodungs- und Siedlungstätigkeit in das Staudengebiet vorgedrungen ist. Die markanten Wallanlagen auf dem Buschelberg, die als Fliehburg der Ungarnzeit gedeutet werden, legen eine herausgehobene Rolle Fischachs als Siedlungsschwerpunkt im 9./10. Jh. nahe.

Erstmals taucht der Ortsname „Fischaha" in einer auf 981 datierten Traditionsnotiz auf, deren Echtheit allerdings infrage gestellt wird. Nach R. Müntefering (Die Traditionen und das älteste Urbar des Klosters St. Ulrich und Afra in Augsburg, München 1986) stammt sie aus der Mitte des 12. Jh., so dass auch die Nennung der Zeugenreihe mit den Herkunftsorten Fischach, Langenneufnach, Siegertshofen und Tronetshofen nicht gesichert ist. Die Existenz dieser Orte im ausgehenden 9. Jh. wird mit dieser Deutung allerdings nicht angezweifelt. Die mehrfache Erwähnung des Ortsnamens „Fischaha" im 12./13. Jh., meist in Verbindung mit Schenkungen, spricht für die Existenz eines gleichnamigen Ortsadels. Der Name kann als Siedlung an der fischreichen Ache gedeutet werden. Das Wappen der Marktgemeinde mit den silbernen Fischen auf rotem Grund wurde von einem Familienwappen der Herren von Fischach abgeleitet und mit dem silbernen Querbach ergänzt. Die Farben Rot und Silber weisen auf die geschichtlichen Beziehungen des Ortes zum Hochstift Augsburg hin.

Im Laufe der Jahrhunderte treten der Bischof und das Domkapitel Augsburg, das Reichsstift St. Ulrich und Afra, die Augustiner-Chorherrenstifte Heilig Kreuz und St. Georg in Augsburg, das Zisterzienserinnenkloster Oberschönenfeld und die Grafen Fugger als Grundherren in Fischach auf. Landesherrliche Rechte (Hochgericht, Gesetzgebung, Militär, Zoll) übte die vorderösterreichische Markgrafschaft Burgau bis 1805 aus.

Seit 1570 haben sich jüdische Familien niedergelassen, in der Mitte des 18. Jh. sind 33 jüdische Familien ansässig, um 1850 setzt sich die Bevölkerung jeweils zur Hälfte aus Christen und Juden zusammen. Nach dem Gleichstellungsgesetz 1871 trugen die Juden wesentlich zum Wachstum und zur wirtschaftlichen Entwicklung des Ortes bei (sh. Kapitel „Als Juden in Fischach lebten"). Mit der Neuordnung des bayerischen Königreiches wurden 1818 die Gemeinden gebildet, die bis zur Gebietsreform 1972 bis 1978 Bestand hatten. 1972 schlossen sich die Orte Aretsried, Willmatshofen und Wollmetshofen, 1975 Itzlishofen und Tronetshofen, 1976 Siegertshofen mit Todtenschläule, 1978 Reitenbuch der Einheitsgemeinde Fischach an.

Bau- und Geschichtsdenkmäler:
– *Pfarrkirche St. Michael,* Turm und Kern des Langhauses um 1500, barocke Umgestaltung mit reicher farbiger Stuckdekoration von Joseph Meitinger, Fresken von Franz Martin Kuen. Kirchenerweiterung 1964/65.
– *Wallfahrtskapelle St. Leonhard,* 1710, Altar um 1900, Votivbilder.
– *Jüdischer Friedhof,* seit 1774, südlich des Ortes.

– *Buschelberg,* ausgedehnte Befestigungsanlagen der Vor- und Frühgeschichte. Info-Tafeln auf dem Berg.
– *Heimberg,* 1,5 km nördlich von Fischach, Wohnhaus der bäuerlichen Vorfahren von Wolfgang Amadeus Mozart.

Aretsried
Als Rodesiedlung vermutlich im 10. Jh. entstanden. Starke Besitzzersplitterung mit verschiedenen geistlichen und weltlichen Grundherren. Im Wappen erinnert der grüne Dreiberg an das Stift St. Moritz in Augsburg, der Bogen an die Grafen Arco als Grundherrn im Weiler Heimberg. Das Schwert verweist auf das Martyrium des Hl. Pankratius.

Das raumprägende Element des Ortes sind die baulichen Anlagen der Fa. Müller-Milch, die sich aus einer Dorfmolkerei zu einem europaweit agierenden Unternehmen mit ca. 1.000 Arbeitsplätzen entwickelt hat.

Baudenkmal:
– *Pfarrkirche St. Pankratius,* spätklassizistischer Bau 1828, Altäre 1835, Decken und Wandgemälde von Liberat Hundertpfund 1848.

Itzlishofen
Die Ansiedlung ist archäologisch und urkundlich seit dem 11. Jh. nachweisbar. Häufiger Besitzwechsel des Einödhofes, heute Gasthaus „Vögele". Seit 1702 Ansiedlung von Kleinbauern und Taglöhnern.

Baudenkmal:
– *Kapelle Mariä Heimsuchung,* 19. Jh.

Reitenbuch
Vermutlich als Rodesiedlung im 10. Jh. entstanden. Der Ortsname ist im 12. Jh. bezeugt. Das Gemeindewappen erinnert mit zwei Symbolen an zwei geistliche Grundherren: die auffliegende Taube an das Augsburger Heilig-Geist-Spital und das goldene Kreuz an das Reichsstift St. Ulrich und Afra. Überörtliche Bedeutung hat das Kinderheim St. Josef als Einrichtung der Christlichen Kinder- und Jugendhilfe. In Reiten-

buch ist der „erste Maibaumverein der Welt" gegründet worden.

Baudenkmal:
– *Kapelle St. Laurentius,* 1866, mit neugotischer Ausstattung.

Siegertshofen
Rodungsort im Rahmen des Siedlungsausbaus im Laufe des 9. Jh. Urkundlich 1130 erstmals genannt. Auf die Grundherrschaft des Augsburger Klosters Heilig Kreuz weist das Tatzenkreuz hin, an den Besitz der Grafen von Stadion im 18. Jh. erinnern die Wolfsangeln.

Baudenkmäler:
– *Pfarrkirche St. Nikolaus,* spätgotischer Bau, mehrfach verändert und ausgestattet. Hl. Nikolaus, Ende 15. Jh., bemerkenswerte Schnitzgruppe „Marienkrönung" um 1500 aus dem Umkreis von Gregor Erhart (S. 74).
– *Pfarrhaus,* 18. Jh., Stuck und originelle Türbemalungen.

Todtenschläule
Aus einem Einödhof des Klosters Heilig Kreuz Augsburg entwickelte sich ein Weiler mit mehreren Anwesen.

Tronetshofen
Rodungsweiler des 9. Jh., um 1170 erstmals urkundlich erwähnt. Die Grundherrschaft wechselte zwischen Augsburger Klöstern und Familien, bis 1531 Raymund Fugger zu Mickhausen die Güter erwarb (Wappenbeschreibung s. Bobingen/Kreuzanger).

Baudenkmal:
– *Kapelle St. Leonhard,* 1747, Ausstattung 18. Jh.

Willmatshofen
Rodesiedlung 9./10. Jh., erste urkundliche Nennung 1175. Um 1300 vergibt der Augsburger Bischof Güter und Rechte an Augsburger Bürger. Häufiger Wechsel der Grundherrschaften. Das ehemalige Gemeindewappen erinnert mit zwei Sternen an die Familie Schmucker und mit drei silbernen Muscheln in einem roten Schrägbalken an die Familie Peutinger.

Baudenkmäler:

– *Pfarrkirche St. Vitus,* spätgotischer Kirchturm in Backsteinbauweise, 1843 Neubau des Kirchenraumes mit neuromanischer Ausstattung.
– *Spätkeltische Viereckschanze „Brennburg",* 1 km südwestlich des Ortes.

Wollmetshofen

Als Rodesiedlung im 9./10. Jh. entstanden, erstmals 1135 urkundlich erwähnt. Das ehemalige Ortswappen ist auf das Wappen der Herren von Kemnat aufgebaut, deren Herrschaftssitz Hattenberg mit deutlichen Befestigungsspuren auf einer Anhöhe nördlich des Ortes erhalten ist. Der mit Silber und Blau geteilte Schild wird von einem goldenen Balken belegt. Die rote Rose entstammt dem Wappen der Freiherren von und zu Aufseß mit Sitz in Elmischwang und der blaue Stern erinnert an die Augsburger Kaufmannsfamilie Ehem.

Baudenkmäler:

– *Filialkirche St. Jakobus,* Neubau 1976, Turm von 1859 erhalten. Beachtliche Holzfiguren (Pietà und Sebastian 16. Jh., Anna Selbdritt 17. Jh., liegender Jakobus 19. Jh.).
– *Schloss Elmischwang,* wechselvolle Besitzgeschichte, 1902 Neubau des Schlosses im Auftrag der Familie von Aufseß von Jean Keller, seit 1946 Altenheim mit Erweiterungsbau.
– *Burgstall Hattenberg,* nördlich von Wollmetshofen (gehört zum Ortsteil Ried des Marktes Dinkelscherben).

GESSERTSHAUSEN

Gessertshausen ist Sitz der Verwaltungsgemeinschaft Gessertshausen/Ustersbach und hat mit den bis 1978 selbständigen Ortsteilen Deubach, Döpshofen, Margertshausen und Wollishausen ca. 4.500 Einwohner. Zum Gemeindegebiet gehören auch die Abtei Oberschönenfeld, die Einöde Engelshof und der Weiler Weiherhof. Das Kleinzentrum an der B 300 und der Bahnlinie Augsburg – Ulm verzeichnet durch seine verkehrsgünstige Lage am Rande des Ballungsraumes Augsburg seit 1950 ein kontinuierliches Wachstum. Die Versorgungsstruktur weist alle notwendigen Einrichtungen für Handel, Gewerbe und Dienstleistungen auf: Einzelhandelsgeschäfte, Kindergarten, Grund- und Teilhauptschule, Postfiliale, Ärzte, Zahnärzte, Tierklinik, Apotheke, Banken, Sport- und Freizeiteinrichtungen, Betreutes Wohnen. Mit der Schwarzachhalle gibt es eine vielseitig verwendbare Veranstaltungsstätte für Kultur und Sport. Etwa 30 Vereine sorgen für ein abwechslungsreiches Angebot während des ganzen Jahres.
Infolge des Strukturwandels sind die landwirtschaftlichen Betriebe stark zurückgegangen, derzeit gibt es in allen Ortsteilen insgesamt ca. 40 Bauernhöfe. Jeweils mehr als 20 Beschäftigte haben die Holzfirma MOCO, die Brauerei Schimpfle und der Software-Hersteller Melos, dazu kommen zahlreiche Handwerks- und Dienstleistungsbetriebe.
Ausgangspunkt für die Besiedlung war der Weiler Dietkirch. Name und Patrozinium St. Johannes der Täufer legen eine frühe Kirchengründung im 8. Jh. nahe. Auf einen kontinuierlichen Siedlungsausbau nach 800 lassen die Hausen- und Hofen-Orte im Umfeld schließen, die urkundlich im 10. bis 12. Jh. belegt sind. Der Ortsname „Gozhereshusen" erscheint erstmals 1150. Besitz und Rechte des Augsburger Bischofs und der Augsburger Bürger gingen nach und nach an das im frühen 13. Jh. entstandene Frauenkloster Oberschönenfeld, das die Grundherrschaft über das Dorf erlangte und bis 1803 ausübte. Das Wappen stellt die geschichtliche Bedeutung des Klosters dar. Der schräg geteilte Schild mit den Farben Rot und Silber erinnert an die Edlen von Kemnat als maßgebliche Klosterstifter, die Madonna mit Kind und Rosenzweig geht auf ein Bildsiegel des Klosters im 14. Jh. zurück.

Baudenkmäler:

– *Pfarrkirche St. Johannes,* mittelalterlicher Vorgängerbau, 1723 barocker Neubau nach Plänen des Vorarlberger Baumeisters Franz Beer, gute Ausstattung des 18. Jh. (S. 84).
– *Klosterkirche Mariä Himmelfahrt Oberschönenfeld,* 1721–1723 Neubau mit sehr qualitätvoller Innenausstattung 1769–1774 (S. 78/79).
– *Konventbau* des Klosters 1718–1722.
– *Torhaus* (heute Klosterstüble) 1735.
– *Klosterökonomie,* 1691–1763, heute Standort des Schwäbischen Volkskundemuseums und des Naturpark-Hauses.
– *Bauernmuseum Staudenhaus* mit Strohdach und offenem Fachwerk, 18. Jh., Einrichtung 19./20. Jh. (ursprünglicher Standort Döpshofen).

Deubach

Die Ansiedlung in einem Seitental der Schmutter dürfte im 9. Jh. entstanden sein und wird 1070 erstmals als „Tudebach" erwähnt. Güter und Rechte teilten sich verschiedene Klöster und Augsburger Familien. Grundherr war seit 1579 der Augsburger Ratskonsulent Adam Zech, dessen Nachfahren 1677 in den Adelstand erhoben wurden und mitten im Ort ein ansehnliches Schloss errichteten. Abbruch des Schlosses und Verkauf der Güter nach 1837. Im Gemeindewappen erinnert der Bär mit dem Baumstamm an das Attribut des Kirchenpatrons St. Gallus, die eingeschweifte silberne Spitze mit den drei goldenen Sternen an das Wappen der Familie Zech.

Baudenkmal:

– *Filialkirche St. Gallus* (ehem. Schlosskapelle), romanische und spätgotische Bauteile, Umgestaltung und reiche Ausstattung im Stile des Rokoko mit Altären, Fresken und Kanzel.

Döpshofen

Als Rodesiedlung im 11./12. Jh. entstanden und 1241 erstmals als „Tebeshoven" genannt. Die Ortsherrschaft übte das Augustiner Chorherrenstift Heilig Kreuz aus (S. 10).

Das Ortswappen erinnert mit einem goldenen Kreuz an das Augsburger Kloster und mit silbernen Rosen an das persönliche Wappen eines Abtes.

Bau- und Geschichtsdenkmäler:
- *Pfarrkirche St. Martin,* Kirchturm 15. Jh., Kirchenbau 1701/02 mit schöner qualitätvoller Ausstattung, drei Barockaltäre stammen aus der 1803 abgebrochenen Klosterkirche Wessobrunn.
- *Scheppacher Kapelle,* als Loreto-Kapelle 1601 bei dem Scheppacher Hof im Auftrag der Abtei Oberschönenfeld errichtet. Das 1741 angebaute Langhaus wurde mit dem Abbruch des Hofes 1865 beseitigt, der ehemalige Chorraum bildet die heute vielbesuchte Marienkapelle auf einer Waldlichtung.
- *Strohgedecktes Staudenhaus,* heute Bauernmuseum in Oberschönenfeld.
- *Elemente der historischen Kulturlandschaft* (Ackerterrassen, Hohlwege u.ä.) an den Hängen des Schwarzachtales.

Margertshausen

Vermutlich im 9. Jh. entstanden, nach 955 als „Madelgereshusen" genannt. Die Grundherrschaft übte bis 1803 das Augustiner Chorherrenstift Heilig Kreuz aus. Im Wappen erinnern das goldene Tatzenkreuz an das Kloster, die Ähren an die Landwirtschaft und die roten Ziegel an den Ziegeleibetrieb. Das Wachstum der Gemeinde im 20. Jh. geht auf die günstige Verkehrslage zurück.

Baudenkmal:
- *Pfarrkirche St. Georg,* 1723 Neubau mit barocker Ausstattung (Altäre, Kanzel, Stuck, Deckengemälde, Holzfiguren, darunter eine bemerkenswerte Heilige Ottilia, um 1500).

Wollishausen

Vermutlich im 9. Jh. entstanden wird die Siedlung in einer Bischofsurkunde 969 als „Woleibeshusen" erstmals erwähnt. Die Güter und Rechte waren auf mehrere Herrschaftsträger verteilt. Im Wappen erinnern das rote Kreuz auf Silber an die Grundherrschaft des Augustiner

Chorherrenstiftes St. Georg, der grüne Dreiberg an das Kollegiatstift St. Moritz und die silberne Pflugschar an die Landwirtschaft.

Baudenkmal:
- *Filialkirche St. Peter und Paul,* 1747 von Joseph Dossenberger d. J. unter Mitarbeit seines Bruders Hans Adam im Auftrag des Klosters Oberschönenfeld errichtet und im Stil des Rokoko mit Fresken, Stuck, Hochaltar und Kanzel qualitätvoll ausgestattet.

Einöde Weiherhof (Oberhofen)

Ehem. Ökonomie mit Fischweiher im Besitz des Klosters Oberschönenfeld. Kapelle und Gasthof, 18. Jh., erneuert.

Einöde Engelshof

Ehem. Gutshof des Klosters Hl. Kreuz Augsburg, Bauwerke teilweise 18. Jh.

LANGENNEUFNACH

Die Gemeinde mit den Ortsteilen Habertsweiler und Unterrothan hat ca. 1.800 Einwohner und ist Sitz der Verwaltungsgemeinschaft Stauden, der noch die Gemeinden Mittelneufnach, Mickhausen, Scherstetten und Walkertshofen angehören.

Das Dorf wuchs aus mehreren Ortsteilen zusammen und dehnt sich heute als langgestrecktes zweizeiliges Straßendorf beiderseits des Flusses aus. Aufgrund der kleinbäuerlichen Struktur ist die Zahl der landwirtschaftlichen Betriebe in den letzten Jahrzehnten stark zurückgegangen. Es gibt noch ca. 20 Bauernhöfe vorwiegend in den Ortsteilen Habertsweiler und Unterrothan. Langenneufnach besitzt eine bedarfsgerechte Versorgungsstruktur mit Handel, Handwerk und Dienstleistungen (Einzelhandel, Kindergarten, Grund- und Teilhauptschule, Arzt, Apotheke, Gemeindebücherei, Sportanlagen). Mittelständische Unternehmen und

ein großer Produktionsbetrieb bieten ca. 600 Arbeitsplätze. Um die kulturellen Belange kümmern sich zahlreiche Vereine. Im Juni findet alljährlich der Annamarkt statt. Für Wanderer und Radfahrer gibt es gut ausgebaute Wege. Langenneufnach ist Station an der Staudenbahn.

Ortsname und Martins-Patrozinium legen eine Entstehung um 800 nahe. Wenngleich die Urkunde von 981 mit der Nennung eines „Henricus de Nifenaha" nicht gesichert ist, so darf man mindestens 150 Jahre vor diesem Zeitpunkt mehrere Ansiedlungen im Neufnachtal annehmen. Das historische Ortszentrum lag bei der Kirche St. Martin. Ab 1130 werden die Herren von Neufnach mehrfach genannt. Die Grundherrschaft über die Höfe im Ober- und Unterdorf war zersplittert und wechselte mehrfach die Inhaber. Im Besitz der Augsburger Bürgerfamilie Ehem (1464-1546) erlebte die Siedlung beiderseits der Neufnach erhebliche Erweiterungen mit neuen Sölden. Ab 1546 übten die Grafen Fugger die Grundherrschaft im Oberdorf und die Herrschaft Seifriedsberg und das Domkapitel Augsburg im Unterdorf aus. Landeshoheitliche Rechte (Hochgericht, Religion, Jagd, Zoll) standen der Marktgrafschaft Burgau zu.

Im Gemeindewappen erinnern die Jagdhörner und die Sterne an die Herrschaftsgeschichte der Familie Ehem. Die Farben Rot und Silber (Weiß) entsprechen dem Wappen der ehemaligen Ortsherren Ehem.

Baudenkmal:
- *Pfarrkirche St. Martin,* spätgotischer Bau, barock umgestaltet mit Wessobrunner Stuck, Fresken und Kanzel. Altäre 19. Jh. Erhöhung des Turmes und Zwiebelhaube 1725.

Der **Ortsteil Habertsweiler** ist als Rodungssiedlung im 10./11. Jh. entstanden, im 15. Jh. als Wüstung abgegangen und nach 1470 wieder aufgebaut worden. Habertsweiler wurde 1971 der Gemeinde Langenneufnach zugeteilt.

Baudenkmal:
- *Kapelle St. Leonhard,* Neubau um 1769. Ausstattung 18. und 19. Jh.

MARKT WALD

Zur Marktgemeinde gehören die bis 1978 selbständigen Gemeinden **Anhofen** mit den Weilern Schnerzhofen und Steinekirch, **Immelstetten** und **Oberneufnach.** Der Markt hat einschließlich aller Ortsteile derzeit ca. 2.500 Einwohner.

Markt Wald ist gemeinsam mit Tussenhausen in der Landesplanung als Kleinzentrum eingestuft. Der Ort erfüllt die Aufgaben für die Grundversorgung mit zahlreichen Einrichtungen wie Lebensmittel- und Fachgeschäfte, Gasthöfe, Kindergarten (Standort Oberneufnach), Grundschule, Pfarrbücherei, Postfiliale, zwei Bankfilialen, zwei Fahrschulen, Ärzte und Apotheke. Dazu kommen zahlreiche Dienstleistungs- und Gewerbebetriebe (Bau, Holzverarbeitung, Ziegelei). Derzeit gibt es noch ca. 50 landwirtschaftliche Betriebe, vorwiegend Milchviehhalter. Zahlreiche Vereine, teilweise mehr als 100 Jahre alt, sorgen rund ums Jahr für ein reichhaltiges kulturelles und sportliches Angebot, die Klangwerkstatt Markt Wald hat für das musikalische Leben eine überregionale Bedeutung. Für Sport und Spiel stehen großzügige Anlagen sowie eine Turnhalle zur Verfügung. Verschiedene Buslinien sorgen für die überörtlichen Verbindungen. Die Wiederbelebung der Staudenbahn ist ein wichtiges Ziel für die Verkehrsstruktur und den Tourismus. Zahlreiche Rad- und Wanderwege sowie ein beliebter Badeweiher bei Schnerzhofen sind Anziehungspunkte für das nahe und weitere Umland.

Jungsteinzeitliche Funde bei Immelstetten, Römerspuren beim „Bürgle" und bei Steinekirch sprechen für die frühe Anwesenheit von Menschen. Die flächenhafte Siedlungsentwicklung hat von Norden über das Neufnachtal und von Westen aus dem Flossach-Mindel-gebiet die hügelige, waldreiche Landschaft im Quellgebiet von Neufnach und Zusam im frühen Mittelalter erschlossen. In **Steinekirch** dürfte nach 800 eine Kirche anzunehmen sein. Die Siedlungen „Irmatshofen auf dem Wald" und „Soler" gehen auf Rodungen im 9./10. Jh. zurück. Immelstetten entstand als planmäßig angelegtes Angerdorf vermutlich im 10. Jh. und wird erstmals 1120 erwähnt. „Bürgle" war Sitz eines Ortsadels, die Dienstmannen der Welfen und Staufer werden im 12./13. Jh. genannt.

Die weitere Geschichte der einzelnen Siedlungen hängt eng mit der Geschichte der Herrschaft Wald zusammen. Als Besitz der Herren von Riedheim kaufte sie 1578 Erzherzog Ferdinand von Tirol und verpfändete sie 1585 an die Grafen Fugger in Kirchheim. Bei den Fuggern verblieb sie mit einer kurzen Unterbrechung bis 1805. 1593 verlieh Kaiser Rudolf II. dem Dorf „Irmatshofen auf dem Wald" das Recht für drei Jahrmärkte. Markt Wald ist damit der einzige historische Marktort im Staudengebiet. Er konnte allerdings in enger Nachbarschaft zu den älteren Märkten Tussenhausen (1455) und Kirchheim (1490) nur eine bescheidene Reichweite entfalten. Mit dem Bau der Staudenbahn 1911/12 ergab sich ein wirtschaftlicher Aufschwung. Das Wappen zeigt wichtige Elemente der Ortsgeschichte. Die Tanne versinnbildlicht den Ortsnamen „Irmatshofen auf dem Wald"/Markt Wald, die Lilie und die Farben Blau und Gold stehen für die Herrschaft der Fugger.

Bau- und Geschichtsdenkmäler:

– *Pfarrkirche Maria Himmelfahrt,* spätgotischer Bau, barock umgestaltet, Ausstattung 18./19. Jh. mit bemerkenswerten Einzelfiguren (Madonna, Anna Selbdritt) um 1500.

– *Pfarrhaus,* 1719, und *Benefiziatenhaus,* 18. Jh., bilden mit der Kirche ein Ensemble.

– *Schloss,* im Kern 16. Jh., barock umgestaltet mit Walmdach und drei Rundtürmen, Hauskapelle mit Fresken von Johann Baptist Enderle. Herrschaftssitz der Grafen Fugger, heute Forstamt (nicht zugänglich).

– *Christoph-Scheiner-Aussichtsturm* des Naturpark-Vereins, benannt nach dem in Markt Wald geborenen Jesuitenpater (1575-1650), der als Mathematiker, Astronom und Mitentdecker der Sonnenflecken Berühmtheit erlangte. Ein Krater auf dem Mond trägt seinen Namen.

– *Pfarrkirche St. Vitus* in Immelstetten, spätgotischer Bau, barock umgestaltet, im 19. Jh. ergänzt.

– *Filialkirche St. Ulrich* in Steinekirch, spätgotischer Turm, Langhaus im 18. und 19. Jh. umgestaltet.

– *Wallfahrtskapelle St. Antonius von Padua* in Schnerzhofen, origineller Bau mit Rotunde und bemerkenswerter Ausstattung, 18. Jh.

– *Kapellen, Bildstöcke, Flurkreuze.*

MICKHAUSEN

Die bis 1978 selbständigen Gemeinden Mickhausen, Münster, Grimoldsried und deren Ortsteile sind zur Gemeinde Mickhausen zusammen geschlossen, die zur Verwaltungsgemeinschaft (VG) „Stauden" gehört. Sie haben zusammen ca. 1.400 Einwohner. Hofladen, Kindergarten, Banken, Gaststätte sowie mehrere Handwerks- und Gewerbebetriebe gewährleisten die alltägliche Versorgung. Derzeit gibt es noch ca. 40 Landwirte, die auf die verschiedenen Ortsteile verteilt sind. Der Bestand von ca. 100 Arbeitsplätzen wird mit der Firma ÖköFEN, einem modernen Produktionsbetrieb für Pelletsheizungen, erheblich ergänzt.

Mickhausen dürfte in Verbindung mit Münster um 800 entstanden und aus zwei Siedlungen zusammengewachsen sein. Der Ort wird erstmals 1270 als „Mutechusen" genannt und ist im 15. Jh. im Besitz verschiedener Grundherrschaften. 1528 kaufte Raymund Fugger von dem österreichischen Erzherzog Ferdinand Schloss und Dorf Mickhau-

sen, die dieser wenige Tage vorher von Ritter Wolf von Freiberg erworben hatte. Die Herrschaft bleibt fast 300 Jahre lang im Besitz des Hauses Fugger. Das Schloss wurde mehrfach umgebaut und 1843 mit dem Grundbesitz an die Grafen von Rechberg-Rothenlöwen verkauft. Seit 1977 hat es einen neuen Besitzer und ist seitdem baulich stark heruntergekommen. Das Gemeindewappen enthält Symbole und Farben von drei Herrschaftsträgern: auf die Augsburger Patrizierfamilie Stolzhirsch weist der steigende Hirsch hin, die Herren von Freiberg sind durch die drei Kugeln, die Grafen Fugger durch die Farben Gold und Blau vertreten.

Baudenkmäler:

– *Pfarrkirche St. Wolfgang*, spätgotischer Bau, 1685 barockisiert mit beachtlicher Innenausstattung (Wessobrunner Stuck, Altäre, Schnitzarbeiten, kostbare Glasgemälde, 16. Jh.) (S. 82).
– *Herrgottsruh-Kapelle*, 17./18. Jh. mit Fresken von Vitus Felix Rigl.
– *Pfarrhof*, im Kern 16. Jh., mehrfach umgebaut.

 **Münster** gehört zu den ältesten Siedlungen in den Stauden. Ortsname und Patrozinium verweisen auf eine frühe Klostergründung um 750. Vom 12.–14. Jh. ist ein Ortsadel nachgewiesen. 1317 verkaufte Albrecht von Burgtor den Besitz an das Kollegiatstift St. Moritz in Augsburg, das 1531 Münster und Rielhofen an Raymund Fugger weiterveräußerte. Kaiser Maximilian erlaubte 1510 einen Jahrmarkt. Das Wappen symbolisiert den Grundbesitz der Augsburger Bischofskirche mit den Farben Rot und Silber und den Ortsadel mit dem Burgtor und den drei Kugeln.

Baudenkmäler:

– *Pfarrkirche St. Benedikt und Vitus*, 1502 auf Vorgängerbauten errichtet, gut erhaltenes spätgotisches Raumbild, beachtliche gotische Kunstwerke (Muttergottes, Kruzifix, Konsolfiguren – sh. Kapitel „Kunst in Kirchen und Kapellen", S. 72 f.).
– *Kapelle St. Johannes* in Rielhofen, 1776 erbaut, im 19. Jh. ausgestattet.

 Grimoldsried entstand als Ausbausiedlung von Münster/Mickhausen am Westhang des Schmuttertales im 10. Jh. Mehrere Einödhöfe (Blessenauhof, Köpfingerhof, Schweinbachhof,) gehören in die letzte Rodungsperiode im 13./14. Jh. Mehr als 400 Jahre waren Grimoldsried und der Weiler Kelchsried im Besitz des Augsburger Heilig-Geist-Spitals. Im Wappen weist die aufliegende Taube auf deren Grundherrschaft hin, das Weberschiffchen erinnert an die Rolle von Flachsverarbeitung und Leinenspinnerei als Heimgewerbe.

Baudenkmäler:

– *Pfarrkirche St. Stefan*, im Kern spätgotischer Bau, barock umgestaltet, qualitätvolle Ausstattung, spätgotische und barocke Schnitzfiguren, Hochaltar um 1700, Fresken um 1780.
– *Kapelle zur schmerzhaften Mutter Gottes*, 18./19. Jh.

MITTELNEUFNACH

Die Gemeinde hat mit dem Ortsteil Reichertshofen derzeit 1.100 Einwohner. Es gibt noch ca. 30 landwirtschaftliche Betriebe, die meisten werden im Zu- oder Nebenerwerb bewirtschaftet und mehrere Handwerker, Handels- und Gewerbeeinrichtungen. Reichertshofen ist der Sitz des Zweckverbandes „Staudenwasser", der 22 Kommunen mit 70 Ortsteilen versorgt. Beide Orte haben einen Bahnhof an der Staudenbahn.

Das Dorf entwickelte sich um 800 aus zwei Siedlungen links und rechts der Neufnach. Auf einen mittelalterlichen Ortsadel weisen der Burgstall „Schlossberg" (am Weg nach Immelstetten) und das sog. „Schlössle" (heute Forsthaus) hin, doch fehlen schriftliche Zeugnisse. Das Hl.-Geist-Spital Augsburg kaufte im 14./15. Jh. die Anwesen mit allen

Rechten und übte bis 1805 die Ortsherrschaft aus. Zum Obervogtamt gehörten auch die Untertanen des Spitals in Grimoldsried, Reichertshofen und Scherstetten.

Im Gemeindewappen erinnert das Radkreuz an die ehemals bedeutende Grundherrschaft des Hl.-Geist-Spitals Augsburg hin. Der Kopf eines Steinbocks stammt aus dem Wappen der Herren von Bocksberg, die im 14. Jh. die Ortsherrschaft innehatten. Gewisse Rechte, vor allem hinsichtlich des Kirchenpatronats hatte auch das Domkapitel Augsburg. Im Wappen wird dies durch die Farben Rot und Silber dargestellt.

Baudenkmäler:

– *Pfarrkirche St. Johannes Evangelist*, spätgotischer Bau mit Veränderungen des 17. und 18. Jh. und beachtlicher Innenausstattung. Der Satteldachturm besitzt gotische Baumerkmale wie Kleeblattbogenfriese und filialenartige Aufsätze.
– *Pfarrhaus*, um 1750.
– *Ehemaliges Amtshaus mit Dachreiter*, erbaut im 16. Jh. und mehrfach umgestaltet. Jetzt Forstdienststelle der Stadt Augsburg.
– *Feldkapellen* und zahlreiche *Flurdenkmäler*.

 **Reichertshofen** Der bis 1978 selbständige Ortsteil Reichertshofen verdankt seine Entstehung einer Rodetätigkeit im 9./10. Jh. Die Ministerialen von Reichertshofen lassen sich von etwa 1150 bis in das 14. Jh. hinein als Nachfahren des Geschlechts der ehemals welfischen Mannen von Reichertshofen verfolgen. Der Welfenlöwe im ehemaligen Ortswappen weist auf diese geschichtlichen Bezüge hin. Der Ort ist Sitz der Stauden-Wasserversorgung.

Baudenkmäler:

– *Pfarrkirche St. Nikolaus* in Reichertshofen, im Kern spätgotischer Bau mit barockem Dachreiter. Bemalte Kassettendecke aus der Zeit um 1700. Altäre und Figuren 18. Jh. Bemerkenswerte Madonna des Ulmer Schnitzers Jörg Stein, um 1480 (S. 84).

Reinhartshofen, Gemeinde Großaitingen

Seit 1978 gehört das Staudendorf mit ca. 350 Einwohnern zur Gemeinde Großaitingen. Jahrhundertelang war der Ort rein bäuerlich orientiert, heute gibt es noch einen Bauernhof. Aufgrund der idyllischen Lage in einem weiten Wiesental mit Weihern ist Reinhartshofen ein beliebter Wohnort und ein gern besuchtes Ausflugsziel.

Die Ansiedlung ist vermutlich im frühen 9. Jh. als Ausbauort der Altsiedlungen im Wertachtal entstanden. Die Traditionsnotiz von 981 mit der Übergabe eines Grundbesitzes an das Kanonikerstift St. Afra ist ungesichert. Um 1140 sind Dienstmannen des Klosters St. Ulrich und Afra in „Reinharteshofen" genannt. Das Kloster verkauft den Besitz 1783 an die Augsburger Bankierfamilie Obwexer, die auch das Schloss Hardt mit der zugehörigen Ökonomie erwarb. Im Wappen erinnert das goldene Kleeblattkreuz an das Reichsstift, der Greif ist dem Wappen der Herren von Lotzbeck entnommen, die das Gut Hardt seit 1827 im Besitz hatten.

Baudenkmäler:

– *Filialkirche St. Jakobus*, im Kern 16. Jh., im 18. Jh. umgestaltet und neu ausgestattet mit sehenswerten Holzfiguren. 1981 Anbau einer Hallenkirche mit mächtigem Satteldach.
– *Kapelle St. Justina*, ehemals Eremitenklause, später kleine bäuerliche Siedlung, im 15. Jh. abgegangen, als Waldkapelle mehrfach erneuert, vorbildlich renoviert 2002. Gepflegter Ort der Besinnung und des Gebets inmitten einer Waldlichtung.

SCHERSTETTEN

Der Siedlungsausbau an der oberen Schmutter, die im Volksmund als „Erk/Erg" bezeichnet wird, dürfte von Münster ausgegangen sein. Die Ortsnamen und die Patrozinien von Erkhausen, Konradshofen und Scherstetten lassen auf Ansiedlungen im 9./10. Jh. schließen. Die Entwicklung von Scherstetten wird im Kapitel „Dörfer, Häuser, Fluren" behandelt. Die zur Verwaltungsgemeinschaft Stauden gehörende Gemeinde hat derzeit etwa 1.000 Einwohner, davon ein Drittel im Ortsteil Konradshofen. Im Gemeindewappen bezieht sich der Dreiberg auf den Burghügel in Scherstetten, der Fluss weist auf die Lage des Ortes an der Schmutter (Erg/Erk) hin. Die Farben Rot, Grün, Weiß erinnern an das Heilig-Geist-Spital in Augsburg und das Kleeblattkreuz an die Grundherrschaft des Augsburger Reichsstiftes St. Ulrich und Afra im Ortsteil Erkhausen. Vom Ortsnamen könnte die volkstümliche Bezeichnung für die Schmutter abgeleitet sein.

Bau- und Geschichtsdenkmäler:

– *Pfarrkirche St. Peter und Paul* in Scherstetten, 1710 erbaut, 1921 erweitert. Barocke Ausstattung mit bemerkenswerten spätgotischen Figuren.
– *Pfarrhaus*, 1762, bildet mit Pfarrstadel und Stall ein seltenes Ensemble.
– *Kapelle St. Nikolaus*, Erkhausen.
– *Turmhügel* mit Halsgraben auf dem Schlossberg, 12.–14. Jh.

Konradshofen

Das Martins-Patrozinium in Konradshofen lässt auf einen frühen Kirchenbau bei den „Höfen des Konrad" schließen. Von dem Augsburger Stift St. Gertrud erwarb der Pfandinhaber der Herrschaft Schwabegg, Hans von Rechberg, 1566 den Besitz, baute ein Schloss und ließ zahlreiche Sölden für Handwerker und Taglöhner errichten. Der Ort vergrößerte sich in wenigen Jahrzehnten um das Vielfache. Mit der Vermehrung der Anwesen wollten die Grundherren die Zahl ihrer Untertanen und ihre Einkünfte vergrößern. Im Wappen der ehemaligen Gemeinde stammen die beiden Löwenköpfe aus dem Wappen der langjährigen Ortsherren von Rechberg. An die Grundherrschaft des Augsburger Stiftes St. Gertrud erinnern die Farben des Hochstiftes Silber und Rot. Die Einöde Hilpoldsberg gehörte zum Kloster St. Ulrich und Afra.

– *Pfarrkirche St. Martin*, Konradshofen, 1688, Ausstattung aus der Erbauungszeit, Schnitzfiguren werden der Werkstatt Lorenz Luidls zugeschrieben. Hl. Martin um 1500.

SCHWABMÜNCHEN

Von der Stadt Schwabmünchen gehören etwa ein Drittel der Fläche und drei ehemals selbständige Ortsteile mit ca. 1.000 Einwohnern zur Regionalentwicklung Stauden. Zwischen den Staudengemeinden und dem historischen Marktort (seit 1562) bestanden über viele Jahrhunderte vielfältige Beziehungen, vor allem im wirtschaftlichen Bereich (sh. Kapitel „Die Verflechtungen der Stauden mit ihrem Umland"). Mehrere Staudendörfer brachten ihre Waren auf die Schwabmünchner Wochenmärkte, Schwabmünchner Unternehmen beschäftigten Heimarbeiter in den Staudenorten und zogen Arbeitskräfte an. Mehr als 70 Jahre war Schwabmünchen als Kreisstadt für den Großteil des Staudengebietes zuständig. In der Gegenwart erfüllt die Stadt als Unterzentrum mit ihren vielfältigen Einrichtungen für Verwaltung, Handel, Bildung und Kultur zentrale Funktionen.

Das Wappen geht auf ein Siegel des Marktes im 18. Jh. zurück und stellt ein Gemarkungszeichen dar, das als Reichsapfel gedeutet wurde. Die Farben Rot und Silber weisen auf das Hochstift Augsburg hin.

Birkach

Der Ortsname weist auf Rodung im 9./10. Jh. im Quellgebiet der Schwarzach hin. Die Nennung 969 als „Pirichah" ist ungesichert. Im Lauf der Jahrhunderte er-

warben verschiedene Herrschaftsträger Güter und Rechte. Im ehemaligen Gemeindewappen weist der rot-weiß-quadrierte Schrägbalken auf das Zisterzienserinnenkloster Oberschönenfeld hin, die Lilie auf die Grundherrschaft der Fugger. Die Landeshoheit stand der österreichischen Markgrafschaft Burgau zu.

Baudenkmal:

– *Kapelle St. Antonius von Padua,* um 1700, mit hübschem Barockaltar.

Klimmach

Die Rodungssiedlung entstand an einer Durchgangsstraße im 9./10. Jh. Im Wappen weist das Patriarchenkreuz auf die im 16. Jh. entstandene Wallfahrt zu der Kreuzreliquie hin, der Grundbesitz des Augsburger Domkapitels wird durch die Farben Rot und Silber symbolisiert. Die beiden gestielten Beile erinnern an die wirtschaftliche Bedeutung der Waldarbeit in den umliegenden Forsten. Nachdem der Pfandinhaber der Herrschaft Schwabegg, Hans von Rechberg, 1554 der „ärmsten Kirche" seines Gebietes aus dem Heiligen Land einen Kreuzpartikel mitgebracht hatte, erlangte der Ort im 17./18. Jh. überregionale Bekanntheit. Der Zustrom der Wallfahrer machte den Neubau der Kirche notwendig, den einheimische Baumeister und Künstler hervorragend ausgestaltet haben. Zu der ehem. Gemeinde gehörten auch die Weiler Froschbach, Leuthau und Schloss Guggenberg. In Leuthau gab es zwischen 1241 und 1260 ein kleines Frauenkloster. Es wurde wohl in unsicherer Zeit nach Augsburg verlegt und bestand als Dominikanerinnenkloster St. Margaret bis ins 16. Jh.

Baudenkmal:

– *Pfarr- und Wallfahrtskirche Heilig Kreuz,* 1707–1728 mit reicher Ausstattung (S. 80).

Schwabegg

Der Name des Ortes erscheint erstmals 1110 mit der Nennung eines Adelsgeschlechtes „Swabeiko", das die Schutzherrschaft über die Augsburger Bi-

schofskirche ausübte. Nach dem Aussterben der Edelherren 1167 kam die Burg in die Hand der staufischen Könige, nach deren Untergang an die Herzöge von Baiern. Diese machten Schwabegg zum Mittelpunkt der sich allmählich bildenden baierischen Herrschaft, die mit Gütern und Rechten in mehreren Staudendörfern (Klimmach, Konradshofen, Scherstetten) vertreten war. Im Wertachtal gehörten die Dörfer Ettringen, Hiltenfingen und Türkheim dazu. Rund um die Burg, das Gut und mehrere Höfe entwickelte sich im 16. Jh. eine Siedlung mit Kleinbauern und Handwerkern. Zwischen der Herrschaft Schwabegg und der Markgrafschaft Burgau gab es jahrhundertelang Streit um landeshoheitliche und grundherrliche Rechte. Das Wappen mit Doppeladler weist auf die Zeit der Staufer als Burgherren hin. Die engen Beziehungen zum Hochstift Augsburg sind durch die Farben Rot und Silber ausgedrückt.

Bau- und Geschichtsdenkmäler:

– *Pfarrkirche Mariä Himmelfahrt,* 1872, neugotische Ausstattung aus der Erbauungszeit.

– *Burgstall auf dem Kalvarienberg.*

– *Burganlage Haldenburg auf dem Wannberg,* imposante Befestigungsanlage mit hohem Spitzkegel und tiefem Halsgraben; trapezförmiges Vorwerk; Reiterhindernisse zum Schutz gegen Ungarneinfälle. Erläuterungstafeln und Naturlehrpfad.

– *Spätkeltische Viereckschanze im Forst Burgholz,* ca. 1,5 km nordwestlich der Kirche von Schwabegg.

WALKERTSHOFEN

hat mit den Ortsteilen **Gumpenweiler, Hölden, Oberrothan** und mehreren Einöden derzeit ca. 1.200 Einwohner. Lebensmittelladen, Metzgerei, mehrere Dienstleistungs- und Gewerbebetriebe

und eine Bankfiliale dienen der Nahversorgung, zwei Gaststätten und eine Brauerei haben überörtliche Bedeutung. Kindergarten (in Mickhausen), Grundschule mit Turnhalle. Musik- und Sportverein sowie das Mittelschwäbische Bildungswerk kümmern sich um das kulturelle und sportliche Angebot. Ca. 20 Landwirte bewirtschaften vorwiegend Milchwirtschaftsbetriebe. 100 Arbeitsplätze verteilen sich auf verschiedene Branchen. Der Ort hat seit 1912 eine Station an der Staudenbahn. Alle drei Jahre findet in Walkertshofen das Staudenfest statt. Das Staudendorf war 20 Jahre der Standort des überregional bekannten „Spielwerk-Theaters" (S. 138). In Gumpenweiler war der Mundartdichter Isidor Höld beheimatet.

Der Ort ist im 9. Jh. als Rodesiedlung zwischen den älteren Dörfern Langenneufnach und Mittelneufnach entstanden. Vom 11. bis 14. Jh. ist ein Ortsadel nachweisbar, der auf einer Burg oberhalb der Neufnach ansässig war. Reste des Turmhügels sind erhalten.

Im Gemeindewappen erinnern die Zinnen an die ehemalige Burg, der Dreiberg an das Augsburger Stift St. Moritz, das in Gumpenweiler die Grundherrschaft innehatte, die Farben Rot und Silber an das Domkapitel Augsburg als wichtigster Grundherr in Walkertshofen. Der Weiler Hölden gehörte seit 1700 dem Kloster Oberschönenfeld, der Weiler Oberrothan zur Herrschaft Seifriedsberg.

Baudenkmäler:

– *Pfarrkirche St. Alban,* spätgotischer Bau, Veränderungen im 17. und 18. Jh. Bemerkenswerte Ausstattung mit Stuck, Deckenbildern, Altären, Taufstein 1540. Der spätgotische Backsteinturm ist ein weithin sichtbares Wahrzeichen.

– *Kapelle St. Anna,* 19. Jh.

– *Kapelle zu Unserer Lieben Frau* in Gumpenweiler, Neubau Mitte 19. Jh.

– *Laurentius-Kapelle* in Oberrothan, 1717, Ausstattung 18./19. Jh.

– *Burgberg,* mittelalterlicher Turmhügel mit Halsgraben, 11.–14. Jh., Sitz des Ortsadels (S. 51).

Weiterführende Literatur: Siehe S. 59, 86, 131

Betrachtet man den Trend zur Globalisierung, so fällt als Gegenbewegung eine zunehmende Orientierung der Menschen zu ihrer näheren Umgebung auf. Es entsteht wieder mehr Bewusstsein für die Heimat, das getragen wird von der Wertschätzung für Natur und Landschaft, für kulturelle Traditionen und zwischenmenschliche Beziehungen. Grundlage für die Wiederentdeckung des Heimatlichen ist die wirtschaftliche und soziale Sicherheit im eigenen Lebensraum, die Vertrautheit mit Land und Leuten und die faire Teilhabe an Entscheidungen im eigenen Dorf, in der Region. Mit diesen Voraussetzungen kann Identität für die Heimat wachsen und Zusammenhalt über die ökonomischen Ziele und Forderungen hinaus entstehen. Umgekehrt fördert das Gefühl der Identität, das Engagement der Bürger und mobilisiert Kräfte und Ideen für eine nachhaltige Entwicklung, für lebendige Kultur, für aktive Bürgerbeteiligung im wachsenden Wettbewerb der Regionen.

Siegerbild des Malwettbewerbs
„Meine Heimat Stauden"
von Stefanie Bußjäger, Haselbach, 1999.

Entwicklung durch regionale Identität

Regionalentwicklung Stauden

Das Gebiet der Stauden ist aufgrund der kleinteiligen Kulturlandschaft und der naturräumlichen Grundlagen besonders vom Strukturwandel in der Landwirtschaft betroffen. Dazu kommen die Nachteile der verwaltungsorganisatorischen Zersplitterung auf drei Landkreise und ein unzureichender Informationsfluss zwischen den Staudengemeinden – u.a. aufgrund mehrerer Zeitungsgrenzen. Seit 1996 gibt es deshalb Bestrebungen zu einer gemeinsamen regionalen Entwicklung. Am Anfang standen kulturelle Veranstaltungen im Rahmen der Schwäbischen Kulturtage und eine Podiumsdiskussion über die Zukunft der Stauden.

Aufgrund der prekären Lage der Landwirtschaft erfolgte 1997/1998 eine agrarstrukturelle Entwicklungsplanung für das Staudengebiet. Sie war der Ansatz für die Regionalentwicklung Stauden, in der zunächst fünfzehn Gemeinden in einem formlosen Planungsverband zusammen arbeiteten. Das einheimische Ideenpotenzial wurde in Form verschiedener Arbeitskreise und Projektgruppen – die als Motor der Regionalentwicklung Stauden bezeichnet werden können – genutzt. Im Jahr 2000 schlossen sich die beteiligten Kommunen als Verein zusammen – der Regionalentwicklung Stauden RES e.V. war geboren. Die Arbeitskreise passten sich im Lauf der Jahre den neuen Erfordernissen und Gegebenheiten an. Um an Fördermöglichkeiten des europäischen Entwicklungsfonds LEADER+ (Liaison entre actions de développement de l'économie rurale, soviel wie „Verbindung zwischen Aktionen zur Entwicklung der ländlichen Wirtschaft") teilzuhaben, formierte sich im Jahr 2001 die „Lokale Aktionsgruppe Stauden" und erstellte ein regionales Entwicklungskonzept, dessen strategische Schwerpunkte in den Themengebieten „Natur / Kultur" und „Lebensqualität" liegen. Wichtige Leitziele sind dabei
– die Belebung der Staudenregion als Naherholungs- und Tourismusgebiet,
– der Erhalt der wertvollen Kulturlandschaft durch Schaffung von Einkommensalternativen und -kombinationen für die Landwirtschaft,
– die Forcierung des Landschafts- und Naturschutzes,
– der Ausbau der Verkehrsinfrastruktur durch die Wiederinbetriebnahme der Staudenbahn in Verbindung mit einem effizienten Buszubringersystem,
– die Stärkung der interkommunalen Zusammenarbeit u.a. in den Bereichen Bauleitplanung und Hochwasserschutz
– die Koordination von Kulturveranstaltungen und deren Verknüpfung mit Naturerlebnissen.

Das Gebiet der Stauden konnte bereits im ersten Auswahlverfahren im Mai 2002 in die Förderkulisse von LEADER+ aufgenommen werden. Die verschiedenen Projekte umfassen bis jetzt ein Investitionsvolumen von 5 Millionen Euro, wobei die anteilige Finanzierung durch europäische Fördergelder 2,3 Millionen Euro beträgt. Ein wichtiges Projekt für die ganze Staudenregion, das im Jahr 2007 auf der Flur der Gemeinde Fischach verwirklicht werden soll, ist der Bau eines naturnahen Badesees, mit einem Finanzvolumen von ca. 2 Millionen Euro.
Die Stauden wollen ab dem Jahr 2008 am neuen europäischen Förderprogramm ELER (Europäischer Landwirtschaftsfonds für die Entwicklung des ländlichen Raums) teilnehmen. Voraussetzung hierzu ist jedoch, dass das bisherige Entwicklungskonzept eine Evaluation und Aktualisierung erfährt, um das bisher Erreichte darzulegen und um künftige Entwicklungsziele zu definieren.

Siedlungsstruktur und Bevölkerung

Die Stauden lassen sich als ein Gebiet mit einem stark ländlich geprägten Gesamtcharakter beschreiben, das sich aus kleinen (Dörfer) und kleinsten (Weiler, Einöden) Siedlungseinheiten mit Landwirtschaft zusammensetzt. Zur Sicherung der großflächigen naturnahen Landschaft war im Jahr 1988 der „Naturpark Augsburg – Westliche Wälder" ins Leben gerufen worden, dessen Umgriff die Stauden kom-

plett einbezieht. Entsprechend dem bäuerlichen Charakter der Stauden überwiegt bei der Flächennutzung die Landwirtschaft mit durchschnittlich mehr als 50%. Der Wald nimmt mit über 40% einen im regionalen Vergleich sehr hohen Flächenanteil ein, die Siedlungs- und Verkehrfläche ist relativ gering (siehe Kapitel „Dörfer, Häuser, Fluren").

Mit derzeit etwa 25.000 Einwohnern weisen die Stauden eine Bevölkerungsdichte von 83 Einwohner pro km^2 (EW/km^2) auf. Obgleich nur 20 km im Südwesten von Augsburg gelegen, sind sie also ein relativ bevölkerungsarmer Raum. Die höchste Einwohnerdichte verzeichnen Fischach und Langenneufnach mit ca. 150 bzw. 130 EW/km^2. Alle anderen Gemeinden und Gemeindeteile weisen weniger als 100 EW/km^2 auf. Bei den regionalen Vergleichswerten liegt das Gebiet der Stauden um mehr als 50% hinter Schwaben (176 EW/km^2) und Bayern (173 EW/km^2) zurück. Innerhalb der Stauden gibt es eine Siedlung mit mehr als 2.500 Einwohnern. In Fischach, der größten Staudengemeinde, wohnen gegenwärtig etwa 4.700 Menschen in sieben Ortsteilen. Innerhalb der letzten 20 Jahre verzeichneten die einzelnen Staudengemeinden einen Bevölkerungszuwachs zwischen 3% und 17%. Dem allgemeinen demografischen Trend folgend, nimmt die Zahl der jungen Menschen unter 30 Jahre derzeit in den Stauden ab; in allen Kommunen geht der Anteil dieser Altersgruppe zurück. Der Wanderungsgewinn durch Zuzug ist in absoluten Zahlen relativ gering, allerdings sind die dörflichen Strukturen auch weniger aufnahmefähig als die umliegenden Städte und Märkte.

Erwerbstruktur und Gewerbe

Das Staudengebiet weist durchwegs hohe bis sehr hohe Anteile des produzierenden Gewerbes auf. So liegen 4 Gemeinden bei 70% und darüber, 6 zwischen 55% und 70%; nur eine Gemeinde liegt mit 35% unter dem schwäbischen bzw. bayerischen Durchschnitt. Den höchsten Werte in diesem Sektor weisen die am Rand gelegenen Gemeinden Ep-

pishausen mit 83% und Ettringen mit 81% auf, die beiden Städte Bobingen und Schwabmünchen, die jedoch nur mit kleinen Ortsteilen an den Stauden beteiligt sind, befinden sich bei 64% und 53%. Im Vergleich zu den regionalen Durchschnittswerten haben die Stauden mit einem Beschäftigtenanteil im produzierenden Gewerbe von etwa 60% deutlich höhere Werte als Schwaben (47%) und Bayern (43%). Die sonstigen Wirtschaftsbereiche sind mit einem Anteil von jeweils 23% im Vergleich zu Schwaben mit 34% und Bayern mit 38% deutlich unterrepräsentiert. Die Steuereinnahmekraft der Staudenregion liegt im Vergleich zu Schwaben und Bayern über die Jahre hinweg überwiegend unter dem Durchschnitt.

Bei den Handwerksbetrieben weisen die Sparten Bau- bzw. Baunebengewerbe und Holzverarbeitung die höchsten Anteile auf. So sind in mehreren Ortschaften, z.B. in Aichen, Langenneufnach, Fischach, Gessertshausen und Scherstetten noch zahlreiche Schreinereien und Zimmereien ansässig, die vorwiegend den heimischen Werkstoff Holz verarbeiten. Produkte sind u.a. Holzfenster, Möbel, Türen, Treppen, Dachstühle, Küchen, Wohnpavillons, Holzhäuser und Holzschnitzereien. Ein bundesweit operierender Betrieb in der Holzbranche ist das Unternehmen J.A. Molfenter GmbH & Co. KG, kurz MOCO, mit Firmensitz in Ulm und einer Zweigstelle mit rund 70 Mitarbeitern in Gessertshausen. Der Standort ist auf Massivholzprofile für den Innenausbau und für Fassadenverkleidungen spezialisiert. Als

Links: Typisches Staudendorf Mittelneufnach mit wertvoller Kulturlandschaft – Beim „Tag der Regionen 1999", (von links): Landrat Hubert Hafner, MdL Max Strehle, Äbtissin Ancilla Betting O. Cist., Staatsminister Josef Miller, Landrat Dr. Karl Vogele, MdL Sebastian Kuchenbauer, Prof. Dr. Hans Frei. Rechts: Regionale Produkte von hoher Qualität: Holzfenster der Firma Wundlechner in Langenneufnach – Berches, das jüdische Festtagsbrot, der Bäckerei Zott in Fischach – Biertaufe der Marke „Freiherr von Zech" der Brauerei Schimpfle in Gessertshausen.

weitere Sparten des Handwerks sind in den Stauden Glaser-, Maler- und Elektrobetriebe sowie Bäckereien, Metzgereien und Gartenbaubetriebe zu nennen. Eine Sonderstellung nehmen drei traditionsreiche Brauereien ein; die Brauerei Schorer in Walkertshofen produziert ihr Bier in kleinen Mengen und setzt das „Staudengold" im regionalen Umfeld ab. Man kann den Betrieb im Rahmen der Erlebnisangebote besichtigen. Einen Bekanntheitsgrad über die Grenzen Schwabens hinaus hat die Brauerei Schimpfle aus Gessertshausen mit dem „Lösch-Zwerg" erlangt. Seit dem Jahr 2005 tritt sie zudem mit der Produktlinie „Freiherr von Zech" als Kooperationspartner des Naturparkvereins Augsburg – Westliche Wälder auf und fördert durch gemeinsame Aktivitäten das beliebte Augsburger Naherholungsgebiet. In Ustersbach ist seit 400 Jahren die Brauerei Schmid ansässig. Das Traditionsunternehmen setzt ihre „Ustersbacher Biere" bayernweit ab.

Betriebe mit über 20 Beschäftigten sind in den zentral gelegenen Staudengemeinden selten vertreten. Größere Betriebe mit mehr als 100 Beschäftigten gibt es nur in drei Gemeinden: In Ettringen ist die Papierfabrik Gebrüder Lang ansässig; sie wurde 1897 gegründet und gehört seit 1987 zur finnischen Myllykoski Gruppe. Sie ist heute ein bedeutender Lieferant für Magazin- und Zeitungsdruckpapiere. Der Bekanntheitsgrad der Gemeinde Langenneufnach lässt sich zum größten Teil auf das dort ansässige, international tätige Unternehmen Topstar zurückführen. Topstar entwickelt an diesem Standort innovative Sitzlösungen rund um den Arbeitsplatz. In einem voll–automatisierten Ablauf werden an die 20.000 Drehstühle pro Tag hergestellt und über ein modernes Logistiksystem in die ganze Welt geliefert.

Dank des im Fischacher Ortsteil Aretsried ansässigen Firmensitzes von Müller Milch reicht das Allgäu milchwirtschaftlich bis zum Nordrand der Stauden. Das Unternehmen wurde 1896 von Ludwig Müller als kleine Molkerei gegründet. Inzwischen ist die Fa. Alois Müller GmbH & Co. KG Marktführer für Milch- und Sauermilchprodukte, Milchmischgetränke und Fruchtdrinks. War anfangs das „Milcheinzugsgebiet" auf die Stauden und die Reischenau beschränkt, so liefern heute Milchlaster aus ganz Bayern und weit darüber hinaus ihre Fracht am Aretsrieder Werk an. Dort sind 1.300 Mitarbeiter beschäftigt, in Deutschland sind es 2.500.

In den Staudengemeinden übertreffen die Auspendlerzahlen diejenigen der Einpendler mit Ausnahme von Fischach um ein Vielfaches. Die Städte Bobingen und Schwabmünchen, welche nur mit Ortsteilen zur Regionalentwicklung gehören, ziehen zahlreiche Arbeitskräfte aus der Region an. Die Berufspendler haben ihre Zielgebiete hauptsächlich in Augsburg, Bobingen, Schwabmünchen, Thannhausen, Ursberg und Ziemetshausen. Für die südlich gelegenen Staudengemeinden spielen auch Kirchheim, Mindelheim, Pfaffenhausen und Türkheim eine Rolle. Die Einpendler in die einzelnen Staudenorte stammen vorwiegend aus den Stauden selbst. Die negative Bilanz für Berufspendler verdeutlicht die geringe Bedeutung der Stauden als Wirtschaftsstandort.

Die Ausrichtung der einzelnen Kommunen auf mehrere, außerhalb der Stauden gelegene Zentren war lange Zeit mit einem Verlust an innovativen Arbeitskräften und an Kaufkraft in das Umland verbunden. Innerhalb der letzten Jahre hat sich dieser Trend abgeschwächt, so dass sich z.B. in den Hauptorten Fischach, Langenneufnach und Markt Wald zunehmend wieder Betriebe niederlassen. Auch die Gemeinde Mittelneufnach kann mit der im Ortsteil Reichertshofen angesiedelten „Stauden Energie GmbH" eine innovative Firma

Von links nach rechts: Die Getränke beim Klosterfest in Oberschönenfeld kommen von der Brauerei Schmid aus Ustersbach. – Kartoffelfest in Aletshofen. – Die ländliche Idylle der Stauden hat viele Facetten. – Naturnah ausgebaute Wirtschaftswege sind ideal für Radfahrer und Wanderer.

aufweisen, die sich auf umweltfreundliche Haustechnik spezialisiert hat. In Mickhausen hat sich die Firma ÖkoFEN nieder gelassen, deren Schwerpunkt die Forschung und Entwicklung im Kleinfeuerungsbereich mit Biomasse ist; es werden Pelletsheizungen produziert und europaweit vertrieben. Ein weiterer Betrieb mit Vorbildcharakter findet sich in dem kleinen Ort Zaisertshofen in der Gemeinde Tussenhausen. Die Firma Ruf entwickelt dort seit dem Jahr 1982 gemäß dem Motto „Reststoff ist Rohstoff" Spezialpressen für Abfälle von Holz, Papier, Karton, Styropor, Baumwolle und Reststoffe wie Eisen- und Stahlspäne, Aludosen, Alufolien, Stahlwolle, Zink- und Graphitstaub.

Der Dienstleistungsbereich ist innerhalb der Stauden schwach ausgeprägt. Eine Ausnahme ist der kommunale Zweckverband „Stauden-Wasser", der im Jahr 1967 gegründet wurde und derzeit ca. 25.000 Menschen in und um die Stauden aus 6 Tiefbrunnen mit dem lebensnotwendigen Rohstoff versorgt.

Landwirtschaft

Die Nutzung und der Erhalt der Kulturlandschaft hängen entscheidend von der Zukunft der Landwirtschaft ab. Eine gesunde Betriebsstruktur bildet die Voraussetzung, um die typisch kleinteilige Landschaft für Naherholung und Tourismus zu bewahren. Die landwirtschaftlichen Erzeugungsbedingungen in den Stauden sind insgesamt ungünstig. Aufgrund der Boden- und Klimaverhältnisse ist die ackerbauliche Nutzung wenig ertragreich.

Geringe Schlaggrößen, eine Zersplitterung des Grundbesitzes und eine mangelhafte Wegeerschließung erschweren die Nutzung zusätzlich. Seit Mitte der 80er Jahre werden vom Amt für Ländliche Entwicklung in Krumbach durch Flurneuordnungsverfahren die Bedingungen schrittweise verbessert. Beispielhaft ist das Verfahren in der Gemeinde Mittelneufnach, das eine Fläche von 610 Hektar mit 168

Grundeigentümern umfasst. Im Rahmen einer „Flurwerkstatt" haben Landwirte und Grundeigentümer im ständigen Kontakt mit Planern und Experten Vorschläge und Zielvorstellungen eingebracht. So wurden bei der Zusammenlegung der Grundstücke die historischen Wege weitgehend bewahrt, naturnah ausgebaut und in das Radwegenetz der Staudenregion integriert. Die ökologisch und landschaftsästhetisch wertvollen Talauen wurden erhalten; Kapellen, Bildstöcke und Feldkreuzen wurden restauriert. Die Flurwerkstatt verbesserte mit diesen Maßnahmen die Strukturen für einen sanften Tourismus erheblich. Hieraus resultiert künftig eine steigende Wertschöpfung für die gesamte Region, von der auch die Landwirte profitieren werden. Im Rahmen des Wettbewerbs für Ländliche Entwicklung 2005/2006 erhielt die Gemeinde Mittelneufnach für ihre vorbildlich umgesetzte Flurneuordnung den Bayerischen Staatspreis.

Die durchschnittliche Größe der Haupterwerbsbetriebe liegt mit ca. 30 ha unter den schwaben- und bayernweiten Werten. Ihr Anteil an der Gesamtzahl liegt derzeit bei etwa 45%, geht jedoch aufgrund von Betriebsaufgaben und des Übergangs zum Nebenerwerb kontinuierlich zurück. Im Zeitraum 1979-1999 haben die Landwirtschaftsbetriebe im Durchschnitt um 50% abgenommen. Vom Rückgang der Betriebszahlen waren und sind v.a. die Kleinbetriebe bis 20ha Größe betroffen. Die aktiven Betriebe haben ihre Flächengröße durch Zukauf oder Pacht erweitert. Dennoch liegt die Abnahme der bewirtschafteten Fläche mit 18% in der Staudenregion doppelt so hoch wie in Schwaben (9%) und um das 2,5fache höher als in Bayern (7%).

Die Stauden verzeichnen mit einem Dauergrünlandanteil von nahezu 70% einen überdurchschnittlich hohen Wert im Vergleich zu Schwaben mit 54% und zu Bayern mit 36%. Der Anteil der Grünlandfläche ist in den Stauden leicht rückläufig; die Ausweitung der Ackerflächen hängt in erster Linie mit der Erzeugung von Futter für die vorherrschende Milch- und Fleischviehhaltung zusammen.

Naherholung und Tourismus

In der Freizeitgestaltung ist zwischen Naherholung und Tourismus zu unterscheiden. Die Zahl der Tagesausflügler übersteigt in den Stauden weit die der Touristen; die meisten Gäste sind an den Wochenenden im Frühjahr und Herbst zu verzeichnen. Die Naherholer nutzen das dichte und gut ausgebaute Wander- und Radwegenetz sowie weitere Freizeiteinrichtungen. Sie kommen überwiegend aus dem Ballungsraum Augsburg, ebenso aus den umliegenden größeren Orten wie Krumbach, Thannhausen, Mindelheim und Bad Wörishofen. Auch die Staudenbevölkerung selbst erholt sich vorwiegend in der eigenen Region.

Als Ziele für die Naherholung spielen für den Verdichtungsraum Augsburg die Gebiete um Oberschönenfeld, Burgwalden und Reinhartshofen eine wichtige Rolle. Mit dem Naturpark-Haus und dem Schwäbischen Volkskundemuseum weist Oberschönenfeld auch bei ungünstigen Witterungsverhältnissen eine hohe Attraktivität auf. Im Tourismusbereich kommen die Feriengäste vorwiegend aus den Verdichtungsräumen Nordwestdeutschlands. Schwerpunkte in den Stauden bilden die Gemeinden Mittelneufnach, Mickhausen, Langenneufnach, Scherstetten und Markt Wald.

Derzeit stehen im Ferienland Stauden etwa 500 Betten bei 45 Vermietern zur Verfügung. Davon entfallen 55 % auf Hotels, Gasthöfe und Pensionen und 45 % auf Ferienwohnungen und Bauernhöfe. Bei etwa 25.000 Übernachtungen pro Jahr ergibt sich eine Auslastung von 50 Tagen pro Bett, was einem Belegungsgrad von 14% entspricht. Betriebe, die „Urlaub auf dem Bauernhof" anbieten, haben eine höhere Auslastung von 150 Tagen, was einem Belegungsgrad von 42% entspricht. Dabei spielen zusätzliche Angebote wie Fahrradverleih, Kinderbetreuung, Grillabende, geführte Rad- und Wandertouren und „Mithelfen" auf dem Bauernhof eine Rolle. Im gastronomischen Bereich gibt es derzeit im Staudengebiet etwa 50 Gasthöfe, Restaurants und Cafes. Überwiegend wird eine bodenständige schwäbische Küche angeboten. In den letzten Jahren haben sich einige Wirte in den Stauden zur Vereinigung der „Kartoffelwirte" zusammen getan. Sie bieten ihren Gästen spezielle Gerichte rund um die Kartoffel an.

Leitprojekt Staudenbahn

Einen wichtigen Faktor für die wirtschaftliche Entwicklung der Region Stauden und die Entlastung der Straßen bildet eine attraktive Schienenanbindung an den Ballungsraum Augsburg und den Kneippkurort Bad Wörishofen.

Mit Unterstützung der Großwaldbesitzer Fürst Fugger (Babenhausen), Graf Rechberg (Mickhausen) und Freiherr von und zu Aufseß (Fischach) begann im Jahre 1910 der Bau der Staudenbahn, die Ende 1912 zwischen Markt Wald und Gessertshausen auf einer Länge von 42,4 km durchgehend

befahrbar war. Die Anliegergemeinden erlebten durch die Personenbeförderung und den Waren- und Holztransport einen positiven Aufschwung. Zudem beförderte die Staudenbahn die Wanderer aus dem Augsburger Raum sowie Urlauber von weiter her in das Staudengebiet.

Mit der zunehmenden Motorisierung verlor die Staudenbahn ab Mitte der 60er Jahre zunehmend an Bedeutung, so dass ab 1975 zunächst der sonntägliche Fahrbetrieb eingestellt wurde. Danach wurden in drei Etappen in den Jahren 1982, 1987 und 1991 die Streckenabschnitte Markt Wald-Ettringen, Ettringen-Türkheim und Gessertshausen-Markt Wald für den Personenverkehr stillgelegt. Güterverkehr wird heute noch auf den Abschnitten Türkheim-Bahnhof-Ettringen und Gessertshausen-Fischach betrieben.

Auf der Bundesstraße B 300 liegt derzeit im Ortszentrum von Gessertshausen ein Verkehrsaufkommen von ca. 15.000 Fahrzeugen pro Tag vor. Etwa die Hälfte entsteht auf der parallel zur Staudenbahntrasse verlaufenden Staatsstraße 2026, die in Gessertshausen in die B 300 mündet. Das aktuelle

Busangebot stellt mit ca. 800 Fahrgästen pro Werktag eine unzureichende Alternative zum Individualverkehr dar. Aus den genannten Gründen wird in der Region Stauden bereits seit vielen Jahren eine schnelle und umsteigefreie Schienenanbindung an den Ballungsraum Augsburg gefordert.

Mit diesem Ziel gründeten im Jahr 1996 die Anliegergemeinden der Staudenbahn zusammen mit der Stadt Bad Wörishofen und den Vereinen Staudenbahnfreunde e.V., Pro Bahn e.V., Verkehrsclub Deutschland e.V., Bund Naturschutz in Bayern e.V. und dem Kur- und Wirtschaftsverein Bad Wörishofen das Aktionsbündnis „Staudenbahn hat Zukunft"; diesem schlossen sich später der Bezirk Schwaben und die Landkreise Augsburg und Unterallgäu an. Wesentliche Forderungen des Aktionsbündnis „Staudenbahn hat Zukunft" sind:

– Erhalt bzw. Wiederherstellung der Gleisanlagen
– Schrittweise Reaktivierung der Staudenbahn für den Personennahverkehr, im ersten Schritt zwischen (Augsburg)- Gessertshausen und Langenneufnach.
– Kostengünstige und wartungsarme Schienenfahrzeuge.

– Taktfahrpläne für den Pendler- und Freizeitverkehr.
– Integration in ein übersichtliches Tarifsystem.
– Durchgängigkeit der Züge bis Augsburg Hbf und Verknüpfung mit den anderen Verkehrsträgern.
– Kundenfreundliche Bahnhöfe mit P&R Stellflächen.
– Flexible Kombination des Personen- und Güterverkehrs.

Mittelfristiges Ziel des Aktionsbündnisses ist es, mit Hilfe der Bahn die Stauden als Siedlungs-, Wirtschafts- und Tourismusraum attraktiver zu machen. Durch die Schienenanbindung sollen künftig einerseits die täglichen Pendler aus den Stauden den Ballungsraum Augsburg schnell und umweltfreundlich erreichen und andererseits Naherholungssuchende aus Augsburg bequem in die Stauden kommen.

Im Jahr 2000 beabsichtigte die Deutsche Bahn AG nach Stillegung des Personenverkehrs 1991 auch den Güterverkehr zwischen Gessertshausen und Fischach einzustellen; und dies, obwohl die Firma Hauser Weinimporte GmbH in Fischach ein konstantes Frachtaufkommen von ca. 200.000 hl Wein pro Jahr zusicherte. Um den endgültigen Niedergang der Bahnstrecke zu vermeiden, schlossen sich alle Anliegergemeinden des Streckenabschnitts Gessertshausen-Markt Wald zum Staudenbahn-Schienenweg-Trägerverein zusammen, der das betriebsnotwendige Bahngelände im Abschnitt Gessertshausen-Markt Wald zum Symbolpreis von damals 1 DM erwarb.

Für die Wartung der Schieneninfrastruktur wurde die Bahnbetriebsgesellschaft Stauden mbH (BBG Stauden) gegründet. Die BBG Stauden führt die Geschäfte der Staudenbahn im Auftrag des Staudenbahn-Schienenweg-Trägervereins eigenwirtschaftlich. Nach Übernahme der Schieneninfrastruktur durch die BBG Stauden gelang es, einen weiteren Betrieb in Fischach als Güterkunden für die Schiene zu gewinnen. Ab November 2000 verlud die Betriebsgruppe Lautenbacher am Bahnhof Fischach Holz, das über die Schiene nach Österreich transportiert wurde. Im Jahre 2001 konnten insgesamt 60.000 Festmeter Holz über die Staudenbahn abgefahren werden, im Jahre 2002 betrug das Jahresaufkommen der Holzverladung bereits 100.000 Festmeter. Im Sommer 2003 wurde ein neuer Verladebahnhof am Ortsrand von Fischach gebaut sowie die Wiedereröffnung der Verladestelle in Markt Wald umgesetzt. Nach dem Bau mehrerer Großsägewerke in Bayern wird jedoch der Holztransport mit der Staudenbahn zurückgehen, da aufgrund der relativ kurzen Entfernungen zwischen Wuchs- (Stauden) und Verarbeitungsgebiet (u.a. Landsberg) der Transport mit dem LKW logistisch sinnvoller ist.

Links: Historischer Plan der Staudenbahn von Eugen Felle, 1915.
Oben: Ausflugsfahrten mit der Staudenbahn – am Ende des Zuges ein Wagon nur für Fahrräder.
Unten: Holzverladebahnhof der Staudenbahn in Fischach/ Reitenbuch.

Im Juni 2001 konnte der Streckenabschnitt Fischach-Langenneufnach und im April 2003 der Abschnitt Langenneufnach-Markt Wald wieder für den Schienenverkehr in Betrieb genommen werden. Seit dem Jahr 2002 werden von Mai bis September regelmäßig Ausflugsfahrten in die Region Stauden durchgeführt. Ein weiteres wichtiges Ziel ist mittelfristig die Anbindung der Kneipp-Metropole Bad Wörishofen. Durch das Potenzial der Kurgäste (854.000 Gästeübernachtungen im Jahr 2005) könnte das gesamte Gebiet mittelfristig eine deutliche Attraktivitätssteigerung erfahren.

Mit den dargestellten Maßnahmen und Projekten rund um die Staudenbahn wird eine umwelt- und wirtschaftsfreundliche Vernetzung der gesamten Region mit dem Umland erreicht. Die Reaktivierung der Staudenbahn stellt mit den drei Bereichen Güter-, Ausflugs- und Personenverkehr das Rückgrat für eine positive Entwicklung insgesamt dar. Im Regionalplan für die Region Augsburg wird die künftige Rolle der Staudenbahn folgendermaßen beschrieben: „Vorteilhaft für die Entwicklung des öffentlichen Personennahverkehrs im Südwesten von Augsburg wäre die Wiederaufnahme auf der Staudenbahn."

Schwerpunkte für die künftige Entwicklung

Regionale Bestrebungen, die auf ein nachhaltiges Wirtschaften in den Stauden abzielen, führen nur dann zum Erfolg, wenn darüber angemessen berichtet und diskutiert wird. Gerade eine raumübergreifende Öffentlichkeitsarbeit ist für die Förderung der regionalen Identität und für die Bereitschaft, neue Wege einzuschlagen, von großer Bedeutung. Die heimischen Wirtschaftsbetriebe können durch bewusste Nutzung der Medien und mit der Durchführung von Informationsveranstaltungen neue Konzepte kennen lernen; zudem werden dadurch Hemmschwellen gegenüber neuen Entwicklungen abgebaut. Die Staudenregion kann seit einigen Jahren in dieser Hinsicht bereits gute Erfolge aufweisen. So mit dem vierteljährlich erscheinenden Magazin „STAUDENstark", das von der Augsburger Allgemeinen herausgegeben wird und über die Ereignisse und die Menschen in der Region berichtet. Ein weiteres wichtiges Medium im Bereich der Öffentlichkeitsarbeit ist die fünf mal jährlich publizierte Ausgabe der „Staudenzeitung"; diese wurde 1991 als regionale Gästezeitung mit den Schwerpunkten Kultur und Geschichte konzipiert. Seit einem Jahr ist in jeder Ausgabe die Beilage „RES-Aktuell" zu finden, die ausführlich über die laufenden Projekte und Veranstaltungen der Regionalentwicklung berichtet.

Die notwendige Belebung der Region Stauden als klassisches Naherholungsgebiet von Augsburg – von der auch die Wirtschaft im erheblichen Maß profitieren kann – erfordert ein Dienstleistungsverständnis, in dem der Kunde im Mittelpunkt stehen muss. Durch Fortbildungen und regelmäßige Kommunikationszirkel kann dieses Bewusstsein – insbesondere bei den Gastwirten – gefördert werden. Um zu mehr regionaler Dienstleistungs- und Produktqualität zu motivieren, gibt es seit etwa zwei Jahren die Vergabe von staudeneigenen Zertifikaten und Markenzeichen, mit denen die Einhaltung bestimmter Qualitätskriterien – wie z.B. regionale Herkunft und umweltfreundliche Produktion – gewährleistet werden. Der Stellenwert einheimischer Produkte und Dienstleistungen wird der Öffentlichkeit gezielt durch Aktionen und Veranstaltungen ins Bewusstsein gebracht; hierbei spielt u.a. die Regionalmesse „Stauda" eine tragende Rolle. Die Entwicklung eines zielgruppenorientierten Bewusstseins und die gleichzeitige Sicherstellung regionaler Qualität dient dazu, die Standortattraktivität der Region Stauden sowohl außerhalb als auch innerhalb bekannt zu machen und die regionale Wertschöpfung zu stärken.

Aufgrund des starken Rückgangs der landwirtschaftlichen Betriebe mit erheblichen Auswirkungen auf die Orts- und Landschaftsstruktur der Region nimmt das Thema Landwirtschaft eine hohe Priorität ein. Die bereits durchgeführten Flurneuordnungen haben einen Beitrag zur effektiven Nutzung der landwirtschaftlichen Flächen erbracht. Für die Erhaltung der bäuerlichen Struktur und Kulturlandschaft kommt zudem den verschiedenen Formen der Einkommenskombination ein hoher Stellenwert zu. Hierbei eröffnen sich gerade durch die verantwortungsbewusste Vermarktung der Stauden als klassisches Naherholungsgebiet neue Einkommensmöglichkeiten in den Bereichen Erlebnisgastronomie, Ferien auf dem Bauernhof und Kräuteranbau. Eine wichtige Rolle spielen auch Themenwege, wie der „Stauden-Meditations-Weg" oder der geplante „Vindelica-Radweg" zu Geschichtsdenkmälern.

Ein weiterer Ansatz zu einer verantwortungsvollen wirtschaftlichen Wertschöpfung besteht in der Vermarktung regional erzeugter landwirtschaftlicher Produkte. In diesem Zusammenhang ist neben den regionalen Bauernmärkten in Fischach und Schwabmünchen vor allem der Bauernladen

in Augsburg-Pfersee sowie die angestrebte Belieferung von Großküchen mit regionalen, ökologisch erzeugten Produkten im Stadtgebiet Augsburg zu nennen. Einen wichtigen Stellenwert nehmen dabei das Projekt „Staudenrind" und die Produktion des Stauden-Apfelsaftes ein..

Die Region Stauden ist kein typischer Wirtschaftsstandort im herkömmlichen Sinne. Ansiedlungen großer Firmen konzentrieren sich vorwiegend auf deren Umfeld. Die Lage im Naturpark Augsburg Westliche Wälder verpflichtet die Staudengemeinden zu einer verantwortungsvollen Siedlungspolitik; hierzu können künftig verstärkt interkommunale Gewerbeparks beitragen, die verkehrsgünstig am Rand der Region liegen. An der Erschließung solcher Parks können sich alle interessierten Gemeinden beteiligen. Der Umfang an den Erstinvestitionen ist gleichzeitig der Schlüssel für die Verteilung künftiger Gewerbesteuereinnahmen. Die intakte Kulturlandschaft, die Nähe zu den Zentren Augsburg, Günzburg, Mindelheim und Bad Wörishofen (Kneipp-Metropole) sowie die verkehrsgünstige Lage zwischen den Bundesautobahnen A 8 im Norden und A 96 im Süden, eröffnet der Staudenregion die Chance, den Naherholungsverkehr und den Tourismus zu beleben.

Wandel zur regionalen Bürgergemeinde

Aufgrund eines neuen Bewusstseins in den Staudengemeinden wird es künftig noch mehr von Bedeutung sein, gemeinsam mit den Bürgern zukunftsfähige Strategien zu erarbeiten und Handlungsschwerpunkte auf der Grundlage ortseigener Potenziale mittel- in Leitbildern festzuschreiben, die im Einklang mit den Erfordernissen der Region stehen. Im Sinne eines „Europa der Regionen" verliert eine Entwicklung, die ausschließlich auf eine Kommune abzielt, zunehmend an Bedeutung. Es kommt vielmehr darauf an, dass sich die jeweilige Gemeinde, das einzelne Dorf, als Bestandteil einer regionalen Einheit sieht und zusammen mit Partnern eine gemeinsame Zukunft anstrebt. Wichtig ist hierbei die Bei-

behaltung der eigenen Identität, was heißt, dass es von Vorteil ist, wenn sich eine Kommune mit ihren spezifischen Vorzügen innerhalb der Staudenregion positioniert. Aus der wechselseitigen Ergänzung der Gemeinden entwickelt sich ein innovatives Milieu. Dadurch wird die Entwicklung der Stauden insgesamt auch künftig in die „richtigen Bahnen" gelenkt.

Um zukunftsfähig zu bleiben, müssen sich die Staudengemeinden verstärkt von der noch vorherrschenden „Vollzugs- und Verwaltungsgemeinde" hin zu einer regionalen Bürgergemeinde wandeln. Dies erfordert vor allem

– eine stärkere Orientierung zur Bevölkerung und mehr Spielraum für Eigenverantwortung und Engagement,
– ein kommunales Management, u.a. durch den Einsatz neuer Kommunikations- und Informationstechnologien,
– eine Kooperation mit Nachbargemeinden und Verwaltungen z.B. in Form eines interkommunalen Flächenmanagements für Gewerbe- und ökologische Ausgleichsflächen,
– eine verstärkte Zusammenarbeit mit staatlichen Einrichtungen (Hochschulen, Landesamt für Umweltschutz u.a.) und Organisationen (Naturparkverein, Heimatpflege, Allgemeiner Deutscher Fahrradclub u.a.) zum Austausch von Kompetenz und Erfahrung.

Eine nachhaltige regionale Entwicklung erfordert eine neue Sichtweise auf das Verhältnis des Menschen zu seiner Umwelt und zur menschlichen Gesellschaft. Dazu ist ein aktiver Innovationsschub in Technologie, Wirtschaft und gesellschaftlichen Entwicklungsprozessen vonnöten, der vom Verhalten jedes Einzelnen maßgeblich angestoßen und geprägt werden kann.

Literatur:
Buhl, W.: Interaktive Regionalentwicklung – Konzeption, Management, Umsetzung. Augsburg, 2004.
Karmann, Horst u.a. (Hg): Nachhaltige Entwicklung von Stadt und Land. Festschrift für Holger Magel zum 60. Geburtstag, München, 2004.
Kellner, K.: Regionalmarketing – Zukunft einer Region mit Systematik und Vision – Beispiel der „Familien- und Kinderregion Landkreis Günzburg". in: Legoland 2002 – Impulse für den Ländlichen Raum. Hrsg.: Schaffer, F., Poschwatta, W., Augsburg, 2001, S. 293-304.
Maier, J.: (Hg.) Regionales Bewusstsein und regionale Identität als Voraussetzung der Regionalpolitik, Bayreuth 1985.
Regionalentwicklung – RES e.V.: Regionales Entwicklungskonzept Stauden für das Auswahlverfahren zur Gemeinschaftsinitiative LEADER+ in Bayern. Fischach, 2002.
Schaffer, F.: Umsetzung durch Interaktivität – zu neuen Wegen in der Land- und Regionalentwicklung. in: Gemeinsam Zukunft gestalten. Hrsg.: Sächsische Akademie Ländlicher Raum e.V., Reinhardtsgrimma, 1998, S. 23 ff.
Scheff, J.: Lernende Regionen – Regionale Netzwerke als Antwort auf globale Herausforderungen. Wien, 1999.

Links: Regionale Produkte im Staudenladen Augsburg/Pfersee.
Rechts: Die Akteure der RES-Arbeitskreise als Motor der Regionalentwicklung Stauden; vorne von links: Helmut Hartmann, Franz Xaver Meitinger, Robert Sturm, Walter Wörle, Hubert Teichmann, Josef Fischer, Josef Böck, Bettina Spengler, Hermann Zott; hinten von links: Uwe Wallner, Dr. Gerhard Karmann, Franz Wundlechner, Michael Hartmann, Roman Klarmann, Josef Dietmaier, Joachim Weldishofer, Joachim Schoner, Dominikus Wenger.

Margertshausen im Schmuttertal

Ein Ausblick:
Die Zukunftschancen der Stauden

Wohin führt der Weg der Staudenentwicklung?

Die naturnahe Landschaft, das geschichtliche Erbe, die kulturelle und wirtschaftliche Entwicklung der Stauden werden in diesem Buch kompetent beschrieben und mit aussagekräftigen Bildern vorgestellt. Vorzüge und Eigenarten der Stauden sind eindrucksvoll herausgehoben. Eine besondere Qualität besitzen die Stauden als Erholungslandschaft im Umfeld des Ballungsraumes Augsburg.

Auch in der Regionalentwicklung Stauden hat man sich in den vergangenen Jahren viele Gedanken über die Stärken und Schwächen der Stauden gemacht. Für eine zukunftsfähige Entwicklung ist es von großer Bedeutung, die Vorzüge dieses ländlichen Raumes zu stärken und den Standard der Versorgung und Erschließung zu verbessern.

Über allen Bemühungen wird in der Zukunft vermehrt das Ziel stehen, die Handlungsfähigkeit der Kommunen zu stärken und auf verschiedenen Gebieten zurück zu gewinnen. Dabei sind die Überlegungen, mehrere kleine Gemeinden zu einem größeren handlungsfähigeren Gebilde (z.B. Großgemeinde Stauden) zusammenzuschließen, sicherlich nicht populär, die Diskussion darüber jedoch erforderlich. Derzeit sind einige Gemeinden nur unter großen Anstrengungen in der Lage, ihre Pflichtaufgaben zu erfüllen. Es wird daher notwendig sein, die Haushalte der Gemeinden an die Anforderungen der Zukunft, die deutlich über die heutigen Pflichtaufgaben hinausgehen, anzupassen. Dies ist die Voraussetzung, um die drohende Abwärtsspirale aufzuhalten, die geprägt ist von unzureichenden Investitionen in die Infrastruktur und die damit einhergehende Schwächung des Standortes mit möglichen Folgen der Abwanderung und der daraus resultierenden weiteren Verschlechterung der gestalterischen Möglichkeiten der Kommunen. Nur wer Anreize bieten kann, wird auch künftig eine ausgewogene Bevölkerungsentwicklung verzeichnen. Derzeit besteht die zunehmende Gefahr der Überalterung und der Abwanderung gut

ausgebildeter junger Menschen in die Ballungszentren. Dieser Verlust wirkt sich nicht nur auf das dörfliche Leben sondern auch auf die Zukunft der Kindergärten und Schulen aus, deren Fortbestand gefährdet ist.

Die Marktgemeinde Fischach, die aufgrund einer guten Versorgungsstruktur zu den attraktiveren Standorten in den Stauden gezählt werden kann, verzeichnet seit Jahren keinen Einwohnerzuwachs mehr. Im südlichen Staudengebiet sind bereits heute leichte Abwanderungstendenzen zu erkennen. Es geht also zunehmend um den Wettbewerb der ländlichen Räume untereinander und die Chancengleichheit ihrer Bewohner. Dabei spielen die Standortfaktoren wie Landschaft, Versorgung, Verkehr, Bildung und Kultur eine entscheidende Rolle. Um in diesem Wettbewerb bestehen zu können, müssen sich die Stauden überzeugend und transparent positionieren. Für den Standort Stauden sind die im folgenden beschriebenen Qualitätsanforderungen von Bedeutung.

Die Stauden als Siedlungsraum weiterentwickeln

Die Einkommensteuer ist ein wichtiger Baustein für die Handlungsfähigkeit und Gestaltungskraft der Kommunen. Deshalb ist in der Zukunft maßvoller Zuzug insbesondere junger Menschen wichtig für die Stauden. Die gelegentliche Sorge mancher Verantwortlichen vor Überfremdung darf kein Hinderungsgrund sein, die Weichen richtig zu stellen. Bei der Gestaltung neuer Siedlungsräume sollte das Instrument der Dorferneuerung mit dem Ziel, die Ortskerne durch neue Nutzungen am Leben zu erhalten, verstärkt eingesetzt werden. Die Ansiedlung im Ortszentrum erleichtert die Integration zugezogener Bürgerinnen und Bürger in die Dorfgemeinschaft. In den Außenbereichen besteht eher die Gefahr einer „Ghettobildung". Die Stauden werden aber

nur dann als attraktiver Siedlungsstandort gelten, wenn eine gute Anbindung mit dem Öffentlichen Personennahverkehr (ÖPNV) zu den Arbeitsplätzen im Ballungszentrum und Umland geboten ist (Staudenbahn, Staudenbus) sowie vor Ort entsprechende Einkaufs- und Bildungsmöglichkeiten bestehen. Weitere Kriterien für junge Familien mit Kindern sind die Möglichkeiten für die Kinderbetreuung und ein hohes Maß an Freizeitwert (Natur- und Kulturangebote). Alle vorgenannten Bedingungen sind in den Stauden deutlich ausbaufähig.

Die Stauden als Wirtschaftsraum beleben

In der Vergangenheit hat nahezu jede Gemeinde ein eigenes Gewerbegebiet ausgewiesen. Die Ansiedlung von Betrieben war hingegen spärlich. Für künftige Aktivitäten in diesem Bereich ist es wichtig, sich zu vergegenwärtigen, was für einen Investor wichtig ist. Oberste Priorität hat die gute Erreichbarkeit des Standortes (Öffentlicher Personennahverkehr auf Schiene und Straße). Umso wichtiger ist in diesem Zusammenhang die baldige Reaktivierung der Staudenbahn

zur Aufwertung der ganzen Region. Diese Feststellung ist am Beispiel der S-Bahn-Erschließung im Ballungsraum München, insbesondere an den Orten Erding, Ebersberg und Geltendorf belegbar. Ferner müssen die Vorstellungen der Investoren mit den ausgewiesenen Gewerbegebieten in Einklang gebracht werden. Die gilt vor allem für firmeninterne Ablaufprozesse, die in einer optimalen Lage zueinander organisiert werden müssen. Nicht selten besteht der Bedarf, sich auf einer bislang nicht erschlossenen Fläche niederzulassen. Diese Wünsche können im Kerngebiet der Stauden jedoch nur selten erfüllt werden, da ein Großteil des Gebiets unter Landschaftsschutz steht. Ein praktikable Lösung könnte hier die Einrichtung „interkommunaler Gewerbeparks" sein. In anderen Regionen Deutschlands wird dieses Modell bereits über Jahre hinweg erfolgreich praktiziert. Geeignete Flächen in landschaftsschutzrechtlich weniger sensiblen Gebieten, in diesem Fall z. B. in Gessertshausen, Fischach, Bobingen, Schwabmünchen oder Ettringen, könnten in interkommunaler Zusammenarbeit gemeinsam als Gewerbeparks erschlossen werden. Die Aufteilung der Gewerbesteuereinnahmen könnte dann nach dem

Auf dem RES-Maskottchen „Ella-Resi" sind zahlreiche Projekte der Regionalentwicklung Stauden abgebildet. Gestaltung: Anette Bartusch-Goger

Schlüssel der Beteiligung an den Anfangsinvestitionen erfolgen. Damit hätten auch die Kerngemeinden der Stauden eine Chance, an der Ansiedlung neuer Firmen auf geeigneten Flächen am Rande der Stauden zu partizipieren. Die Gemeinden innerhalb der Stauden könnten ihrerseits dem Wunsch der Unternehmen nach kostengünstiger und attraktiver Ansiedlung ihrer Mitarbeiterinnen und Mitarbeiter entsprechen und außerdem bei der Bereitstellung von Ausgleichsflächen behilflich sein. Damit würden diese Gemeinden in dreifacher Hinsicht profitieren. Dies allerdings erfordert Weitsicht und Teamgeist unter den Gemeinden.

Die Stauden auf der Basis einer intakten Landwirtschaft als Naherholungs- und Urlaubsraum entwickeln

Der Rückgang der ländlichen Betriebe in den Stauden ist besorgniserregend. Die betroffenen Landwirte finden aufgrund ihrer Begabungen und Kenntnisse zwar schnell einen neuen Arbeitsplatz. Jedoch bereitet die künftige Flächennutzung erhebliche Probleme, wenn es nicht gelingt, die Flächen an andere Landwirte zu verpachten. Bewirtschaftete Felder und Wiesen prägen das Bild der kleinräumig strukturierten Kulturlandschaft; die landwirtschaftliche Nutzung ist auch Voraussetzung für die Attraktivität der Stauden als Naherholungs- und Urlaubsregion. Das „grüne Kapital" der Stauden muss also durch eine gesicherte Bewirtschaftung erhalten werden. Die Ziele des Amtes für ländliche Entwicklung, mit der Zusammenlegung der Flächen eine höhere Effizienz in der landwirtschaftlichen Bewirtschaftung zu erreichen, sind für die Wettbewerbsfähigkeit der heimischen Landwirtschaft bedeutend. Beispielhaft wurden in der Gemeinde Mittelneufnach im Rahmen einer Flurwerkstatt entsprechende Konzepte entwickelt und die Ergebnisse durch die Verleihung eines Staatspreises gewürdigt. Dies darf nicht darüber hinwegtäuschen, dass zusätzliche Einkommenszweige für den Erhalt der Landwirtschaft notwendig sind. Zusatzeinnahmen ergeben sich beispielsweise bei der Übernahme von Arbeiten der Landschaftspflege. Beispiele wie

der Wengerhof in Mittelneufnach (Spezialisierung für Gruppenübernachtungen und -verpflegung) oder der Pferdehof Menner in Aretsried (Mozarterlebnistage) zeigen jedoch glaubhaft auf, dass bei einem attraktiven Angebot auch im touristischen Bereich nachhaltig Zuverdienste möglich sind. Mit Unterstützung der Geografiestudenten der Universität Augsburg wurde von der Projektgruppe „Urlaub auf dem Bauernhof" ein Maßnahmenkatalog für die Inwertsetzung von Kräutern erarbeitet. Derartige erfolgreiche Einzelbemühungen gilt es in der Zukunft noch besser zu vernetzen. Dies betrifft auch die gemeindlichen Aktivitäten. Jede Gemeinde sollte ihre spezifischen Stärken für die touristische Entwicklung noch besser einbringen.

Die Staudengemeinden müssen sich vom Konkurrenzdenken untereinander hin zum wechselseitigen Komplementärdenken entwickeln. Beispielsweise errichtet Fischach in den nächsten Jahren unter Inanspruchnahme des EU-Förderprogramms Leader+ einen Naturbadesee. Dieses Projekt wird für alle Partner im Tourismusbereich positive Auswirkungen haben, da der Urlaubsstandort Stauden in seiner Ganzheit gestärkt wird. Es macht nun allerdings wenig Sinn, wenn auch andere Gemeinden einen Badesee bauen wollten. Sie sollten vielmehr andere Angebote in das Gesamtsystem einbringen, damit durch Synergieeffekte, ein höherer Mehrwert erzeugt wird als bei der Summierung einzelner Aktivitäten.

Die touristische Infrastruktur braucht ebenso eine bessere Vernetzung. Rad- und Wanderwege sind vor allem auf die Staudenbahn und den Staudenbus sowie auf die übrigen regionalen Angebote abzustimmen. Jeder Weg sollte auf die örtliche Gastronomie hinweisen, die sich um ein verbindliches Qualitätsniveau bemühen muss. Kulturelle Sehenswürdigkeiten könnten besser erschlossen und durch Informationen bekannt gemacht werden. Generell gilt, dass insbesondere Pauschalangebote wie der Mozarterlebnistag, mit Bahn- und Kutschfahrt, Kaffee und Führung gut ankommen, wenn die Qualität stimmt. Erst wenn die Stauden ein

transparentes Netzwerk an touristischen Angeboten aufweisen, ist ein nachhaltiger Erfolg mit regionaler Wertschöpfung zu erwarten.

Die Staudenbahn hat Zukunft

Die Verbesserung der Verkehrsinfrastruktur ist daher eine wesentliche Voraussetzung für die Standortqualität. Hierzu gehört ein zukunftsfähiges Angebot im öffentlichen Schienenpersonennahverkehr (SPNV), das zwei Mobilitätsströme berücksichtigt. Werktags wollen die Berufspendler schnell und möglichst umsteigefrei zur Arbeitsstätte im Ballungsraum Augsburg gelangen.

Die derzeitige Verkehrsbelastung der Gemeinde Gessertshausen mit täglich ca. 15.000 Fahrzeugen, die etwa zur Hälf-

te auf die Staatsstraße 2021 und damit auf die Staudenregion zurückzuführen ist, verstärkt das Bedürfnis nach einer zeitnahen Alternative zum Auto. Basis für die Akzeptanz sind moderne Fahrzeuge, ein vertaktetes Fahrplanangebot (jede Stunde zur gleichen Minute) und eine optimale Verknüpfung mit den Seitentälern über den Bus. Mit der Anlegung von Park & Ride-Plätzen soll auch der Individualverkehr mit dem Schienenangebot vernetzt werden. In drei neutral erstellten Gutachten wurde eine werktägliche Fahrgastprognose zwischen 1.700 und 2.000 Nutzern ermittelt. Das heutige Busangebot nutzen derzeit rund 800 Fahrgäste pro Werktag. Derzeit wird Fischach werktäglich von 13 Buspaaren erschlossen, Markt Wald von 5 Buspaaren. Im Vergleich dazu besteht in Gessertshausen 33 Mal am Tag Anschluss nach Augsburg und zurück. Ab 2012 soll dieses Angebot auf 45 Zugpaare ausgedehnt werden. Die Politiker sind nun ge-

Beliebte Angebote und Markenzeichen der Region Stauden:

Oben von links nach rechts: Kräuterprodukte der Anbietergemeinschaft „Urlaub auf dem Bauernhof"; Apfelsäfte der „IG Streuobstwiese Stauden"; Kartoffelspezialitäten der Kartoffelwirte (im Bild Gasthof Adler, Mittelneufnach); Erlebnistage auf dem Wengerhof (rechts).

Vielfältige Staudenbahn: Schnittholzgüterzug in Markt Wald; hochmoderner Triebwagen „Talent" zu Gast im Jahre 1996; „Staudenbahn fährt Rad" im Ausflugsverkehr; der „Staudengeist" des Spielwerk-Theaters Diedorf bei einer Theaterfahrt für Kinder.

fordert, die seit 10 Jahren mit zahlreichen Konzepten untermauerte Forderung nach Reaktivierung der Staudenbahn beim Aufgabenträger des Schienenpersonennahverkehrs in Bayern, dem Bayerischen Staatsministerium für Wirtschaft, Verkehr, Technologie und Infrastruktur, durchzusetzen. Es wird sich in naher Zukunft zeigen, ob die Staudenregion im Rahmen des geplanten Regio Schienen-Taktes partizipieren kann oder ob die Entwicklung erneut an den Stauden vorbeiläuft. Die viel beschworene Stärkung des ländlichen Raums wird erst dann glaubhaft sein, wenn den politischen Versprechungen auch Taten folgen.

Am Wochenende zieht es vor allem die Bewohner des Ballungsraums Augsburg zur Naherholung in die Stauden. Bereits heute nutzen zahlreiche Ausflügler (zwischen 250 und 600 Fahrgäste pro Betriebstag) das überschaubare Wochenendangebot (3 Zugpaare pro Betriebstag) der Staudenbahn, das derzeit ausschließlich von ehrenamtlichen Kräften erbracht wird. In ihrer Freizeit übernehmen somit Bürgerinnen und Bürger aus den Stauden und aus dem Raum Augsburg gut ausgelastete Verkehrsleistungen im Schienenpersonenverkehr, während in anderen Regionen auf Kosten des Freistaats leere Züge durch die Lande rollen. Bei einer Ausweitung des Angebots sowie der gleichzeitigen Verbesserung der touristischen und gastronomischen Infrastruktur könnte die Wertschöpfung in der Region noch erweitert werden. Das derzeitige Ausflugsprogramm wird erfreulicher Weise auch von der Staudenbevölkerung selbst rege genutzt. Die gut ausgeprägte Binnennachfrage am Wochenende ist somit ein weiterer Beleg dafür, dass der Großteil der Bevölkerung hinter dem Projekt Staudenbahn steht.

Auch im Güterverkehr hat die Staudenbahn weiterhin Bedeutung. Die Gütertarifpunkte Gessertshausen, Fischach, Reitenbuch und Markt Wald werden im Auftrag der Railion Deutschland AG von der Stauden-Verkehrs-GmbH bedient. Leider hat sich der anfänglich imposante Holzverkehr von Reitenbuch zu den Großsägereien nach Österreich durch landespolitische Entscheidungen stark reduziert. Der Freistaat Bayern hat erfolgreich Großsägereien aus Österreich zu einer Ansiedlung nach Bayern bewegt. Ziel dieser Offensive war es u.a., neue Arbeitsplätze zu schaffen. Die Zukunft wird zeigen, ob dieses Ziel angesichts der parallelen Schwächung der bestehenden mittelständischen Betriebe erreicht wird oder ob der Beschäftigungssaldo nicht sogar negativ ausfällt. Gleichzeitig wurde für die neu angesiedelten Sägereien ein Großteil der Holzkontingente des bayerischen Staatsforstes reserviert, so dass Sägereien in Österreich sowie mittelständische Firmen in Bayern künftig aus dem Bereich des Staatsforstes kaum mehr Holz beziehen können. Da die staatlichen Holzmengen im Bereich der Stauden überwiegend für den neuen Standort in Landsberg reserviert sind, konzentriert sich der Holztransport künftig auf die Angebote der Privatwaldbesitzer. Es besteht Aussicht, dass der Verladebahnhof in Reitenbuch künftig auch für andere schienengebundene Nutzungen in Anspruch genommen wird. Die Firma Hauser Weinimport GmbH plant den Bau eines neuen Anschlussgleises zu ihrem Fischacher Firmensitz und verbindet damit den Ausbau ihres Betriebes. Erfreulicher Weise bezieht auch die Firma Holzprodukte Schmid in Markt Wald wieder Schnittholz über die Staudenbahn.

Bürgerbeteiligung und Förderprogramme

Mehr als bisher wird die Zukunft der Stauden von aktiven Bürgerinnen und Bürgern geprägt sein. Die weit verbreitete Einstellung, dass es die Politiker schon richten werden, ist überholt. Bereits seit dem Jahre 1996 engagieren sich interessierte Bürgerinnen und Bürger in thematisch orientierten Arbeitskreisen und Projektgruppen der Regionalentwicklung Stauden. Voraussetzung für die Bewerbung um eine Teilnah-

me am Leader-Programm war die Entwicklung von 60 Projekten durch die Arbeitskreise. Bereits im ersten Auswahlverfahren wurden die Stauden berücksichtigt. Trotz zahlreicher bürokratischer Hürden konnten zumindest die Leitprojekte weitgehend realisiert werden. Derzeit beraten die Arbeitskreise neue Projekte für das Folgeprogramm ELER, das ab dem Jahr 2007 eingeführt wird.

Die Förderprogramme können nicht alle Zukunftsprobleme lösen, vermindern aber die derzeitige Benachteiligung ländlicher Räume. Die Region Stauden darf sich bei ihren Zukunftschancen nicht allein von fördertechnischen Vorgaben abhängig machen; vielmehr muss sie selbstbewusst unter aktiver Bürgerbeteiligung und auf der Basis der geschichtlichen und kulturellen Wurzeln ihren eigenen Weg suchen. Hierbei stellt der Bereich Naherholung und Landtourismus

einen wichtigen Zukunftsmarkt dar, den es mit Partnern aus Landwirtschaft, Gastronomie und Kultur zu entwickeln und zu gestalten gilt. Interkommunale Zusammenarbeit, eine gute Verkehrs- und Versorgungsstruktur sowie der Aufbau lokaler Wertschöpfungsketten sind unabdingbare Voraussetzungen für einen Erfolg. Die Arbeitskreissprecher haben diese Ziele in ihrem überarbeiteten Leitbild wie folgt formuliert: *„Die Stauden,*
naturgelassene Landschaftsinsel für Jung und Alt,
für Arbeit, Erholung und Lebensqualität.“

Politiker, Wirtschafts- und Sozialpartner, Vertreter der Kultur in der Region sowie aktive Bürgerinnen und Bürger sind aufgerufen, sich vermehrt für die Anliegen und Probleme der Stauden mit ihren tüchtigen und sympathischen Einwohnern einzusetzen.

Bürgermeistertagung für die Regionalentwicklung (v. l. n. r): Prof. Dr. Hans Frei, Leader-Manager Joachim Rühl, Thomas Ludwig (Stadt Bobingen), Regionalmanager Hubert Teichmann, VG-Vorsitzender Anton Müller (Bgm. Mickhausen), Erwin Habermann (Bgm. Eppishausen), Walter Wörle (Bgm. Markt Wald), Anton Mayer (Bgm. Gessertshausen), Martin Merkle (3. Bgm. Fischach), Hans-Joachim Neumann (Bgm. Schwabmünchen), Robert Sturm Bgm. Ettringen), Franz Schorer (Bgm. Walkertshofen), Josef Böck (Bgm. Langenneufnach).

Eppishausen im Haselbachtal

STILLE SCHÖNHEIT

Dietkirch/Gessertshausen im Schmuttertal

Die Sonne scheint. Das bedeutet: Es wird eine reizvolle Fahrt von Diedorf zum Bodensee. Wenn es regnet, macht man das Übliche: Autobahn Richtung Ulm, dann runter so schnell es geht. Aber die Sonne scheint. Da gönnt man sich was. Man gönnt sich die Stauden. Es dauert ein bisschen länger. Der Lohn ist eine Fahrt durch eine Landschaft von subtilem, viel zu wenig bekanntem Charme.

Die Schönheit der Stauden begegnet dem vom Norden Zugereisten zunächst in stattlicher Gestalt. Oberschönenfeld natürlich, der beste Ort für eine erste Begegnung. Er ist garantiert erfolgreich, macht dem Neuling klar, dass er es mit einer Schönheit zu tun hat. Warm getönte Architektur, Kloster, Museum, Gasthaus mit Biergarten – ein Genuss für Ästheten und durstige Wanderer. Ja, hier muss die Entdeckung der Stauden beginnen. Satt lehnt sich die Klosteranlage an ihr Tal und an ihren Waldesrand, aber nicht selbstzufrieden: Sie sagt dem Erstbesucher eine Menge über die Region, an deren Eingang sie steht und für die sie steht. Die Ästhetik ist dezent, bäuerlich-kräftig, nicht spektakulär, kein Show-Bizz und gerade darum so ansprechend: Schönheit ohne Knüller. Schwäbisch.

Diese überzeugende Zurückhaltung des Klosters zeichnet auch die Landschaft aus. Es ist eine sehr süddeutsche Landschaft. Manchmal, wenn die Sonne den Besucher übermütig macht, glaubt er eine Spur Toskana zu erkennen. Aber das stimmt natürlich nicht. Die Toskana ist dramatischer, einerseits karger, andererseits von lieblicher Weinseligkeit. Den Wein haben die Stauden nun mal nicht zu bieten. Karg aber sind sie nicht. Sie sind sanft und bieten auf ihre sanfte Art Abwechslung und Augengenuss. Wer das Vergnügen der halben Höhe schätzt, wer zwischen alpinem Drama und der Eintönigkeit der Fläche die Schönheit der Mitte sucht, der findet diesen Genuss hier fast in Perfektion.

Der Spaziergänger bewegt sich an hübschen Hügeln entlang, findet maßvolle Höhen, von denen aus er seinen Blick auf hinreißende Senken richten kann. Er findet die Offenheit der Wiesen und Felder und er findet die Waldstücke, die Abwechslung und Schatten bieten.

Die Dörfer sind wie die Landschaft: sympathisch, einfach und dort schön, wo die fünfziger und sechziger Jahre architektonisch nicht allzu sehr gehaust haben. Ein bisschen mehr Charakter wünschte man sich in einigen dieser Dörfer schon. Man findet ihn aber, auch wenn man hier und da ein wenig suchen muss.

Die wunderbaren Bauernhäuser, mit ihrer klaren, klassischen Linienführung. Die Schönheit ihrer Zweckmäßigkeit. Diese Baumeister brauchten keine Bauhaus-Schule um zu wissen, dass es gut ist, wenn die Form dem Zweck folgt. Und großzügig stehen sie da. Gar nicht verdruckt, wie mancher vielleicht meinen könnte. Dass sie spröde sind, sich nicht

mit den barocken Balkonen der altbayrischen Nachbarschaft und Konkurrenz schmücken, macht ihre schwäbische Schönheit umso interessanter. Der Spaziergänger genießt sie fast aufatmend. Die bäuerliche Pracht eines Oberammergau hat man schon auf allzu vielen Postkarten gesehen. Und die komplette touristische Zweckentfremdung solcher Super-Stars – unausweichlich und zweifellos anziehend – verdient eine Alternative. Und findet sie hier, wo ein Bauernhaus in der Regel wenigstens noch ein Wohnhaus ist, und oft durchaus noch das Zentrum einer Landwirtschaft.

Landwirtschaft begegnet dem Spaziergänger. Wenn die Sonne scheint, kommen die Traktoren aus ihren Verstecken heraus und führen vor, dass an dieser Landschaft noch gearbeitet wird. Denn sie ist ja eine Landschaft, die erarbeitet wurde. Der liebe Gott hat die Grundlage geschaffen, der Mensch, der bäuerliche Mensch hat sie gestaltet. Diese süddeutsche Landschaft ist ein von Menschhand erarbeitetes und bearbeitetes Kunstwerk. Wer mag, kann sie wie gemalte Leinwandlandschaft durchqueren. Auch die scheinbar naturbelassenen Stücke, die Haine und Wälder, erweisen sich als Menschenwerk: Man spürt die Absicht und die Mühe und ist gut gestimmt.

Die moderne Wirtschaft hat natürlich auch diese Landschaft nicht unberührt liegen lassen. Sie hat mehr oder weniger grob eingegriffen. Aber sie hat sie nicht in den Griff bekommen. Die Schönheit hat sich behauptet, zurückhaltend und selbstbewusst. Sucht man ein Wort, das allgemein genug ist, den Charakter der Stauden zu beschreiben, dann tut es vielleicht das Wort „angenehm". Es ist eine angenehme Region. Angenehm fürs Auge, angenehm für die Seele des von der Modernität beanspruchten Menschen und angenehm auch in ihrer Nähe zu dem, was diese Landschaft an Attraktivitäten umgibt.

Wir haben die reizvolle, durch Geschichte geadelte und jugendfrische Reichsstadt gleich nebenan. Und man glaubt zu spüren, dass gar nicht weit, ein Stück nach Süden hin, das ganz große Landschaftsdrama wartet, die Weltsensation, die riesige, imposante Bergnummer. Ja, man befindet sich in bester Nachbarschaft und bietet gerade darum den besonderen Genuss angenehm zurückhaltender Schönheit.

Diese Schönheit genießt man zu Fuß, zu Rad und zu Pferde, mit der Bahn und mit dem Auto. Die Sonne scheint. Die Fahrt zum Bodensee wird eine Freude. Erst kommen die Stauden, dann lässt das Allgäu die nahende Sensation ahnen, dann stehen sie da, die Berge über dem See. Herrlich. Und wenn die Sonne immer noch scheint, wird die Rückreise nicht minder schön: vom großen Drama zurück in die milde, angenehme Schönheit einer süddeutschen Ideallandschaft. Wir wollen Goethe nicht bemühen, aber wir wollen eine Goethe-Variation wagen: edle Einfachheit, stille Schönheit.

Herausgeber und Hauptautor

Autoren

Prof. Dr. Hans Frei

1937 in Augsburg geboren, aufgewachsen in Augsburg und Bobingen. Studium der Geographie, Geschichte und Germanistik in München, Staatsexamen für das Lehramt an Gymnasien, Promotion und wissenschaftlicher Assistent am Geographischen Institut der Universität München. 1970 bis 1987 hauptamtlicher Heimatpfleger des Bezirks Schwaben mit den Schwerpunkten: Denkmalpflege, Volkskunde, Kulturlandschaft. Gründung der Bezirksmuseen Oberschönenfeld, Maihingen, Naichen. 1988 bis 2002 Museumsdirektor des Bezirks Schwaben. Herausgeber und Autor zahlreicher Publikationen in den Bereichen Denkmalpflege, Museologie, Landeskunde mit Schwerpunkt Schwaben. Vorstandsmitglied der Schwäbischen Forschungsgemeinschaft. Lehrbeauftragter und Honorarprofessor für Kulturgeographie und Landeskunde an den Universitäten Augsburg und München.

Rainer Bonhorst

Geboren 1942 in Nürnberg
Redakteur bei der Westdeutschen Allgemeinen Zeitung
Korrespondent in London und Washington für die Westdeutsche Allgemeine Zeitung und die Augsburger Allgemeine
Stellvertretender Chefredakteur Westdeutsche Allgemeine Zeitung
Seit 1. Juli 1994 Chefredakteur bei der Augsburger Allgemeinen

Fotograf

Dr. Wolfgang Buhl

geboren 1968 in Augsburg, wohnhaft in Gessertshausen. Abitur in Augsburg am Gymnasium bei St. Stephan. Studium der Geographie an der Uni Augsburg mit dem Schwerpunkt Ländlicher Raum. Von 1998–2003 selbständiger Planer im Bereich Regionalentwicklung und Umweltplanung. Lehrbeauftragter für digitale Kartographie am Lehrstuhl für Sozial- und Wirtschaftsgeographie. 2003 Promotion zum Dr. rer. nat. an der Fakultät für angewandte Informatik der Uni Augsburg. Seit 2004 tätig im Bereich der Entwicklung satellitengestützter Navigationssysteme. Ehrenamtliches Arbeitskreismitglied der Regionalentwicklung Stauden seit 1997. Mitverfasser des Regionalen Entwicklungskonzeptes Stauden. Seit 2002 kommunalpolitisch aktiv im Gemeinderat Gessertshausen.

Friedrich Stettmayer

1945 in Paffenhofen an der Roth geboren
ab 1951 in Augsburg aufgewachsen
Uhrmacherlehre in Göggingen bei Augsburg
seit 1975 Uhrmacher in München
bereits in der Lehre Interesse am Fotografieren
1974 Eintritt in einen Augsburger Fotoclub
ab 1981 Mitglied im Fotoclub Spectrum München; internationale Wettbewerbserfolge, u. a. Ernennung zum EFIAP (Excellence Artiste)
Beteiligung „Große Schwäbische Kunstausstellung"; Augsburg
Veröffentlichungen in alpinen Zeitschriften und Büchern
seit 1989 wohnhaft in Lauterbrunn bei Welden

Dr. Alois Epple

geboren in Türkheim, studierte in München Geografie und Mathematik. Lehrer in Kempten und Landsberg am Lech. Er arbeitet und publiziert hauptsächlich über die schwäbische Barockkunst, die Krippe und über Ludwig Aurbacher, den Dichter der „Sieben Schwaben". Erhielt 2005 den Preis für „Bayerische Landeskunde".

Gestalter

Harald Hollo

1948 geboren in Stuttgart, aufgewachsen in Augsburg, verheiratet, drei Kinder. Ausbildung als Schriftsetzer, Meisterprüfung 1972. Auslandsaufenthalt in Zürich und Wien. Studium Grafikdesign an der Werkkunstschule Augsburg; Berufsschulfachlehrer an der Grafischen Akademie München, Bereich Drucktechnik. Seit 1986 geschäftsführender Gesellschafter von Satz und Grafik Partner, Augsburg. Herstellung mehrerer Kunstbücher, u.a. mit Prof. Georg Bernhard, Andreas Bindl, Terence Carr, Hans Josephsohn, Agnes Keil, Christofer Kochs, Harry Meyer, Eugen Müller und Konrad Oberländer. Buchherausgaben: „Augsburg – Stadtansichten", „Schwaben – Blickpunkte", „Vergangene Burgen und Herrensitze", „München – Stadtansichten", „Das Kriegsende in Bayerisch-Schwaben 1945", „Burgen, Schlösser und Residenzen in Bayerisch-Schwaben".

Dr. Wolfgang Fleischer

OStD a. D., Jahrgang 1941, Studium der Fächer Deutsch, Katholische Religionslehre, Geschichte und Geographie an der LMU München, 1966 Eintritt in den Gymnasialdienst, 1974 Promotion zum Dr. phil. im Bereich der älteren Germanistik, ab 1977 Lehrauftrag an der Universität Augsburg am Lehrstuhl für mittelalterliche Sprache und Literatur, Mitautor des Unterrichtswerkes „Geschichte und Geschehen" (Klett-Verlag), Forschungen und Veröffentlichungen zur Regionalgeschichte Schwabens, 1987 Leiter des Albertus-Gymnasiums Lauingen, 1996 Leiter des Städt. Jakob-Fugger-Gymnasiums Augsburg; inzwischen pensioniert.

Verlag
Satz und Grafik Partner GmbH © 2006
Harald Hollo, Walter Laß
Spicherer Straße 1, 86157 Augsburg
Telefon 08 21/3 43 23-0
Telefax 08 21/3 43 23-33
E-Mail: verlag@satz-und-grafik-partner.de
www.satz-und-grafik-partner.de

Satz und Lithografie
Satz und Grafik Partner GmbH, Augsburg

Druckherstellung
Kessler Druck + Medien, Bobingen

Eva-Maria Frieder

Geboren am 14. 10. 1948 in Augsburg, Schulzeit und Abitur in Offenbach/Main; Studium der Germanistik und Zeitungswissenschaft in Frankfurt/Main und München. Anschließend Ausbildung zur staatl. gepr. Erzieherin übers Telekolleg. 1976 und 1977 Geburt einer Tochter und eines Sohnes. Seit 1980 freie Mitarbeiterin bei der Mindelheimer Zeitung, ab 1987 bis heute hauptberuflich als „Feste Freie" mit Schwerpunkt Kultur und Reportagen.

Monika Hupka-Böttcher

Freie Journalistin
1952 in München geboren
verheiratet, 2 Kinder
seit 1977 in Diedorf bei Augsburg lebend
seit 1985 für verschiedene Printmedien tätig
(Schwerpunkte: Kommunalpolitik; Kultur und Soziales)

Autoren

Walter Kleber

Jahrgang 1961, hat vor 30 Jahren seinen ersten Presseartikel (in der Schwabmünchner Allgemeinen) veröffentlicht. Seither ist er in seiner Freizeit journalistisch tätig. Zunächst nur für die Tageszeitung, nach und nach für weitere Medien im „Dunstkreis" der Stauden, regelmäßig für diverse Fachpublikationen. 2001 gründete „wkl" ein eigenes kleines Pressebüro. Ein Schwerpunkt seiner Arbeit ist die Berichterstattung in Text und Bild über die vielfältigen Projekte und Veranstaltungen der Regionalentwicklung Stauden (RES).

Werner Platteder

Diplom-Forstwirt (Univ.). Seit 1990 Geschäftsführer des Vereins „Naturpark Augsburg – Westliche Wälder". Das Aufgabengebiet im fast 1200 Quadratkilometer großen und bislang einzigen Naturpark in Bayerisch-Schwaben umfasst Landschaftspflegemaßnahmen, Naturführungen und Umweltbildungsangebote, Sonderausstellungen im vereinseigenen „Naturpark-Haus"; die Förderung von Erholung und Tourismus und die Betreuung zahlreicher Freizeiteinrichtungen sowie der Wander- und Radwanderwege im Naturpark.

Gernot Römer

1929 in Wuppertal geboren, war Chefredakteur der Augsburger Allgemeinen. Er schrieb zahlreiche Bücher über die Verfolgung von Menschen in Schwaben während des 3. Reichs. Einige Titel: „Der Leidensweg der Juden in Schwaben" (1983), „Die Austreibung der Juden aus Schwaben" (1987), „Für die Vergessenen – KZ-Außenlager in Schwaben – Schwaben in Konzentrationslagern" (1984), „Die grauen Busse in Schwaben" über Euthanasie (1986). Römer lebt in Neusäß.

Winfried Striebel

ehemaliger Chefredakteur der „Augsburger Allgemeinen", hat die Entstehung der Museumslandschaft Oberschönenfeld von Anfang an journalistisch begleitet. Sein heimat- und kulturgeschichtliches Interesse wurde ihm im Elternhaus in die Wiege gelegt. Sein Vater war einer der ersten schwäbischen Heimatpfleger und ein leidenschaftlicher Vor- und Frühgeschichtsforscher.

Hubert Teichmann

geb. am 22. Februar 1971 in München, Dipl. Betriebswirt (FH), verheiratet, 2 Kinder, wohnhaft in Fischach. Nach seiner Tätigkeit im gehobenen Dienst bei der Deutschen Bahn AG und der Absolvierung seines Betriebswirtschaftsstudiums an der Fachhochschule Augsburg übernahm Hubert Teichmann im Juni 2001 die Geschäftsführung der Regionalentwicklung Stauden. Ferner ist er kaufmännischer Geschäftsführer der Bahnbetriebsgesellschaft Stauden mbH sowie der Stauden-Verkehrs-GmbH.

Dr. Hermann Volkmann

Jahrgang 1946, mit Vorfahren aus den Stauden.
Diplomgeograph, Geographiedidaktiker und Seminarleiter.
Seine Diplomarbeit gab 1980 erste Impulse für die
Regionalentwicklung der Stauden.
Zahlreiche wissenschaftliche Vorträge und Exkursionen.
Touristische Konzepte zum „Schwäbischen Mozartländle".

Bildnachweis

Friedrich Stettmayer hat im Auftrag der Regionalentwicklung Stauden in 2005/06 mit viel Sensibilität für die Werte der Natur und Kultur mehr als 1.000 Bilder in den Stauden aufgenommen. 280 ausgewählte Motive sind die Grundlage dieses Buches.

Weitere Bilder haben freundlicherweise zur Verfügung gestellt:
Archäologisches Museum Gablingen: S. 42
Archäologische Staatssammlung München: S. 42
Archiv W.-Chr. von der Mülbe: S. 102, 103
Brückelmair, Andreas: S. 44, 45, 169
Bohn, Jochen: S. 46, 47
Bußjäger, Stefanie: S. 92/93
Dietmair, Georg: S. 18 (2)
Eisele, Reinhard: S. 104
Gregor, Hans-Joachim: S. 16, 17
Geyer, Siegfried: S. 65
Hollo, Harald: S. 67, 151, 197
Israel Museum, Jerusalem: S. 92, 93
Kleber, Walter: S. 87, 106, 134 (2), 135 (2), 136 (2), 137 (2), 138 (2), 139 (2), 140 (2), 141 (2), 142 (2), 144 (2), 145 (2), 149, 151 (2), 156, 157, 165, 167, 168 (4), 169 (3), 175, 196, 200, 201, 204, 205 (2), 206 (2), 207 (3)
Kugelmann-Schmid, Maria-Theresia: S. 104 (2), 105
Launer, Gerhard, WFL-GmbH: 126 (3), 127
Lode, Andreas: S. 112
Mahnkopf Gisela: S. 51
Medienzentrale Landkreis Augsburg: S. 10, 100
Müller, Hermann: S. 117
Museum der Bildenden Künste Budapest: S. 73 (2)
Österreichisches Staatsarchiv Wien: S. 54
Römisches Museum Augsburg: S. 45 (2), 48
Schmid, Bernhard: S. 105
Schreiber, Helmut: S. 106 (2), 107
Schwäbisches Volkskundemuseum Oberschönenfeld: S. 101, 105 (2)
Staatsarchiv Augsburg: S. 52, 110
Stengel, Stefan von: S. 169
Striebel, Bernhard: S. 117
Teichmann, Hubert: S. 149, 166, 204 (1), 208, 209
Walch, Heinz: S. 160/161, 164

Für Auskunft und Hilfe danken wir

Dr. Lothar Bakker
Götz Beck
Dr. Hanns Dietrich
Dr. Dorethea van Endert
Michael Endler
Bernhard Fischer
Horst Gaiser
Walter Kleber
Dr. Peter Klimm
Köck Michael
Reinhold Lenski
Gisela Mahnkopf

Dr. Albrecht Miller
Michael Ritter
Hilde Schipf
Dietrich Schrott
Dr. Reinhard Seitz
Bettina Spengler
Dr. Thaddäus Steiner
Ernst Striebel
Robert Sturm
Dr. Hans-Peter Uenze
Richard Wagner
Karl-Hermann Werner

Ortsregister